Appelez-moi Excellence

Données de catalogage avant publication (Canada)

Dorin, Bernard, 1929-

Appelez-moi Excellence

Autobiographie

ISBN 2-7604-0799-3

1. Dorin, Bernard, 1929- . 2. France - Relations extérieures - 1945- . 3. France - Politique et gouvernement - 1958- . 4. Ambassadeurs - France - Biographies. I. Titre.

DC419.D67A3 2001 327.44'0092 C2001-940094-2

Photographies: archives de l'auteur
Dépôt légal: Bibliothèque nationale du Québec, 2001
ISBN 2-7604-0769-1

Le Conseil des Arts du Canada depuis 1957 | The Canada Council for the Arts since 1957

Les Éditions internationales Alain Stanké remercient le Conseil des arts du Canada et la Société de développement des entreprises culturelles (SODEC) de l'aide apportée à leur programme de publication.

Nous reconnaissons l'aide financière du gouvernement du Canada par l'entremise du Programme d'aide au développement de l'industrie de l'édition (PADIÉ) pour nos activités d'édition.

Stanké international
12, rue Duguay-Trouin
75006 Paris
Tél.: 01.45.44.38.73
Téléc.: 01.45.44.38.73
edstanke@cybercable.fr
www.stanke.com

Les Éditions internationales Alain Stanké
615, boul. René-Lévesque Ouest, bureau 1100
Montréal (Québec) H3B 1P5
Tél.: (514) 396-5151
Téléc.: (514) 396-0440
editions@stanke.com

IMPRIMÉ AU QUÉBEC (CANADA)

Diffusion au Canada: Québec-Livres
Diffusion hors Canada: Inter Forum

BERNARD DORIN

Appelez-moi Excellence

Stanké

Préface

Lorsque l'ambassadeur Bernard Dorin m'a demandé de préfacer son ouvrage, j'ai été, un instant, tenté de lui répondre que n'ayant moi-même jamais exercé la charge d'ambassadeur, je n'étais sans doute pas le mieux placé pour répondre à l'honneur qu'il me faisait. En revanche j'ai acquis la certitude, après quinze années comme ministre des Affaires étrangères d'Égypte, qu'un ambassadeur devait, en toutes circonstances, faire preuve d'un solide sens de l'humour. C'est cet humour, tout à la fois subtil et décapant qui illumine cet ouvrage, dont l'un des mérites, et non des moindres, est de nous faire mieux connaître un métier peu connu, et surtout mal connu, tant il s'attache encore à cette fonction toute une série d'idées aussi fausses que répandues.

Seul diplomate français à avoir été ambassadeur dans cinq pays, depuis Haïti jusqu'à la Grande-Bretagne, en passant par l'Afrique du Sud, le Brésil et le Japon, l'ambassadeur Bernard Dorin a pu acquérir une expérience unique qu'il nous livre de façon vivante et imagée, grâce aux nombreuses anecdotes qui émaillent son récit. C'est ainsi que chacun des pays nous devient presque familier, car l'auteur sait nous en faire découvrir la nature profonde. Et si ce livre se lit comme un roman, c'est bien parce qu'il s'agit du roman d'une vie.

Au-delà même du métier d'ambassadeur, c'est cette expérience vécue sur tous les continents qui lui permet d'engager une réflexion et de porter des jugements – parfois sévères – sur la diplomatie, avec ses travers, ses insuffisances, mais aussi sa grandeur comme instrument de paix entre les nations. Quand bien même je ne partage pas toujours ces analyses, je ne peux que saluer la profonde humanité et l'accent de vérité qui imprègnent l'ensemble de ce livre, une vérité toute nue, à cent lieues de la prudence et de la componction, bref de la « langue de bois » chère aux diplomates. C'est en cela sans doute qu'*Appelez-moi Excellence* constitue une entreprise audacieuse dans la mesure où aucun diplomate ne l'avait encore tentée et menée à bien avec autant de talent.

BOUTROS BOUTROS-GHALI

Les trois singes de Nikko

Trois singes cocasses, sculptés sur la frise d'un temple à Nikko: le premier met les mains sur ses yeux, le second sur ses oreilles et le troisième sur sa bouche.

À leur vue, l'amie japonaise qui m'accompagne éclate de rire: «C'est là toute la Diplomatie» dit-elle et, comme je m'étonne: «Mais oui, comme le premier singe elle ferme les yeux pour ne pas voir les massacrés; comme le second, elle se bouche les oreilles pour ne pas entendre leurs cris et, comme le dernier, elle met sa main sur la bouche pour ne pas risquer, en protestant, de faire la moindre peine aux massacreurs!»

Sur le coup, le jugement me sembla sévère, mais, à y bien réfléchir, il m'apparut si plein de sens qu'il provoqua en moi une brusque résolution: oui, il fallait enfin l'écrire ce livre sur la Diplomatie, ce livre dont j'avais depuis longtemps brassé dans ma tête tous les éléments. En marchant au soleil de Nikko, sur les galets blancs, je me jurais de l'écrire un jour...

Ce livre, quel est-il? Ou plutôt d'abord que n'est-il pas?

Bien que parsemé d'anecdotes et de souvenirs encore très vivants, il n'est certainement pas un recueil de «mémoires», ces histoires enjolivées que les ambassadeurs – et d'autres aussi – ont coutume d'écrire à leur propre gloire pour l'édification des générations à venir. Les mémoires, à moins que l'auteur ne soit Chateaubriand, ne passionnent guère que ceux qui les écrivent et d'ailleurs, comme le dit si bien le «Cid», chacun est seul témoin des grands coups qu'il donne!

Ce livre n'est pas davantage un essai satirique sur les petits travers et les grands ridicules de la «Carrière». Encore qu'il y ait sans doute beaucoup de choses amusantes à écrire là-dessus, ce genre m'apparaît vain. Il a d'ailleurs été fort exploité et il n'y a pas à y revenir. Il ne s'agit pas non plus d'une compilation bourrée de chiffres, de statistiques, de pourcentages, d'un savant ouvrage de référence à l'usage des universitaires et des érudits de la science politique.

Enfin, et même si le ton peut sembler vif et la critique parfois acerbe, je n'ai en aucune façon voulu écrire un livre qui m'apparaisse comme une revanche contre le Quai d'Orsay, ma propre «maison mère». Je n'aurais eu aucune raison pour cela. Elle m'a comblé en me permettant de travailler et de vivre dans des pays prodigieux que, sans elle, je n'aurais jamais pu découvrir. Elle m'a même octroyé cette «dignité» d'Ambassadeur de France, qui est un peu le «bâton de maréchal» de ce métier. Je ne crois pas, en vérité, que l'on soit plus «digne» après qu'avant, mais j'ai souvent constaté avec amusement que ceux qui affectaient de mépriser cette «dignité» étaient ceux qui ne l'avaient pas obtenue!...

Alors, qu'est-il ce livre? Il se veut d'abord le concentré d'une expérience ou plutôt de «constatations de vie», car le mot «expérience» laisserait supposer une vérité que je suis loin de détenir, une sagesse que je n'ai pas. Cependant, ayant parcouru plus de 110 États du monde, ayant représenté la France dans cinq pays, du plus misérable, Haïti, à l'un des plus riches, le Japon, en passant par l'Afrique du Sud et le Brésil, pour terminer dans le plus traditionnel, la Grande-Bretagne, j'ai eu l'occasion de voir, d'écouter, d'essayer de comprendre, et c'est cette brassée d'impressions que je voudrais livrer maintenant.

Certes, essayer de discerner ce que devrait être une «bonne diplomatie» pour la France et proposer d'en appliquer les principes peut sembler démesurément ambitieux. Aussi me bornerai-je, à partir de constatations simples, à ne tracer que de grandes lignes de réflexion.

En vérité, ce livre est le produit d'une longue frustration: subir pendant des années l'insupportable «langue de bois» diplomatique, ne pouvoir, en raison du fameux «devoir de réserve», dire ou écrire ce qu'on a envie de crier à tous les échos, voilà qui attache un homme à sa vérité. Oui, ce livre est pour moi une délivrance. Et aussi une manière de défoulement.

Certes, il va surprendre et choquer. Ceux qui sont étrangers à l'univers singulier de la diplomatie seront dépaysés, déroutés même par cette singularité. Au contraire, les gens du sérail ne manqueront pas de le trouver simpliste et réducteur. Certains, en outre, qui se reconnaîtront, pourront se sentir blessés et agressés; c'est que je n'ai pas l'intention de mâcher mes mots. On me dira que, ce faisant, je n'ai plus rien à perdre, ni d'ailleurs à gagner. C'est vrai, mais n'est-ce pas là une garantie de sincérité?

L'objet du livre est dès lors, non pas de critiquer pour détruire, mais bien de désigner les défauts de notre diplomatie, la nôtre comme celle des autres, car elles se ressemblent toutes étrangement, afin de sortir des impasses, de dégager d'autres voies...

Disons-le tout net: il faut rendre notre diplomatie plus humaine, plus morale, moins cynique, plus compréhensible à tous, en un mot, différente.

Enfin, je ne prétends nullement à la froide objectivité. De l'espoir de la souveraineté du Québec à l'horreur du génocide actuel des Kurdes, je veux écrire ce que je ressens d'instinct, ce que je pense profondément. Mais ce ne sont là que mes croyances. D'autres pourront les contester, et violemment. J'ai le sentiment de jeter un pavé dans la mare et sais bien que celui qui le jette est le premier éclaboussé. Cependant, mon but est vraiment de provoquer la réflexion sur notre diplomatie. En ce sens, il s'agit bel et bien d'une provocation.

Le plus Vieux métier du monde

Eh non! ce n'est pas celui que vous croyez! C'est la Diplomatie... Elle existe depuis l'origine même de l'humanité, depuis que les hommes se sont groupés en familles, puis en tribus, bien plus tard en nations. Mais quel qu'ait été le groupe humain, l'objectif était toujours le même: éviter d'en découdre! C'est ainsi qu'Oscar Wilde disait que Caïn avait tué Abel parce que personne ne s'était trouvé là – et pour cause – pour les séparer.

«Mère, voici vos fils qui se sont tant battus», écrivait Péguy. Et c'est vrai, les hommes se sont toujours battus. Pour la terre, pour l'eau, pour les pâturages, pour les troupeaux, pour l'or, pour les femmes, cette quête incessante des épouses que représente le tableau de David sur l'enlèvement des Sabines. Ils se sont aussi battus pour l'honneur, pour le prestige, pour la puissance, et parfois pour rien du tout, pour le seul plaisir de s'affronter.

Qu'il s'agisse d'un «instinct de violence» de la race humaine ou d'un simple besoin de défense, d'une nécessité de survie, le conflit armé est toujours latent entre groupes humains voisins. Cependant, avant d'en venir aux mains, la nécessité a dû s'imposer de dialoguer avec l'«autre», forcément considéré comme l'ennemi en puissance. Or, l'autre, c'est celui qui est différent et par là étranger, celui qui vient d'ailleurs, qui ne parle pas la langue, qui ne partage pas les mêmes croyances, qui n'a pas d'aventure la même couleur de peau. C'est celui qui ne peut pas s'intégrer au groupe, partager sa vie. Ainsi, dans toutes les langues slaves, le mot «allemand» (*niemec*, *nimitz*, etc.) est le même mot que «muet». Dans un groupe, l'Allemand ne parle pas, tout simplement parce qu'il est muet...

Mais l'autre, ce peut être aussi celui qui, bien qu'appartenant au même ensemble, s'oppose au pouvoir hégémonique d'un conquérant. Ainsi, avant de se lancer à la conquête de la Chine et de régner sur l'«empire des Steppes», Gengis Khan extermina les clans mongols qui lui résistaient. Chaka, l'empereur zoulou, qui chassa les guerriers d'un clan de son ethnie jusqu'à l'actuel Zimbabwe, où leurs descendants s'appellent aujourd'hui N'débélés, agit de façon analogue.

Prévenir les affrontements susceptibles de provoquer des bouleversements, empêcher la soumission ou l'extermination d'un groupe par un autre, telle est donc la première tâche diplomatique. Ainsi, guerre et diplomatie sont-elles clairement antinomiques: quand les armes se mettent à parler, la diplomatie se tait. Elle a échoué. Contrairement à la formule de Carl von Clausewitz, la guerre est moins la politique poursuivie par d'autres moyens que la faillite de la diplomatie. Toutefois, comme toute guerre n'a qu'un temps, la diplomatie reprend ses droits dès que les armes se sont tues. Elle peut même, dans quelques cas, s'insinuer au cœur des plus sanglants conflits, comme l'a montré en 1917 la tentative, d'ailleurs avortée, du prince de Bourbon-Parme pour aboutir à une paix de compromis entre les belligérants.

Alors, qu'est-ce donc la diplomatie?

Des considérations très sommaires qui précèdent, découlent, me semble-t-il, ses cinq caractères fondamentaux.

Elle tend d'abord essentiellement à la paix, à la sécurité, à la pacification. Elle s'oppose avant tout à la violence sous toutes ses formes, à l'effusion de sang. La République «répugne au sang» écrivait Bodin dès le XVIe siècle. Au bruit et à la fureur des combats, elle préfère l'atmosphère apaisée et feutrée des tapis verts. Et d'ailleurs: «Tant qu'on discute, on ne se bat pas», dit la sagesse populaire, ce qui conduit sans doute à juger moins sévèrement les «parlotes genevoises» de la Société des Nations tournées en dérision par les dictateurs. La diplomatie a ainsi un rôle de «démobilisation» au meilleur sens du terme.

Cela lui confère d'ailleurs une nature profondément conservatrice puisqu'elle s'efforce de conserver, autant qu'il est possible, ce qui existe, de préserver l'ordre établi, de maintenir les équilibres existants, même et surtout s'ils sont fragiles. Cette véritable obsession de la stabilité l'amène ainsi à privilégier toujours, et souvent hélas abusivement, le *statu quo* aux dépens des évolutions nécessaires.

Dans ces conditions, la diplomatie s'appuie naturellement sur le droit. Bien qu'il prétende se fonder sur un certain nombre de grands principes, le droit international est loin de constituer un édifice stable et immuable sur lequel pourrait reposer la politique des «États décents», pour reprendre une expression de l'entre-deux-guerres. Force est de constater au contraire qu'il représente une sorte de point d'équilibre résultant presque toujours d'un rapport de force. Les exemples sont légion: ainsi le Traité de Francfort, en 1871, a bien établi un nouvel état de Droit, mais qui se fondait sur l'annexion forcée de l'Alsace-Lorraine par le nouvel Empire allemand. De même, si les changements territoriaux résultant des deux guerres mondiales ont bien engendré un nouveau droit, ce fut évidemment aux dépens des puissances vaincues.

De toutes ses forces, la diplomatie tend aussi à parvenir à des accords. L'accord est à la fois l'objectif et l'accomplissement. Or, un tel accord ne peut se fonder que sur de mutuelles concessions. Il est nécessairement le produit d'un compromis, d'un marchandage, d'un véritable négoce, d'où d'ailleurs le terme de «négociation». Or ce marchandage, soumis lui aussi à un rapport de force, se conclut toujours bien entendu au bénéfice du plus fort, parfois du plus habile ou du plus persévérant. Depuis la *Vae victis* du chef gaulois qui jette son épée dans la balance, les vaincus ont toujours payé le prix fort. C'est ainsi que, pour ne prendre des exemples que dans la seule Amérique latine, le Paraguay fut dépecé par ses voisins argentins et brésiliens après la guerre de 1865 à 1870 qui lui coûta un million de morts. Dix années plus tard, la «guerre du Pacifique» (1880-1883) amputa, au bénéfice du Chili, la Bolivie de son débouché maritime et le Pérou de sa province d'Arica. Plus tard, en 1942, c'est le Pérou qui, par le protocole de Rio, arracha au petit Équateur la moitié essentiellement amazonienne de son territoire, provoquant un conflit territorial qui n'est pas encore éteint aujourd'hui. Bismarck a pu dire cyniquement: «La force prime le droit[1]». Il aurait pu dire, hélas à aussi juste titre: «La force fait le droit».

Enfin, la diplomatie suppose le contact, le dialogue. Se parler: voilà qui est essentiel, avancer des arguments, exposer son point de vue, contester celui de l'autre, faire pression quand on le peut et parvenir, selon la formule de Senghor, à cet équilibre du «donner et du recevoir» qui seul fonde les ententes durables. À cet égard, un petit ouvrage qui eut, il y a une cinquantaine d'années, un prix

---

[1] *Macht geht vor Recht.*

littéraire en France et qui s'intitule *Saint-Germain ou la négociation* est à lire ou à relire car, prenant l'exemple du traité de Saint-Germain, obscur épisode des guerres de religion, il démonte à la perfection le mécanisme même de la négociation. Certes, l'entente à laquelle on aboutit n'est jamais définitive, mais elle constitue un palier qui durera aussi longtemps qu'un rapport de force différent ne le remettra pas en question. Ce sera alors la tâche des successeurs de travailler à l'établissement d'un nouveau palier. «D'autres feront mieux» s'était écrié Briand en 1932 alors qu'il quittait ses fonctions...

Se parler: oui, bien sûr. Mais se comprendre? C'est là une tout autre affaire!

Appelez-moi Excellence

«Les réceptions de l'ambassadeur sont réputées pour leur bon goût...», ainsi commence une publicité télévisée pour une marque de chocolat praliné! Et l'on peut voir un acteur grimé virevoltant au milieu de ses hôtes supposés au cours d'un «coquetel» mondain donné dans les salons lambrissés de l'ambassade. Cette vision m'amuse toujours, car elle est parfaitement typique de la façon dont le grand public, c'est-à-dire tout le monde, imagine la vie que mène un ambassadeur. L'image n'est même pas volontairement caricaturale, elle est plutôt naïve et traduit même une vague envie pour un personnage un peu hors du commun vivant dans un univers enchanté et inaccessible... En vérité, c'est que le métier d'ambassadeur, car il s'agit bien d'un métier, est sans doute celui qui, donnant libre cours à un certain nombre de fantasmes, de tous les métiers du monde est le moins connu. La faute en revient certes en partie aux intéressés eux-mêmes qui ont toujours eu tendance à s'abriter derrière un rideau de fumée, pensant peut-être ainsi préserver le plus longtemps possible leurs quelques indéniables privilèges. Ces précautions et ces mystères ne sont cependant plus de saison: comme les autres serviteurs de l'État, les diplomates, à leur tête les ambassadeurs, sont au service du peuple et il est tout à fait sain et normal de savoir ce qu'ils sont et ce qu'ils font. C'est pourquoi, ayant pratiqué ce métier pendant plus de quinze années à la tête de cinq ambassades françaises, de la République d'Haïti à la Grande-Bretagne en passant par l'Afrique du Sud, le Brésil et le Japon, il m'est souvent venu l'envie de tordre le cou une bonne fois à un certain nombre d'idées toutes faites, aussi fausses que bien ancrées et généralement admises. C'est cette envie-là que je me dispose maintenant à satisfaire.

Les ambassadeurs n'ont rien à faire que des ronds de jambe, une tasse de thé ou un verre de whisky à la main...

Cette vision est non seulement fausse: elle est le contraire de la réalité. De tous les métiers, celui d'ambassadeur, surtout dans un grand poste, est sans nul doute l'un des plus absorbants, des plus épuisants même. C'est que l'ambassadeur est 24 heures sur 24 au service de la République et ce service ne lui laisse pratiquement aucun répit. Quand arrive l'heure de la fermeture des bureaux ou des usines, le fonctionnaire ou le cadre d'entreprise quitte son lieu de travail après avoir rangé ses affaires, et, pour sa vie de famille, ses distractions, ses loisirs ou son repos, il est libre jusqu'au lendemain. Il n'en va pas de même de l'ambassadeur qui, responsable suprême de tout ce qui peut advenir à ses compatriotes (meurtres, viols, arrestations, accidents), doit être entièrement disponible à toute heure du jour et de la nuit. Quand, au ministère des Affaires étrangères parvient un télégramme «immédiat», le chiffreur a la consigne de le faire lire aussitôt à l'ambassadeur, et quelle que soit l'heure. C'est ainsi qu'au Japon, avec sept ou huit heures de différence horaire, les télégrammes immédiats parviennent souvent de nuit et tirent l'ambassadeur d'un sommeil qu'il est ensuite malaisé de reprendre, car ce type de télégramme annonce généralement des «tuiles».

Dans la journée même, le travail de l'ambassade est tout simplement accablant: les «grands postes» reçoivent parfois plusieurs centaines de télégrammes par jour, soit du service central, soit des autres postes et le seul fait d'en prendre connaissance, du moins des plus importants d'entre eux, demande des heures d'attention soutenue. En effet, ce ne sont pas des télégrammes du type: «Arriverai au train de 8 h 47», mais de véritables exposés ayant souvent entre quatre et huit pages. Or, s'il ne s'agissait que de télégrammes d'information, venus en général des autres postes, on pourrait passer assez vite, mais ce sont aussi des télégrammes d'instructions émanant du ministère qui posent des questions auxquelles il faut répondre, des problèmes que l'on doit résoudre.

Cependant, la lecture, le traitement et la dictée des télégrammes ne constituent qu'une part réduite des tâches quotidiennes qui consistent en démarches incessantes auprès du ministère des Affaires étrangères du pays hôte, en visites des services et des institutions françaises, en accueil de personnalités ministérielles ou autres venues de France, en participation à des conférences ou des colloques, en audience de nombreux visiteurs qui n'entendent raconter leurs problèmes à personne d'autre qu'à l'ambassadeur, en négociations politiques, commerciales, maritimes, aériennes, en exposés prononcés en public, en cérémonies officielles et protocolaires, en tournées de contacts dans le pays, en contrôle de l'activité des grands services de l'ambassade et des consulats généraux et consulats, en «briefings» quotidiens, en inaugurations d'expositions françaises, commerciales ou artistiques, en contacts avec les autorités militaires du pays de résidence, surtout lors des périodes de tension (guerre du Golfe, guerre dans l'ex-Yougoslavie), en démarches en faveur de compatriotes en difficulté, en organisation des séjours des missions de toute nature venues de France, en notation périodique du personnel diplomatique, en tenue de «réunions consulaires» avec les consuls sur place et les fonctionnaires du Ministère, en interviews accordées aux journalistes, en passages sur les radios et télévisions locales, en prise de connaissance par la presse et les coupures de l'Agence France-Presse (AFP) et des autres agences des nouvelles de la journée, que sais-je encore? Cette longue énumération, qui est loin d'être complète, permet au moins de faire la constatation suivante: si les tâches journalières de l'ambassadeur sont particulièrement stimulantes et variées, aucune journée ne ressemblant à celles de la veille ou du lendemain elles sont aussi, j'entends pour un ambassadeur qui a à cœur d'exercer à plein ses fonctions, absolument épuisantes, car elles se déroulent sous l'empire d'un stress horaire permanent. L'obsession est en effet de maintenir le programme de la journée et donc de «gagner» cinq ou dix minutes dans ce marathon, ou du moins de ne pas les perdre. Cependant l'expérience montre que le «dérapage horaire» est une fatalité, surtout pour un chef de poste dont l'optimisme lui fait croire qu'il pourra faire tenir un litre d'eau dans une bouteille de 75 centilitres! Le résultat? Ça déborde!

Cela déborde d'ailleurs d'autant plus que, pour son malheur, l'ambassadeur est tenu de recevoir une multitude de «casse-pieds» dont le problème qu'ils ont à soumettre est la grande affaire de leur vie et qui s'installent confortablement dans votre bureau comme en terre conquise, prêts à s'incruster, s'il le faut, des heures sans désemparer! Or il n'est pas toujours aisé, si l'on veut demeurer courtois, de se débarrasser de ce genre de personnages. Connaissant mon homme, j'avais prié un jour ma secrétaire de surgir au bout d'un quart d'heure dans mon bureau en m'annonçant que le Premier ministre britannique demandait à me voir d'urgence. J'avais jugé ce prétexte imparable. À tort, j'entendis mon visiteur s'écrier: «Qu'à cela ne tienne, je vais vous attendre!»

Au Japon, un parc magnifique jouxte les bureaux de la Chancellerie et il est tentant, quand vous sentez votre tête grosse comme une citrouille, d'y faire une brève incursion afin de «décompresser». Mais la première chose que vous entendez, c'est votre secrétaire qui vient en courant à votre recherche: «Vite, un téléphone de Paris!» Ce n'est pas par hasard si le taux de suicide des diplomates est le plus élevé qui soit au monde. L'incessante tension de la vie et le surmenage en sont en grande partie responsables.

En fait, ce qui est sans doute le plus difficile à supporter à la longue est de ne jamais pouvoir s'isoler complètement, d'être perpétuellement «touchable» au téléphone, que ce soit au bureau, à la résidence, en voiture même, et d'être obligé de préciser au secrétariat ce que l'on fait et où l'on va à tout moment du jour et de la nuit, précisément pour pouvoir être rejoint au téléphone. Avec quelque humour, les épouses d'ambassadeurs prétendent que cette surveillance constante des faits et gestes du mari les empêche d'être trompées! Voire! Quoi qu'il en soit, elle ne laisse pas d'être pesante!

Or, si à l'activité strictement professionnelle s'ajoute l'indispensable activité «sociale», c'est-à-dire les réceptions, les déjeuners et les dîners, et parfois même, lorsqu'on ne peut faire autrement, les «petits déjeuners de travail», soit à la résidence, soit à l'extérieur, on comprend qu'il ne reste aucune place pour la détente et qu'il devient nécessaire de rogner sur les heures de sommeil. Parfois l'ambassadeur est si «coincé» entre les devoirs de son ambassade et ceux de sa vie sociale qu'il est contraint, alors qu'il dicte en hâte à sa secrétaire les derniers télégrammes de la journée, de revêtir sa tenue de soirée dans son bureau même. Et il emporte avec lui les dossiers qu'il n'a pu traiter pour les étudier la nuit, en rentrant de son dîner, alors qu'il n'a plus qu'une seule envie, furieuse: dormir! Je définirais d'ailleurs volontiers la vie diplomatique comme une vie où l'on mange et boit à l'excès et où l'on ne dort pas assez!

La réception des délégations venues de France est sans doute l'une des activités qui prend le plus de temps car, dans un pays comme le Japon, où sont passées en trois ans et demi plusieurs centaines de missions de toutes sortes, il faut non seulement nourrir et souvent héberger les visiteurs, mais encore leur expliquer le pays et organiser leurs visites et leurs déplacements. En effet, quand ils ne parlent pas un mot de la langue du pays et quand les chauffeurs de taxi ne parlent aucune langue connue, ils se sentent complètement perdus! Or, pour chaque délégation qui débarque, le voyage est la grande affaire de l'année. Elle s'attend donc à voir se déployer sous ses pieds le «tapis rouge» sans se rendre compte que d'autres viennent de la précéder et que d'autres vont immédiatement la suivre, quand deux d'entre elles ne se télescopent pas! Il est d'ailleurs amusant de constater que plus la personnalité est modeste, plus elle exige des honneurs démesurés. Ainsi, au Japon, un tout petit personnage en visite s'étonnait de ne pouvoir s'entretenir avec le Premier ministre et c'est tout juste s'il ne demandait pas à rencontrer l'Empereur! Un jour, mes interlocuteurs du *Gaimusho,* le ministère des Affaires étrangères du Japon, qui venaient de recevoir successivement une demi-douzaine de délégations venues de Bretagne à divers titres, m'ont dit, excédés: «Encore des Bretons! De grâce, laissez-nous un peu travailler!» Quelques jours plus tard, à leur grande perplexité, je devais leur présenter une délégation du... Haut Doubs!

Si l'on considère que, sur nos 185 ambassades dans le monde, plus des deux tiers sont situés dans des pays du Tiers-Monde où l'ambassadeur est parfois amené, comme en Haïti, à faire ses tournées à cheval, on est bien loin de l'image stéréotypée de l'ambassadeur salonnard et désœuvré. Si Paul Claudel a eu le loisir d'écrire *Le soulier de satin* alors qu'il exerçait les fonctions d'ambassadeur au Japon entre 1921 et 1926, ce temps est bien révolu, mais les préjugés survivent longtemps aux réalités qui les ont fait naître...

Depuis que les chefs d'État et les ministres des Affaires étrangères se rencontrent et se téléphonent sans cesse, les ambassadeurs ne servent plus à rien!

C'est là l'une des sottises les plus couramment entendues et qui, à force d'être répétée, a acquis une sorte de brevet d'authenticité. Certes, les grands décideurs de la politique étrangère des nations passent leur temps à se rencontrer et à discuter entre eux des grandes affaires du monde. Cependant, outre le fait que leurs entretiens revêtent souvent un caractère très général, ils ont recours, lorsqu'ils parlent d'affaires précises, à des dossiers structurés qui leur ont été fournis. Et qui prépare ces dossiers, sinon les ambassades ou les services centraux du ministère d'après les éléments rassemblés par les ambassades sous la responsabilité de l'ambassadeur? D'ailleurs ce mouvement «vibrionnaire» des politiques affecte principalement les grandes puissances et les États de l'Union européenne. Dans le reste du monde, et surtout dans le Tiers-Monde, qui intéresse peu les politiques, qui d'autre que les ambassadeurs serait en mesure de gérer les intérêts nationaux? On peut même affirmer que plus l'ambassade est nombreuse en personnel, plus, paradoxalement, l'ambassadeur a de travail, car arrive finalement sur son bureau le résultat du travail de tous ses collaborateurs. De même, plus les chefs d'État et les ministres s'agitent, plus l'ambassadeur est occupé dans la mesure où c'est en partie sur lui que repose la préparation des conférences, colloques, sommets et autres réunions dont la multiplication constitue l'une des principales – et fâcheuses – évolutions de la diplomatie contemporaine.

Les ambassadeurs sont recrutés par cooptation entre de grandes familles qui se réservent l'exercice de la fonction et il faut avoir un nom à particule pour avoir des chances de percer dans la carrière.

Si cela a pu être vrai autrefois, la démocratisation réelle de la fonction publique en France, voulue par Michel Debré à l'issue du second conflit mondial, a rendu cette assertion complètement dépassée. Aujourd'hui, l'accès aux premiers postes de la diplomatie est ouvert presque uniquement par voie de concours, essentiellement celui de l'ENA et accessoirement celui d'Orient. Certes, il a existé quelques «dynasties» dans la carrière, comme celle des Jacquin de Margerie, mais s'il y subsiste de «grands noms», leur présence dans l'annuaire est uniquement due à leurs mérites individuels. Ainsi Jean François-Poncet, fils d'un illustre ambassadeur de France, André François-Poncet, est entré dans la carrière seulement parce qu'il avait passé, d'ailleurs major de sa promotion, le concours de l'ENA. Actuellement, de nombreux ambassadeurs s'enorgueillissent de leurs origines populaires. Ce fut le cas de l'un de mes camarades de promotion qui était le fils d'un paysan et qui termina sa carrière à la tête d'une ambassade européenne.

Il faut avoir une grosse fortune personnelle pour embrasser la carrière. D'ailleurs, les ambassadeurs roulent sur l'or.

Là encore il s'agit d'une vision passéiste des choses. Il est certain que, jusque dans les années trente, le traitement d'un ambassadeur était quelque peu symbolique eu égard aux frais énormes que représentent la vie sociale d'une ambassade, surtout d'un grand poste, et l'entretien d'une «maison» au nombreux personnel. Ce n'est plus le cas aujourd'hui et l'expérience montre que l'on peut «tenir son rang» et représenter dignement son pays sans disposer de la moindre fortune personnelle. Le traitement servi par l'État, auquel s'ajoutent les indemnités de résidence et les frais de représentation, est, en règle générale, suffisant. Cependant, loin de «rouler sur l'or», un ambassadeur qui fait correctement son devoir de représentation ne fait pas d'économies et n'a pas de quoi s'offrir un château lors de sa retraite! Les rémunérations sont adaptées à la cherté de la vie dans le pays de résidence et même si, dans certains pays comme le Japon, la rémunération globale peut paraître considérable, il n'en reste à la fin du mois que des souvenirs!

«Quand l'ambassadeur reçoit dans sa résidence, il n'en est en sorte que le maître d'hôtel, puisque c'est l'État qui paye!»

C'est là une croyance qui arrange bien certains hôtes indélicats qui n'hésitent pas à téléphoner aux quatre coins du monde de leur chambre de la résidence et qui font mettre leurs notes de frais de voyage ou de restaurant au nom de l'ambassadeur dans la conviction, réelle la plupart du temps, qu'ils sont reçus «aux frais de la princesse»! Or, cette princesse-là est en l'occurrence l'ambassadeur lui-même amené à supporter financièrement de ses deniers les dépenses personnelles de certains de ses hôtes. Certes, il s'agit bien en dernier ressort de l'argent de l'État puisque c'est l'État qui rémunère l'ambassadeur. Toutefois, il appartient à ce dernier à partir du moment où il lui a été versé et les dépenses de représentation sont donc les dépenses personnelles de l'ambassadeur qu'il ventile à sa convenance, quitte à les justifier strictement dans des «états de frais de représentation». C'est dire que les personnalités de toutes sortes reçues à l'ambassade ne sont pas les hôtes d'un État anonyme et lointain mais les hôtes personnels de l'ambassadeur. Qu'on se le dise!

Les ambassadeurs vivent dans des palais somptueux et ils ont des privilèges exorbitants.

Évidemment, si le public se fonde sur le reportage photographique paru dans des numéros du *Figaro Magazine* de mai 1996 et qui représente les résidences de France à Rome (Palais Farnèse), à Copenhague (Palais Thott), à Moscou (maison Igoumnov), à Prague (Palais Buquoy), à Lisbonne (Palais d'Abrantès), ou dans le livre «le quai d'Orsay et les trésors du patrimoine diplomatique», paru aux Éditions Perrin, il ne peut qu'être conforté dans cette croyance et irrité en même temps que tout ce faste soit à la charge du contribuable. Il convient cependant de fortement relativiser: les palais, guère plus d'une demi-douzaine en tout, sont l'infime exception et, sur les quelque 170 résidences de France à l'étranger, on en compte beaucoup de modestes, voire de précaires, notamment dans les nouveaux États indépendants issus de l'éclatement de l'Union soviétique. Quant aux privilèges diplomatiques, comme l'immunité de juridiction, l'usage de la valise diplomatique, l'inviolabilité de la Chancellerie et de la résidence de l'ambassadeur, ils se justifient par les contraintes particulières qui pèsent sur la vie d'une représentation diplomatique à l'étranger, notamment par la nécessité, pour un chef de poste diplomatique, d'exercer sa mission sans contrainte et en toute sérénité. On a souvent critiqué le fait que, grâce à l'immunité de juridiction, l'épouse et les enfants mineurs de l'ambassadeur qui commettent un crime ou un délit ne peuvent pas être jugés dans le pays de la résidence. (Le cas le plus fréquent est le délit de fuite en automobile après un accident.) Mais s'il en était autrement, la menace de l'arrestation d'un membre de sa famille proche, pour une raison éventuellement fabriquée, ferait peser sur l'ambassadeur une telle pression qu'il deviendrait vulnérable dans l'exercice de ses fonctions. De même, si la police ou l'armée pouvait pénétrer, sous quelque prétexte que ce soit, dans la Chancellerie ou la résidence de l'ambassadeur, par exemple pour y rechercher un réfugié, ce sont la liberté de mouvement et l'indépendance même du chef de poste qui seraient remises en question. Quant à l'inviolabilité de la valise diplomatique, si elle peut donner naissance à des abus, elle se justifie par la nécessité, surtout dans le cas de la «valise accompagnée», de convoyer les documents sensibles avec l'assurance qu'ils ne pourront pas être interceptés.

L'ambassadeur n'a pas d'autorité sur les services spécialisés de son ambassade comme le poste militaire, le service d'expansion économique, le poste financier, etc.

Il est vrai qu'avant le décret du 1er juin 1979, l'ambassadeur ne disposait que d'une autorité assez théorique sur les différents services de l'ambassade dépendant d'un ministère autre que celui des Affaires étrangères. Toutefois, ce n'est plus la situation actuelle: depuis le décret «relatif aux pouvoirs des ambassadeurs et à l'organisation des services de l'État à l'étranger», signé par le Président de la République de l'époque (Valéry Giscard d'Estaing), le Premier ministre (Raymond Barre) et dix-huit ministres, et complété en 1979 et en 1983 par deux circulaires, l'ambassadeur dans le pays de sa résidence, à l'image du Préfet dans son département, est dépositaire de l'autorité de l'État et y représente le Président de la République, le Premier ministre et chacun des ministres du gouvernement. C'est-à-dire qu'il a désormais l'autorité nécessaire pour «mettre au pas» les services spécialisés qui prétendraient à l'autonomie. Prétendre que l'ambassadeur peut toujours empêcher la pratique vicieuse de la communication directe entre le service en question et sa «maison mère» serait sans doute exagéré, mais l'application correcte du décret de 1979 dépend désormais avant tout de l'autorité personnelle de l'ambassadeur et de la manière dont il réussit à l'exercer.

Avec toutes les facilités qui sont les siennes, la vie familiale de l'ambassadeur est un long fleuve tranquille...

Il n'en est, hélas! rien du tout et ce sont justement les difficultés d'ordre familial qui constituent l'un des principaux tourments de la vie d'un ambassadeur. L'épouse d'abord, si elle tient à accompagner son mari dans ses différents postes à l'étranger, doit renoncer à toute carrière ou activité professionnelle en France. Beaucoup s'y refusent, ce qui provoque une fragilisation du couple d'où procèdent nombre de divorces. En poste même, l'ambassadeur et sa femme ont, du fait de leurs occupations différentes et de la charge de travail du mari, peu d'occasions de se voir dans la journée en dehors des obligations sociales. Pour ma part, en trois ans et demi de poste au Japon, je crois n'avoir déjeuné ou dîné en tête à tête avec ma femme qu'une douzaine de fois! En outre, pour l'un comme pour l'autre, multiplier les contacts humains contribue aussi à rendre les unions plus fragiles. En ce qui concerne les enfants, les risques sont encore plus considérables. Si le fait de les transplanter d'un pays à l'autre peut certes donner aux plus doués une plus grande faculté d'adaptation, il fait plonger tous les autres. Il est clair qu'une plante que vous changez constamment de terrain ne se développe pas aussi bien qu'une autre. Au Brésil, mes quatre enfants étaient devenus de vrais petits Brésiliens, parlant le portugais et parfaitement adaptés au mode de vie du pays! Brusquement arrachés au Brésil et plongés dans la réalité japonaise, ils se sont trouvés complètement perdus, incapables bien entendu de lire les idéogrammes et ont manifesté leur dépression... en dormant! Une fois bien habitués au Japon, il leur a fallu tout quitter pour gagner sans transition la Grande-Bretagne! De telles ruptures ne peuvent être que traumatisantes. Il est de fait que les enfants d'ambassadeurs sont souvent mal élevés, car leurs parents n'ont pas eu le temps de s'occuper d'eux et également parce qu'ils ont eu une vie trop facile qui ne les a pas préparés aux difficultés de l'existence. Mais ce sont les problèmes de santé qui sont pour la famille, pour les enfants en particulier, les plus redoutables. On oublie trop souvent qu'environ les trois quarts des ambassades et des consulats dans le monde sont situés dans les zones affectées par les maladies tropicales dont les plus à craindre sont le paludisme, l'amibiase intestinale et les fièvres hémorragiques. Plus l'enfant est jeune, plus il est menacé, mais la maladie peut emporter l'enfant à tout âge, si bien que le fait d'élever des enfants dans un pays à risque plonge souvent les parents dans un état d'angoisse permanent. Et je ne parle même pas des risques liés aux transports aériens intérieurs, aux guerres civiles, au terrorisme, etc. Non, la vie familiale de l'ambassadeur n'est pas un long fleuve tranquille! Ce serait plutôt un torrent aux périlleux rapides!

L'ambassadeur, révocable 'ad mutum', *est à la botte du gouvernement. Il n'a aucune marge de manœuvre dans l'exécution de ses instructions.*

Il est certain que, nommé en Conseil des ministres par le Président de la République, l'ambassadeur ne bénéficie d'aucune stabilité de l'emploi et peut être rappelé à tout moment. On pourrait même aller jusqu'à dire que chaque mercredi, jour du Conseil des ministres, il a en quelque sorte «la tête sur le billot». En fait, les rappels sont relativement rares et ne se produisent, en dehors des périodes de changement politique, que dans le cas de faute professionnelle lourde ou à la demande du pays d'accueil lorsque le chef de poste est déclaré *persona non grata.* Peut-on dire pour autant que l'ambassadeur est «à la botte du gouvernement» comme le Préfet, par exemple, est censé l'être? Plus éloigné, coupé de la politique locale française, l'ambassadeur se retrouve en fait beaucoup plus indépendant. Certes, il a pu exister, surtout en 1981 et 1986, des ambassadeurs «politiques», non issus de la Carrière, qui devaient leur nomination à la faveur politique du moment, mais encore qu'ils aient pu occuper des postes très importants comme les États-Unis, l'Italie ou l'Espagne, ils ont toujours constitué l'exception et ont depuis lors pratiquement disparu. Quant aux instructions, politiques s'entend, l'ambassadeur n'en reçoit jamais et sa marge de manœuvre pour concevoir et exécuter la politique de la France dans le pays de sa résidence est d'autant plus grande que le pays se trouve plus éloigné de Paris. Certains ambassadeurs, dont les ambassades se trouvent aux antipodes et dans des pays peu importants pour la France, sont de véritables «proconsuls», livrés à eux-mêmes et royalement indépendants. D'une manière générale, la carrière diplomatique demeure peu politisée mais elle l'est, c'est indéniable, davantage que par le passé.

L'ambassadeur ne s'intéresse qu'aux affaires politiques et, à la rigueur, culturelles, et néglige l'économique, le financier et le commercial.

Là encore, il s'agit d'un jugement qui se rapporte beaucoup plus au passé qu'au présent. Il est certain que le rôle initial de l'ambassadeur était avant tout politique et la prééminence du politique sur tous les autres domaines d'activité a subsisté jusqu'à nos jours. Toutefois, l'importance revêtue par l'économie dans le monde actuel a provoqué une profonde transformation des domaines d'intérêt de la diplomatie traditionnelle au profit des préoccupations de nature économique, et c'est en soi une bonne chose. Il y a d'ailleurs interpénétration entre les différents domaines d'activité qu'il est impossible de traiter séparément, car ils influent les uns sur les autres. Ainsi il devient plus difficile, lorsque les relations politiques se tendent, de faire progresser les échanges commerciaux ou culturels. De même, des relations commerciales par trop déséquilibrées peuvent compromettre à la longue l'entente politique. Tout dépend d'ailleurs de la nature du poste diplomatique considéré, chaque situation étant particulière. Ainsi, au Japon où, dans la période qui a précédé nos expériences nucléaires dans le Pacifique, les relations politiques étaient sans histoire, l'essentiel du temps et des efforts de l'ambassadeur consistait à essayer de corriger l'énorme déficit de nos échanges commerciaux (dans la proportion d'un tiers, deux tiers) en poussant l'exportation de nos «fers de lance»: parfums, cosmétiques, haute couture, champagne, spiritueux, maroquinerie, alimentaire, etc. Certes, la diplomatie traditionnelle considérait que seul le traitement des affaires politiques étaient «chic» et que l'ambassadeur n'avait pas à se salir les mains dans les affaires «bassement commerciales», mais c'est là une conception qui a heureusement disparu, au point qu'aujourd'hui beaucoup de nos ambassadeurs sont surtout jugés sur la façon dont ils font progresser les exportations d'un pays qui est devenu le quatrième exportateur mondial.

L'ambassadeur vit dans sa tour d'ivoire. Il est coupé de la colonie française du pays de sa résidence.

Il est normal que ce soient les consuls généraux et les consuls, dont c'est précisément la fonction essentielle, qui s'occupent en priorité des problèmes de toute nature que rencontrent les Français à l'étranger. C'est là d'ailleurs une tâche gigantesque quand le pays de résidence a une très importante colonie française, comme les États limitrophes, ou lorsqu'il reçoit des visiteurs français en très grand nombre. Sait-on, par exemple, que la Grande-Bretagne reçoit à elle seule, chaque été, entre quatre et six millions de ressortissants français? Parmi ceux-là, des milliers perdent ou se font voler leur passeport, se font agresser, ont des accidents ou des maladies, commettent des délits et se font emprisonner, sont à court de ressources, doivent être rapatriés d'urgence, etc. Il est vrai que l'ambassadeur n'est saisi personnellement que des cas les plus graves, lorsque s'impose une intervention de nature politique auprès des autorités du pays d'accueil. Peut-on dire pour autant qu'il vit en marge de la colonie française? Certainement pas. Encore faut-il qu'il prenne garde à ne pas convier à la résidence de France que les compatriotes huppés et fortunés. Le président de l'Association des Français libres de Londres me confiait que le fait d'avoir été reçu à plusieurs reprises à l'ambassade avec ses compagnons et leurs femmes lui avait procuré une nouvelle et extraordinaire fierté. Ce ne sont certes pas des ducs et des princes, mais des gens modestes qui, lorsqu'ils avaient vingt ans, ont décidé de répondre à l'appel de De Gaulle en mettant leur vie dans la balance. Parmi eux, un Juif allemand venu d'Uruguay pour rejoindre la France libre a dû être appuyé par moi pour obtenir cinquante-cinq ans plus tard... la médaille militaire! Il me semble que la moindre des choses est d'honorer ces gens auxquels la France doit tellement. Aujourd'hui, environ un million de Français vivent hors de France, soit dix fois plus qu'au début du XXe siècle. Ce qui n'était jadis qu'une des activités accessoires de l'ambassadeur est devenu l'une de ses grandes sources d'intérêt... et de soucis!

L'ambassadeur n'est jamais à son poste et passe son temps à se promener.

Si, en effet, les ambassadeurs en poste dans les pays voisins de l'Europe et de la Méditerranée sont souvent à Paris, notamment pour arranger leurs affaires de poste ou de carrière, la grande majorité des chefs de postes diplomatiques demeure dans les pays de résidence pour la bonne raison que la multiplicité des tâches et des obligations quotidiennes les y retient. Dans les pays très éloignés, le coût des voyages aériens est une entrave supplémentaire aux déplacements. Certes, l'ambassadeur est parfois rappelé «par ordre» par le Ministère à l'occasion du traitement d'une affaire déterminée et, dans ce cas, son billet d'avion est pris en charge par l'État. Mais ce qui étonnera les gens qui croient que l'État entretient sur un grand pied ses ambassadeurs, le billet offert est alors un billet de classe économique! Il en est de même lorsqu'un ambassadeur part rejoindre son poste et doit être accueilli selon le protocole du pays de sa nouvelle résidence, ce qui le place évidemment dans une situation embarrassante. Cette mesure, essentiellement démagogique, adoptée il y une vingtaine d'années déjà, n'a jamais été rapportée depuis lors. D'ailleurs, de même que les préfets doivent demander au ministre de l'Intérieur l'autorisation de quitter leur département, de même l'ambassadeur doit être autorisé par le ministre des Affaires étrangères à quitter le pays de sa résidence. Il est donc faux de parler d'absentéisme de l'ambassadeur. Cependant, dans les États de très grandes dimensions, il est certain que l'ambassadeur est amené à beaucoup se déplacer, mais à l'intérieur du pays et pour maintenir le contact avec ses grandes composantes dans le cas d'États fédéraux. Le Brésil, par exemple, est un demi-continent à lui seul et j'eus la chance de pouvoir me rendre dans vingt-deux états sur les vingt-trois que compte la Fédération. C'est là une nécessité pour qui veut appréhender les différentes facettes de la réalité du pays.

Les ambassadeurs pratiquent la «langue de bois diplomatique» et d'eux on en peut tirer rien d'intéressant.

C'est un reproche qui revient souvent dans la bouche des journalistes et là, il faut bien reconnaître qu'il est en partie fondé. Une certaine obsession du «secret», d'ailleurs tout à fait excessive puisque l'on trouve parfois dans les agences de presse ce qui fait le secret des télégrammes chiffrés, jointe à la peur «d'en dire trop» et de se «faire taper sur les doigts», conduit effectivement nombre de chefs de postes diplomatiques, soit à refuser tout contact avec la presse soit, plus fréquemment, à être d'une telle prudence que l'exercice ne signifie plus rien. C'est là, à mon sens, une mauvaise pratique, car ne rien dire aux journalistes ou ne leur confier que des fariboles amène ces derniers à inventer ce qu'on n'a pas voulu leur dire et le résultat est en général désastreux. Je pense au contraire qu'il faut faire confiance à ceux qui ont pour mission de renseigner l'opinion, quitte à les prier éventuellement de faire état de tel ou tel élément «sensible». L'expérience montre que la confiance est payante, puisque l'on n'est pratiquement jamais trahi.

Les ambassadeurs sont souvent homosexuels et la permissivité sexuelle est la règle dans le milieu diplomatique.

Qu'il y ait eu des homosexuels dans la Carrière, où ils s'y sont parfois d'ailleurs fait de grands noms, ce n'est pas contestable et ces noms, tout le monde les connaît. Qu'il y en ait encore aujourd'hui, ce n'est pas davantage niable. Et après? Pourquoi auraient-ils moins de droit de l'être que les autres catégories de citoyens? Ce qui, en revanche, me paraît faux, et même ridicule, est de lier dans l'esprit diplomatie et homosexualité. La fonction, si je puis dire, ne crée pas l'organe et la «Carrière», compte tenu de son recrutement, ne compte ni plus ni moins d'homosexuels qu'ailleurs. Quant à la permissivité sexuelle généralisée et la vie de stupre des ambassades, voilà également une légende, mais qui a la vie dure du fait qu'elle nourrit sans doute certains fantasmes de ceux qui la propagent. Certes, on peut bien citer l'exemple d'une grande ambassade où, jadis, toutes les épouses avaient changé de mari en montant chacune d'un grade au sein du poste! Comme dans tout milieu relativement clos, les occasions de rencontre sont multiples et peuvent déboucher sur des tourmentes conjugales, mais il serait parfaitement abusif de généraliser. Au contraire, c'est plutôt le respect des «convenances» et parfois un puritanisme quelque peu victorien qui marquent la vie diplomatique à l'étranger. Certains pourront le regretter, car les mythes sont séduisants, mais c'est la plate réalité. Ainsi apparaît l'ambassadeur, dégagé des mythes et des légendes qui entourent et brouillent son image.

La Tête et les jambes

C'était un jeu télévisé où les jambes venaient au secours de la tête. Lorsqu'un participant «intellectuel» n'avait pas trouvé la bonne réponse, un champion s'élançait pour courir, sauter, nager et permettre ainsi le «rattrapage» de son coéquipier malheureux. Dans la diplomatie aussi il y a une tête et il y a des jambes. La tête c'est, dans notre système, le Président de la République assisté de son ministre des Affaires étrangères, lui-même assisté des services centraux de son ministère. Les jambes, ce sont les différents services de l'État à l'étranger, essentiellement les postes diplomatiques et consulaires, c'est-à-dire les ambassades et consulats.

Normalement la tête, qui donne l'impulsion motrice, et les jambes qui exécutent le mouvement, agissent en synchronie. Encore faut-il qu'il y ait une proportion harmonieuse entre le cerveau et les membres. Ce n'était pas le cas des dinosaures dont on a beaucoup parlé ces temps derniers: gros corps et toute petite tête. Chez certains d'entre eux le cou était même si long qu'il fallait plusieurs relais nerveux pour aller de la cervelle aux pattes! Eh bien, la diplomatie française est un peu à l'image de ces antiques sauriens: ses membres exécutants que sont les postes diplomatiques et consulaires demeurent relativement surdimensionnés, malgré des coupes sombres, par rapport au cerveau, le service central qui, lui, est désespérément menu. Or on sait ce qu'il est advenu des dinosaures, il est vrai au terme de quelques millions d'années...

Prenons donc d'abord la tête. Question initiale: qui détermine aujourd'hui la politique étrangère de la France? En effet, la politique extérieure ne s'improvise pas: elle doit être le résultat d'une pensée réfléchie et, si possible, d'une concertation entre ceux qui sont habilités à la formuler. Mais justement, quels sont-ils? Pour comprendre la situation présente, il faut remonter un peu dans le temps.

Sous la IIIe et la IVe Républiques, c'est le Secrétaire général du Quai d'Orsay qui détermine, certes sous l'autorité de son ministre, mais en fait très librement, la politique étrangère de la France. Il est en effet l'élément stable et permanent de la diplomatie française dont il constitue un peu la mémoire. Les ministres passent, parfois comme de simples silhouettes, lui demeure. Au surplus, les détenteurs du portefeuille des Affaires étrangères sont rarement des spécialistes de la politique étrangère. Ce sont des hommes politiques, disons des politiciens, que leur appartenance à telle ou telle formation fait passer, au gré de subtiles équilibres parlementaires, de la Justice, des Travaux publics ou de l'Agriculture aux Affaires étrangères où leur manque d'expérience les condamne à un relatif effacement, sauf bien entendu lorsqu'il s'agit de très fortes personnalités comme Briand, Delcassé ou Poincaré.

C'est alors l'ère des grands Secrétaires généraux: Jules Cambon, Paléologue, Berthelot, Alexis Léger (plus connu sous le nom de Saint John Perse), Charles Roux, Chauvel, Parodi, Massigli, Louis Joxe. C'est ainsi, par exemple, que le système politico-stratégique de la «petite entente», qui réunissait autour de la France et pour prendre l'Allemagne à revers, la Tchécoslovaquie, la Roumanie et la Yougoslavie, fut conçu et mis en œuvre par Berthelot.

À partir cependant de l'arrivée au pouvoir du Général de Gaulle, en mai 1958, tout va changer radicalement: la détermination et la conception de la politique étrangère vont franchir la Seine et passer du Quai d'Orsay à l'Élysée dont elle devient, en tant que «domaine réservé» du Chef de l'État, le monopole quasi exclusif. Le Premier ministre, pour sa part, se trouvait *ipso facto* écarté des affaires internationales dans la mesure où il devait se consacrer à la gestion interne du pays.

Du coup, chaque acteur régresse d'un échelon: le ministre des Affaires étrangères est confiné dans le rôle d'un Secrétaire général, non plus de conception, mais de simple exécution. Quant au Secrétaire général du ministère, il n'a désormais plus rien à faire qu'à essayer de détourner à son profit les fonctions de directeur du Personnel en s'attribuant la haute main sur la désignation des ambassadeurs. Ce fut à quoi s'appliqua Éric de Carbonnel, qui succéda à Louis Joxe en juillet 1959. Ayant été son collaborateur, je me souviens qu'il passait son temps à écrire sur de petits bouts de papier, qu'il froissait ensuite, les noms d'ambassadeurs possibles en regard des postes qui leur conviendraient. Comme il était assez fréquemment malade, les affaires politiques passaient directement du directeur politique au Ministre et à l'Élysée en sautant l'étage du Secrétaire général, dont l'inutilité était ainsi démontrée!

Aujourd'hui le pli est pris: la ligne diplomatique se détermine à l'Élysée et à l'Élysée seulement. Aucun Président depuis de Gaulle n'a entendu lâcher cette part essentielle, avec la Défense, du «domaine réservé». Tout ministre des Affaires étrangères qui ne «colle» pas strictement aux vues présidentielles doit, ou se soumettre ou être démis, comme Claude Cheysson en fit l'amère expérience en décembre 1984. La tête est donc bien à l'Élysée avec un Président entouré d'un très grand nombre de conseillers, dont le Secrétaire général de la Présidence, le conseiller diplomatique et, généralement quelques personnages de l'ombre comme le fut Grossouvre sous François Mitterrand. Pour la transmission de ses directives, l'Élysée dispose toujours du ministre des Affaires étrangères en qualité de préposé et des services centraux du ministère. Au moins n'y a-t-il pas en France, comme cela existe aux États-Unis, de concurrence entre l'exécutif et le législatif pour la conduite de la politique extérieure. Cependant, la toute-puissance de la fonction présidentielle en matière internationale n'a pas que des avantages. C'est ainsi qu'une personnalisation excessive peut conduire à des retards préjudiciables dans la décision. Elle peut aussi démobiliser l'administration qui aura tendance à bloquer toute initiative dans l'attente du «feu vert» présidentiel. D'autre part, cette personnalisation conduit à choisir les enjeux en fonction de la perception qu'en a le Président beaucoup plus qu'en raison de critères objectifs ayant fait l'objet d'une concertation préalable. Quant à la petite équipe de conseillers qui entoure le Président, elle est bien trop restreinte, quelle que soit par ailleurs sa qualité, pour pouvoir embrasser tous les sujets d'une matière infiniment complexe. De plus, cette équipe ne se renouvelle presque pas, ce qui risque d'introduire à la longue une manière de sclérose. Enfin, la Présidence et le Quai d'Orsay ne peuvent pas avoir une vision identique de la politique étrangère. À la technicité supposée du ministère, le Président oppose une attitude où le «faire-valoir» médiatique, surtout lors des grandes rencontres internationales «au sommet», occupe la plus grande place.

Le Président peut-il au moins compter sur les «services» du Ministère? Il le pourrait, car leur qualité n'est pas en question, s'ils n'étaient pas étrangement démunis en personnel. En effet, déjà sensible dans les postes, la situation de pénurie est bien plus grave encore au service central. Prenons l'exemple d'une «direction géographique» que je connais bien pour l'avoir gérée entre 1981 et 1984: la Direction d'Amérique. En 2001, il n'y a que deux secrétaires adjoints pour «couvrir» une vingtaine de pays de la zone, alors que trois autres secrétaires adjoints se partagent la Colombie, l'Équateur, le Pérou, le Venezuela, la Bolivie, le Chili, le Paraguay et l'Uruguay. Bien mieux: un seul secrétaire adjoint doit traiter les affaires de deux États aussi importants que le Brésil et l'Argentine auxquels on a d'ailleurs ajouté, pour faire bonne mesure, «le Mercosur». Quand on considère que le grade de secrétaire adjoint est l'un des moins élevés dans la hiérarchie, et que sa tâche consiste, non seulement à analyser les télégrammes et les dépêches qu'il reçoit des postes, mais aussi à concevoir et à préparer les instructions données aux ambassadeurs accrédités dans les pays qu'il gère, on mesure l'absurdité du système. Ainsi, en effet, le résultat de ce travail collectif s'entasse sur le bureau d'un malheureux agent qui n'en peut plus. Et que se passe-t-il quand cet unique fonctionnaire est malade ou en congé? Théoriquement, les dossiers de ses pays d'attribution passent à un collègue qui ne peut connaître les affaires des pays en question et qui considère ces tâches nouvelles comme une charge supplémentaire insupportable. En fait, les affaires ne sont plus traitées du tout et les postes attendent désespérément des instructions qui, évidemment, ne viennent pas...

Après la tête, examinons maintenant les jambes, c'est-à-dire les postes diplomatiques et consulaires, pour voir si elles peuvent suppléer à ses déficiences.

Il faut d'abord constater un fait: le ministère des Affaires étrangères a perdu le monopole qu'il détenait autrefois: celui de l'action extérieure de l'État. Aujourd'hui, de nombreux ministères et organismes publics possèdent des «Directions internationales» qui réduisent d'autant en fait l'aire de compétence du Quai d'Orsay et conduisent fâcheusement à une atomisation des responsabilités. C'est ainsi que ce ministère a tendance à se considérer de plus en plus comme une forteresse assiégée, obligée de se défendre de l'appétit des autres, tout le monde voulant peu ou prou «faire de l'international». D'ailleurs les chiffres parlent d'eux-mêmes: dans l'action extérieure de la France, la part du ministère des Affaires étrangères, qui était de 23 pour cent en 1989, n'était plus que de 20 pour cent en 1995. Aujourd'hui, ce sont plus des quatre cinquièmes qui lui échappent!

Passons sur les consulats généraux et les consulats, qui n'ont pas en principe de rôle politique et ne sont qu'une administration de l'État fonctionnant sur une portion bien délimitée de territoire étranger, pour n'envisager que les ambassades. Pour ces dernières, le chef de poste, c'est-à-dire l'ambassadeur, est le représentant personnel du Chef de l'État auprès du Chef de l'État étranger, souverain ou Président. Plus largement, il représente son pays dans l'État où il a été nommé.

Or autrefois, si la tête s'affaiblissait progressivement, les jambes étaient encore pleines de vigueur. La France possède encore plus de 8000 agents, presque 300 missions diplomatiques et consulaires et une vingtaine de représentations permanentes auprès d'organismes internationaux, qui lui donnent le second réseau diplomatique du monde après celui des États-Unis mais avant ceux de Grande-Bretagne et d'Allemagne fédérale. Toutefois, cette magnifique «toile d'araignée» tissée autour du globe tend à se déchirer peu à peu du fait des restrictions budgétaires qui ne cessent d'affecter le Quai d'Orsay. Les exemples ne sont, hélas! pas difficiles à trouver: l'un des meilleurs est constitué par la Grande-Bretagne qui, il y a une vingtaine d'années, comprenait un nombre respectable de consulats généraux et de consulats français dont l'existence était amplement justifiée par l'importante colonie française établie au Royaume-Uni et les millions de touristes qui franchissent la Manche chaque année. Or après la fermeture, en 1993, du Consulat de Jersey, seul subsiste aujourd'hui avec celui de Londres, le Consulat général d'Édimbourg, et encore est-il périodiquement promis à la charrette! De même, au Brésil, le Consulat Général de Porto Alegre a été supprimé au moment même où plusieurs pays européens installaient des représentations consulaires dans ce sud brésilien qui est la partie du pays qui connaît le développement le plus rapide. Au Canada, la suppression du Consulat de Winnipeg fait que d'Edmonton à Toronto, c'est-à-dire sur une étendue de près de 4000 kilomètres, il n'y a plus de représentation française!

Mais peut-être plus graves encore – car moins visibles que les suppressions de postes – sont les réductions d'effectifs à l'intérieur d'un même poste, ambassade ou consulat. En effet, au-dessous d'un «seuil critique», le poste n'est plus guère qu'une coquille vide qui n'est plus en état de fonctionner correctement. Par exemple, la réduction du nombre des chiffreurs pèse gravement sur le fonctionnement d'une ambassade. Celle-ci a alors tendance à n'être plus qu'une devanture, un peu à la manière de ces villages russes faits de seules façades que Potemkine faisait visiter à la Grande Catherine!

Or la menace est là, inéluctable. Depuis cinq ans, le ministère des Affaires étrangères a dû «rendre» plus de 600 emplois. Quand on sait que de nombreux postes ont déjà atteint la limite au-delà de laquelle leur fonctionnement n'est plus assuré, de telles ponctions équivalent, selon l'expression imagée d'un responsable syndical, à «tailler dans la chair vive».

Certes, des solutions ont été envisagées pour remédier à la pénurie des crédits mais, dans les faits, elles apparaissent impraticables. Ainsi, la suggestion d'ambassades communes entre membres de l'Union européenne n'est pas recevable dans la mesure où la représentation de la France est une prérogative exclusive de l'État, qui ne saurait partagée ou donc être déléguée. L'idée est surtout absurde si l'on considère que les intérêts politiques et commerciaux peuvent être, non seulement divergents, mais opposés entre deux pays qui s'associeraient pour avoir une ambassade commune. La concurrence commerciale est un fait et ce fait est irréductible. D'ailleurs la tentative de créer une ambassade commune franco-allemande en Mongolie n'a pas eu de suite.

Pourtant l'existence de postes diplomatiques ne sert pas seulement, comme on le croit trop souvent, le prestige de l'État. Elle a une grande utilité pratique dont il est aisé de retracer les grandes lignes. En matière d'abord de politique générale, le service politique de l'ambassade, constitué par les diplomates proprement dits, a de multiples tâches, dont celles d'observer ce qui se passe dans le pays de la résidence, de rapporter au service central le résultat de ses observations et de ses réflexions, de négocier les conventions de toute nature, d'accueillir les personnalités françaises en visite, de préparer les grandes rencontres internationales...

Le domaine de la défense est, quant à lui, couvert par «l'Attaché de défense» et ses collaborateurs, c'est-à-dire par le poste militaire composé d'officiers et de sous-officiers. Il a pour tâche d'établir éventuellement le «plan de bataille» de l'armée du pays de résidence et de développer, lorsque cela est possible et nécessaire, la coopération militaire. Ainsi c'est le poste militaire de l'ambassade de

Londres qui a mis au point, à partir de 1992, le programme franco-britannique «Horizon» de construction en commun d'une frégate, programme malheureusement abandonné par la suite.

Le service culturel, pour sa part, dépend directement du ministère des Affaires étrangères. Il a pour fonction d'illustrer et de faire connaître les différents aspects de la culture française dans le pays de résidence et de promouvoir avec ce dernier une coopération culturelle aussi intense que possible. Bien entendu, dans des pays comme les États-Unis, l'Allemagne fédérale ou la Grande-Bretagne, les relations culturelles sont si variées et si denses qu'elles se développent largement sans intermédiaires, passant ainsi par-dessus les services culturels des ambassades qui retrouvent cependant leur pleine utilité, dans les zones du monde plus difficiles ou isolées. En vérité, 140 centres culturels, dont 60 en Europe, 250 établissements scolaires, 22 institutions de recherche, 12 centres universitaires et scientifiques, plus de 1000 Alliances françaises et 700 enseignants, cela constitue un ensemble impressionnant. Le fait, par exemple, d'avoir un lycée français dans les principales capitales du monde est un avantage que nous envient nombre de pays. Pourtant la somme totale dont dispose le Quai d'Orsay atteint à peine le tiers de celle que le financier George Soros affecte à sa propre action culturelle.

Quant au service scientifique, il a pour mission de se tenir informé des dernières réalisations du pays d'accueil et d'organiser la coopération scientifique lorsqu'elle est possible.

Cependant, une place particulière doit être accordée au «poste d'expansion économique», c'est-à-dire celui qui regroupe les conseillers et les attachés commerciaux. Sait-on en effet que 4 millions de Français travaillent directement ou indirectement pour l'exportation? «La politique ne se fait pas à la corbeille», disait le Général de Gaulle. Il n'empêche que l'activité dans le domaine économique et commercial constitue une part considérable et toujours croissante du travail d'ambassade. Dans tous les postes, il s'agit de conclure les grands marchés de fourniture et d'équipement (je pense aux grands contrats d'hélicoptères qu'il fallut consolider en 1987 au Brésil après le départ du ministre Delfim Neto), de combattre le protectionnisme éventuel du pays hôte (par exemple l'interdiction d'entrée au Japon du porc sur pied, des pommes et des fleurs coupées sous des prétextes «sanitaires»), d'analyser le marché des capitaux, de suivre l'évolution de la monnaie et aussi de comprendre, pour se les assimiler, les méthodes qui expliquent les succès commerciaux de pays de résidence, comme la méthode JAT au Japon. Dans les plus grandes ambassades, le service financier vient compléter l'activité du commercial dans les domaines de sa spécificité.

Cependant la situation économique du monde se transforme constamment et de plus en plus rapidement. Certains continents comme l'Asie et surtout l'Asie orientale et sud-orientale connaissent des mutations profondes. Ainsi, en 1960, l'Asie ne représentait que 4 pour cent du produit national brut mondial. En 1995, sa part a bondi à 27 pour cent et, en 2001, au moins 400 millions d'Asiatiques auront un pouvoir d'achat comparable à celui des Américains et des Européens! Sait-on également que la part du Tiers-Monde dans les investissements directs mondiaux va dépasser bientôt celles des pays riches? Tout cela suppose une adaptation incessante des priorités et des méthodes des ambassades à l'évolution économique du monde.

Pourtant, il faut bien se rendre à l'évidence: l'économie mondiale échappe de plus en plus au contrôle des États pris en tant que tels. En effet, chaque jour dans le monde, les transactions dépassent le milliard 500 millions de dollars et il n'est pas douteux que cette énorme masse de capitaux flottants constitue un risque de perturbation des marchés devant lequel les États sont à peu près impuissants. Il en est de même lorsque la spéculation concertée s'attaque à une monnaie nationale et réussit la plupart du temps à la faire céder en empochant d'énormes bénéfices. On peut dès lors se demander si la mondialisation de l'économie, qui est entrée dans les faits, n'appelle pas un nouvel ordre international doté de dispositifs de contrôle qui font aujourd'hui défaut.

Aussi la grande question que nous devons nous poser est-elle la suivante: la France a-t-elle actuellement les moyens financiers d'une grande politique mondiale déployée sur tous les continents? La réponse est malheureusement négative. On pourrait paraphraser la célèbre polémique entre Proudhon et Marx par la formule «Diplomatie de la misère. Misère de la diplomatie». Les moyens financiers du ministère des Affaires étrangères sont constamment revus à la baisse et les tentatives passées de plans de redressement sur cinq ans ont été abandonnées après un ou deux exercices budgétaires. C'est qu'il est évidemment bien plus aisé de faire des coupures et d'ordonner des «gels» sur les crédits qui ne sont pas «sensibles» au plan électoral, comme ceux de l'action extérieure. Ainsi, le ministère des Affaires étrangères partage avec celui de la Culture le triste record des coupes claires! Et pourtant le budget de la Culture, qui ne représentait en 1970 que la moitié de celui des Affaires étrangères, lui est aujourd'hui près de trois fois supérieur! Quinze milliards de francs, dont la moitié est destinée au fonctionnement et l'autre aux interventions, tel est le montant du budget du Quai d'Orsay (y compris l'action culturelle et l'aide au développement mais à l'exclusion de la coopération). Cela ne représente même pas un pour cent du budget de l'État. Ayant à sa charge la subsistance de plus de huit mille agents, ce budget n'atteint même pas le «trou» financier du Crédit Lyonnais, ne dépasse que d'un tiers celui du Crédit Foncier et n'est que peu supérieur à l'évaluation faite, en 1989, du seul parc de l'ambassade de France à Tokyo! Encore, cette masse budgétaire en diminution est-elle réduite par la pratique du gel et des annulations de crédits. Il est clair que, lorsque des sacrifices sont envisagés, le pouvoir arbitre toujours au détriment de l'international!

Or, si les moyens financiers sont déficients, peut-on au moins affirmer que les méthodes de notre diplomatie sont adaptées au monde actuel? À l'issue d'un déjeuner des «Amis de la République française», Philippe Séguin a déclaré en substance que si l'on faisait revenir des députés du XIXe siècle dans l'enceinte de l'Assemblée nationale, ils ne se sentiraient nullement dépaysés. Sans trop d'exagération, on, pourrait sans doute dire la même chose de nos diplomates du passé s'ils arrivaient au Quai d'Orsay ou dans l'une de nos ambassades traditionnelles comme Londres, Rome ou Madrid. Certes, les progrès de la technique, notamment en matière de chiffrement, se sont imposés, mais on peut toujours se demander si notre outil diplomatique est préparé à la formidable «révolution informatique» qui met cul par-dessus tête toutes nos méthodes de travail traditionnelles et s'il s'apprête à prendre en compte les extraordinaires nouveaux moyens de diffusion de la connaissance pour les besognes quotidiennes.

À cet égard, tout le monde a aujourd'hui à la bouche le mot Internet, mais peu de gens se rendent compte du fantastique bouleversement que représente ce «réseau des réseaux» appelé à devenir en quelque sorte la mémoire du monde. Pourtant, les chiffres sont parlants et montrent l'expansion très rapide de ce qui peut être considéré comme le troisième stade de la communication après la lettre et le téléphone. En 1985, les utilisateurs étaient au nombre de quatre millions. Dix années après, ils s'étaient multipliés par dix pour atteindre quarante millions. Aujourd'hui, il y a sur le réseau Internet quelque deux cents millions d'ordinateurs! Comment notre diplomatie pourrait-elle rester à l'écart d'un mouvement aussi irréversible et qui multiplie à l'infini les possibilités d'acquisition du savoir humain? Il est juste de reconnaître que le ministère des Affaires étrangères a constitué une banque de données utilisables sur Internet et que s'est instituée dans ce domaine une coopération avec le Québec, rendue d'autant plus souhaitable qu'aujourd'hui plus de 90 pour cent des informations passant sur le réseau sont en langue anglaise alors même que les utilisateurs anglophones sont loin de représenter un tel pourcentage. Bientôt, pour avoir sa place au soleil, il faudra être «branché» et ceux qui refuseront de prendre en marche ce train se trouveront fatalement marginalisés. C'est malheureusement encore le cas de certaines universités françaises qui, contrairement à toutes les universités du Québec, ne sont pas sur le réseau et risquent ainsi de manquer le rendez-vous avec la troisième révolution technologique de l'humanité.

Il faut d'ailleurs se garder de tout optimisme inconsidéré devant une évolution qui présente d'incontestables dangers. Dans son ouvrage *L'homme numérique*, Nicholas Negroponte n'a pas dissimulé les risques provoqués par ces réseaux géants d'information qui ne tiennent aucun compte des frontières d'État et qui peuvent ouvrir largement la voie, en l'absence de tout contrôle, aux activités d'espionnage, aux atteintes à la vie privée, au crime organisé des mafias, à la pornographie, au pillage des thèses et des brevets ou, tout simplement, à «l'info obésité», excès d'information qui finit par tuer l'information elle-même. Notre diplomatie doit être sensible à un autre danger: la marginalisation accentuée des pays du Sud. En effet, avec la généralisation de l'informatique appliquée, le fossé risque de s'élargir encore entre le Nord développé et le Sud qui ne l'est pas. Si les utilisateurs d'Internet se comptent déjà par millions en Europe et surtout en Amérique du Nord, où le Canada occupe la seconde place derrière les États-Unis, ils ne sont guère que quelques centaines de milliers en Amérique latine et quelques milliers seulement en Afrique sub-saharienne alors que plus de la moitié des États francophones du monde n'a aucun branchement sur le réseau. Il y a donc urgence pour la France à produire des «contenus» en langue française, problème que nous avions déjà rencontré pour les satellites de télévision.

Mais le principal danger réside sans doute dans l'absence de contrôle des flux économiques, *vacuum* sans précédent dans l'histoire récente de l'humanité. Une récente enquête montrait que le montant des transactions en données dites «immatérielles» (informations scientifiques, valeurs financières) qui se font sans discontinuer et d'un bout de la terre à l'autre, surpasse déjà largement le montant des échanges commerciaux traditionnels. Il y a dès lors tout à craindre des pressions des gros intérêts financiers pour détourner à leur seul profit les possibilités immenses ouvertes par les nouvelles techniques de la communication, ne serait-ce que par la falsification de l'information.

De toute manière, nous sommes devant un fait qu'il serait ridicule et vain de vouloir occulter. Se rend-on compte qu'aux États-Unis l'industrie de l'informatique mobilise déjà plus de capitaux que l'automobile, l'aéronautique et la chimie? Sait-on que le taux de croissance d'Internet est de 50 pour cent par mois et que les coûts sont chaque année multipliés par deux? Or devant ce phénomène à la fois passionnant et inquiétant, susceptible de bouleverser l'équilibre du monde et les rapports internationaux, on observe en France une étonnante passivité qui touche parfois à l'indifférence.

Qui a pris conscience du fait qu'Internet n'est qu'une étape qui sera bientôt dépassée par des projets, d'ailleurs privés, encore plus ambitieux comme les «logiciels de navigation» et le www (World Wide Web), qui démocratiseront l'outil en permettant de se promener (de «surfer» comme on dit maintenant) plus aisément sur le réseau mondial?

C'est de ce défi que notre diplomatie doit se préoccuper pour utiliser, dans l'intérêt de la France, tout ce qui peut l'être, par exemple les nouvelles et prometteuses avancées en matière de traductions automatiques opérées par logiciel, éventuellement avec l'assistance de l'auteur du texte. De grands changements se produisent sous nos yeux. Plus que jamais notre slogan doit être celui des scouts anglo-saxons: *Be prepared!*

Quarante années de carrière diplomatique, dont plus de quinze comme ambassadeur, m'ont au moins convaincu d'une chose: pour son entrée dans le troisième millénaire, la diplomatie française a besoin, non pas de réformes «cosmétiques», comme on dit aujourd'hui, qui ne seraient que ravaudage et rafistolage du modèle ancien, mais de réformes en profondeur. Et la plus importante d'entre elles touche évidemment les hommes. Leur qualité n'est pas en cause. J'ai pu amplement constater l'intelligence, le sens politique, le dévouement, qui va parfois jusqu'à l'abnégation, de l'immense majorité des agents qui ont servi la France sous mes ordres. Leur patriotisme aussi qu'on a parfois mis en doute, et à tort. Seulement voilà: il faut qu'ils se sentent motivés, il faut donner un sens à leur carrière et à leur vie.

Et cela, c'est en dernier ressort la responsabilité du centre, de leurs chefs, de nos chefs à tous. J'ai personnellement des réserves à l'égard de la réforme du Quai d'Orsay qui a été conduite en 1993. Je voudrais proposer ici des réformes à la fois plus diversifiées et plus fondamentales.

La première touche à la formation des diplomates. Disons-le tout net: à la sortie de l'ENA ou des concours d'Orient, les jeunes gens qui se destinent à la diplomatie ne sont pas formés du tout aux activités et à la vie qui vont être les leurs, et ce ne sont pas quelques courts passages dans les services centraux qui vont pallier ce manque de formation. La diplomatie est plus qu'un état d'esprit ou une ambition de vie, c'est un véritable métier qui s'apprend certes «sur le tas», mais exige au préalable une préparation théorique et pratique, minutieuse et cohérente. Les temps ne sont plus où l'on pouvait rire de cette absurde boutade de Talleyrand: «Pour faire un bon diplomate, il ne faut pas seulement être ignorant, il faut aussi être poli!» Ignorant? C'est bien la dernière des choses que l'on doit pouvoir reprocher à un diplomate. Bien au contraire, le diplomate doit non seulement savoir tout faire, mais encore savoir bien le faire: l'analyse politique, la négociation, la prévention des conflits, la représentation... contrairement à la plupart des autres agents de l'État, il ne saurait se spécialiser en privilégiant une de ses fonctions aux dépens des autres. En vérité, il doit parvenir à être un spécialiste de chaque sujet qu'il traite, ce qui exige une formation de toute évidence beaucoup plus approfondie que celle qu'il reçoit présentement. Ce n'est certes pas un hasard si les agents du Foreign Office comptent parmi les meilleurs diplomates du monde: ils reçoivent avant de partir en poste une formation très complète, notamment dans le domaine linguistique. De même en Allemagne fédérale les jeunes diplomates font d'abord deux années de stage intensif à l'étranger et doivent justifier de la pratique courante d'au moins deux langues étrangères avant d'être lancés dans le circuit diplomatique. Je pense que nous devrions nous inspirer de ces exemples. Il ne suffit pas d'aller benoîtement expliquer aux élèves de l'Institut d'Études politiques les charmes de la carrière avec un grand C. Il faut les y préparer et le système actuel de l'ENA, qui fait dépendre les carrières, non pas du goût et des aptitudes des élèves, mais de leur seul rang de sortie, est proprement absurde. Il déverse dans la diplomatie des jeunes gens qui n'en ont aucunement la vocation, et n'ont donc rien à y faire, et prive en revanche de ce débouché certains qui en avaient fait leur objectif de vie! Il convient donc de revenir au système du choix des Affaires Extérieures à l'entrée de l'ENA et non à la sortie. Je puis en parler en connaissance de cause, ayant démissionné et repassé une seconde fois le concours pour obtenir enfin la carrière que je souhaitais à l'exclusion de toute autre. C'est la condition même de l'engagement, grâce à un choix personnel déterminé librement.

Il faut en second lieu rendre au Secrétaire général du Quai d'Orsay son rôle de concepteur de la politique extérieure de la France. Certes, il devra convaincre du bien-fondé de ses vues son ministre et le Président qui pourront toujours le remplacer si la politique qu'il propose ne leur convient pas. Mais c'est dans le silence de ce bureau du troisième étage que peut le mieux à mon sens, avec l'aide du directeur politique et des directeurs géographiques, s'élaborer, à l'abri des modes et des pressions médiatiques, une politique étrangère raisonnée et cohérente pour notre pays. Cela suppose bien entendu que le Secrétaire général soit déchargé des tâches qui, tout en étant moins fondamentales, sont néanmoins indispensables: je pense à la gestion proprement dite du ministère, à sa bonne marche, qui pourrait aisément être confiée à un seul Secrétaire général adjoint qui rendrait compte au Secrétaire général des grandes lignes de son action. Ainsi seraient parfaitement délimités les rôles et le Secrétaire Général ne serait plus écartelé entre la présidence des innombrables réunions, l'exploitation des télégrammes, l'accueil des visiteurs et les missions à l'étranger.

Puisque l'on parle de soulager, il faudrait surtout soulager le ministre lui-même des obligations répétitives, comme les continuelles réunions de Bruxelles, dont certaines ne justifient pas sa présence, et de beaucoup de fonctions de représentation qu'il ne peut assumer qu'en sacrifiant l'essentiel: la conduite, sous l'autorité du Président, de la politique extérieure de la France. À cette fin, pourquoi ne pas nommer un ou plusieurs secrétaires d'État qui joueraient le rôle d'assistants et ne seraient pas forcément spécialisés en vue de l'accomplissement de tâches spécifiques comme les Affaires européennes ou la Coopération. En toute chose, le ministre se réserverait ce qui lui apparaîtrait comme le plus important, quitte à répartir entre ses adjoints ce qu'il ne pourrait manifestement pas entreprendre lui-même.

On peut également se demander si, en vue d'assurer l'unicité et la cohérence de la politique française dans chacune des grandes régions du monde, il ne conviendrait pas de désigner des «ambassadeurs de région» à l'image des préfets de région. L'ambassadeur régional aurait sa résidence fixe dans la capitale du plus important État de la zone considérée, serait bien entendu le représentant de la France auprès de cet État, mais aurait en outre la responsabilité d'assurer la coordination de l'action diplomatique auprès de ses collègues de sa zone d'attribution. Ainsi, par exemple, l'ambassadeur de France au Mexique en résidence à Mexico aurait également sous sa juridiction Cuba, la Jamaïque, Haïti, la République Dominicaine, les petits États indépendants de l'arc caraïbe ainsi que les Républiques centro-américaines. Il présiderait des réunions régionales d'ambassadeurs et rendrait compte au ministre de son action «globale» dans la région. En effet, la situation actuelle, où chaque ambassadeur a ses opinions, ses goûts, ses préférences et ses méthodes de travail particulières, aboutit à un émiettement de l'action diplomatique. Il ne s'agirait pas de priver les ambassadeurs dans les petits postes de leur nécessaire autonomie, ni surtout de les subordonner aux ordres d'un collègue plus ancien, en tout cas mieux loti, mais seulement de permettre une nécessaire harmonie. Certes, les conditions à l'étranger et en France sont bien différentes.

Pourtant, moyennant certaines adaptations, l'expérience couronnée de succès du ministère de l'Intérieur pourrait, avec profit me semble-t-il, être étendue à notre réseau diplomatique. L'expérience vaudrait, pour le moins, d'être tentée.

Plus important paraît être de ne plus séparer, comme c'est le cas aujourd'hui, les fonctions politiques des fonctions économiques et commerciales dans l'ambassade. Cela signifie rien moins que la suppression pure et simple du corps dit de «l'expansion économique» (c'est-à-dire les conseillers et attachés commerciaux) administré par la Direction des Relations économiques extérieures du ministère des Finances, plus connue sous le nom abrégé de DREE. Chaque diplomate en poste à l'étranger pourrait passer alternativement du politique au commercial et vice-versa, soit au cours de son séjour dans un poste, soit à la faveur d'une nouvelle affectation. Les Britanniques ont adopté ce système et s'en trouvent fort bien. Il y a d'ailleurs longtemps que l'on parle de cette souhaitable fusion, mais la vieille dame de l'ex-Quai Branly a la vie dure et, jusqu'à présent, cette réforme, pourtant évidente, demeure du domaine des velléités alors qu'elle serait de nature à renforcer puissamment la nécessaire «prise de conscience économique des diplomates». Et que l'on ne nous dise pas que le système actuel est bon parce que nous sommes le quatrième exportateur mondial. En vérité ce rang est menacé: pour soutenir leur expansion économique dans le monde, les Britanniques alignent quelque dix à douze millions d'expatriés. Nous en avons à peine mille huit cents! En Asie, c'est-à-dire la zone économiquement la plus prometteuse du monde, nos investissements n'atteignent pas le tiers de ceux des Allemands et en 1990, au Japon, nos exportations restaient inférieures en valeur à celles de l'Italie et de la Hollande! En attendant la fusion, inévitable à terme, il faudrait déjà d'une part trouver le moyen d'intéresser davantage la France à son commerce extérieur et, de l'autre, coordonner et regrouper nos forces d'exportation (services commerciaux et chambres de commerce) et accorder à nos entreprises, essentiellement des petites et les moyennes, car les grandes n'en ont pas besoin, une aide beaucoup plus personnalisée et adaptée à chaque cas. L'expérience montre abondamment que si nous parvenons à frapper de grands coups, c'est-à-dire à conclure de gros contrats, les exportations régulières ne suivent pas et que nous ne savons pas nous engouffrer dans les brèches que nous ouvrons. Les percées des «panzers» ne sont pas mises à profit par l'infanterie, d'où l'aspect heurté de nos courbes d'exportation vers la plupart des grands pays. Au-delà même des activités commerciales, on peut envisager dans certains cas le cumul des fonctions politiques, consulaires, culturelles et financières. Des regroupements pourraient aussi être utilement opérés, par exemple entre les postes commerciaux et les agences financières. Il conviendrait enfin de retrouver l'unité de lieu de l'action de la France à l'étranger en «rapatriant», aussi souvent que c'est possible, les services spécialisés des ambassades, principalement les services commerciaux. Ceux-ci, en effet, ont souvent fui les chancelleries sous des prétextes divers mais, en réalité, pour mieux échapper à l'autorité de l'ambassadeur!

La réforme des méthodes de travail de la diplomatie française, aussi bien dans les postes qu'au service central, apparaît également comme une grande priorité! Le budget de 1930 prévoyait la rémunération d'un... calligraphe! Nous n'en sommes plus là, mais nos méthodes n'en demeurent pas moins souvent archaïques et inadaptées. Le Comité interministériel des Moyens de l'État à l'étranger (CIMEE) constitue certes un effort de rationalisation. Il n'en reste pas moins que notre temps est mal employé et qu'il est urgent de faire des «économies de temps» au bénéfice de la réflexion. Je suis frappé en particulier par l'extrême agitation des responsables politiques, des titulaires du portefeuille des Affaires étrangères en particulier, qui courent, ou plutôt qui volent de conférences en colloques, d'assemblées en réunions répétitives, dévoreuses de temps et d'énergie. On peut même parler aujourd'hui des «parlotes bruxelloises» comme on parlait entre les deux guerres des «parlotes genevoises». Lors de son séjour à Paris, au printemps de 1996, le président brésilien Cardoso s'est écrié à la Sorbonne: «Les dirigeants sont si accablés par leurs tâches diverses qu'ils n'ont presque plus le temps de penser!», et c'est tout à fait vrai! Pourquoi, dans ces conditions, ne pas généraliser le procédé des «téléconférences» que j'ai eu l'occasion d'expérimenter à Tokyo et qui constitue un formidable gain de temps et d'énergie? Plus d'attentes dans les aéroports, plus d'interminables vols intercontinentaux, plus de temps morts dans les transports terrestres, les hôtels, les ministères et aussi que d'économies! On objectera que rien ne remplace le contact direct, les yeux dans les yeux. Je veux bien, pour les rencontres les plus importantes, mais pour les autres? Le plaisir de se serrer la main justifie-t-il cette fantastique déperdition? Certes, il n'est pas aisé de mesurer l'efficacité et les «indicateurs d'efficacité», selon l'expression de Didier Maus, n'existent pas. Il est toutefois évident que parler de son fauteuil de bureau à ses interlocuteurs, eux-mêmes calés dans le leur, est plus intelligent que courir après eux à l'autre bout du monde pour un résultat souvent aléatoire et rarement mesurable. Je ne fais là, adorant moi-même les voyages, l'apologie du rond de cuir, mais celui du gain de temps. La téléconférence exige d'ailleurs un rythme et un mode d'expression inhabituels, mais l'on s'y fait très vite, et, de même que le train a démodé la diligence...

Notre implantation diplomatique et consulaire dans le monde est aussi à revoir. Sous l'appellation quelque peu hypocrite de «redéploiement», on désigne au Quai d'Orsay la suppression pure et simple de postes pour des raisons budgétaires. Après la suppression de nombreux consulats, on est passé à celle de petites ambassades. Nul doute, compte tenu des perspectives financières à moyen terme, que le mouvement se poursuivra et qu'il risque même de s'accentuer dans ce nouveau siècle. Il faut absolument réagir contre ce qui apparaît comme une démission. Chaque consulat général ou consulat, chaque ambassade qui ferme ses portes, c'est un peu de la présence, donc de l'influence de la France qui disparaît, et généralement pour toujours, car l'expérience montre qu'on ne revient presque jamais sur une fermeture. Certes, l'impact de tels abandons est très peu sensible dans l'opinion. C'est d'ailleurs bien pour cela qu'on les décide avec tant de facilité. Faut-il pour autant s'accrocher à une fixité de la carte diplomatique et consulaire? Certainement pas: celle-ci doit évidemment être souple et évoluer en fonction de l'émergence ou du déclin des zones où la France est représentée. Il s'agit alors d'un véritable redéploiement et non du camouflage verbal d'une politique de suppression de postes. En effet, la «hiérarchie fictive» des postes, en honneur au Quai d'Orsay, a pour effet de scléroser les situations alors que le monde est en perpétuel changement. C'est ainsi qu'à effectifs constants, il serait nécessaire de renforcer les postes d'Amérique latine, et surtout d'Asie du Sud et de l'Est, régions qui connaissent un fort développement économique, ainsi que les postes d'Europe centrale et orientale où se joue actuellement le sort de notre continent. En ce qui concerne plus particulièrement les consulats, il faut en distinguer deux sortes: d'abord ceux qui se trouvent dans des pays centralisés, de petite dimension et à faible distance de la capitale ou d'un autre poste consulaire. Pour ceux-là, la disparition, certes regrettable car ils fonctionnent souvent depuis longtemps, n'est pas une catastrophe. Après tout, les usagers français peuvent se rabattre sur un consulat voisin. Il en va tout à fait différemment lorsqu'il s'agit d'un consulat général ou d'un consulat situé dans un pays fédéral de très vaste dimension comme les États-Unis, le Canada, le Brésil ou l'Inde. Si l'on prend l'exemple du Brésil, le consulat général à São Paulo au cœur de la région de loin la plus développée du pays et où se concentre l'activité économique et parfois même politique, rivalise d'importance avec la capitale fédérale, Brasilia. Il en est de même au Canada pour Toronto ou Montréal à l'égard d'Ottawa. Non seulement il ne faut pas toucher à ce genre de consulats généraux, mais encore faut-il les amener, ce qu'hélas beaucoup d'ambassadeurs répugnent à faire, à jouer un rôle politique dans les limites géographiques de leur circonscription consulaire. Ces postes consulaires deviennent ainsi, sous l'autorité de l'ambassadeur, des sortes de «relais territoriaux» de l'ambassade, la soulageant grandement et améliorant d'autant l'efficacité globale de notre représentation. Il faut reconnaître que nombre de consuls généraux ne sont pas prêts à assumer ces responsabilités politiques. Malgré la fusion des deux corps, le diplomatique et le consulaire, en 1945, il subsiste une «culture diplomatique» et une «culture consulaire» qui, malgré les années, ne se sont pas mêlées. Raison de plus pour hâter le nécessaire amalgame.

Au service central, la fameuse «tête», les directions et notamment les directions «géographiques» doivent avoir les moyens d'exploiter correctement la masse des informations venue des différents postes. Pour ce faire, elles doivent impérativement être renforcées en personnel. Au moins les ambassades les plus importantes devraient trouver comme interlocuteur à Paris une sorte de *task force* multidisciplinaire appelée à conseiller en connaissance de cause le sous-directeur et le directeur de la région considérée, pour pouvoir répondre aux demandes des postes et leur fournir les instructions nécessaires.

Il importe également d'avoir une véritable politique de l'information, tant pour les postes que pour le service central lui-même. Cela passe par une conception nouvelle des centres de documentation et une meilleure adaptation de la «chaîne francophone» de télévision aux objectifs qui lui avaient été fixés. Cela passe aussi, bien entendu, par une utilisation intelligente des nouveaux moyens d'information planétaire. Nos réseaux culturels sont demeurés foncièrement traditionnels, mais ce type de culture se trouve aujourd'hui quelque peu marginalisé. Il est bon de créer des banques de données, car le Quai d'Orsay doit rester maître de leur conception et de leur réalisation et faire en sorte, avec les autres États ou entités francophones comme le Québec, que le français trouve dans Internet la place à laquelle il peut normalement prétendre. Cela exige bien entendu des effectifs supplémentaires, mais ce n'est pas trop cher payer le prix de notre indispensable modernisation.

Il est certain que nous ne pouvons plus agir comme si nous étions seuls, comme si l'Union européenne n'existait pas. Cela étant, et pour des raisons tant morales que politiques, il ne peut être question de sacrifier nos intérêts nationaux. Doit-on procéder à des suppressions de consulats et de postes d'expansion économique à l'intérieur de l'ensemble formé par l'Union européenne? C'est là une idée qui est avancée périodiquement mais elle n'a, à mon avis, aucun sens. Nos nationaux vivant ou voyageant dans l'Europe des 15, bientôt des 27, auront besoin de la même protection et nous ne sommes pas prêts d'avoir une politique extérieure commune, encore moins une politique de défense. Quant à l'idée de «consulats complémentaires» entre pays de l'Union, elle se heurte à des difficultés comparables à celles qui ont empêché la constitution d'ambassades communes entre la France et l'Allemagne: les intérêts sont différents... En réalité, ces idées sont lancées pour tâcher d'accréditer la notion que l'intégration européenne est en marche et que cette marche est irréversible. Mais c'est là agir à la légère. Si l'on tient absolument à faire du «cosmétique», on peut changer l'appellation des ambassadeurs mutuellement accrédités dans les pays de l'Union européenne en les nommant «hauts commissaires». Cela fait bien et «ne mange pas de pain»! Sans aller jusqu'à dire, comme de Gaulle, que «nos buts, parce qu'ils sont français, sont bons pour tous les hommes», nos intérêts, parce qu'ils sont français sont bons à défendre, et nous seuls pouvons les défendre!

Pour ce faire, il me paraît indispensable de revenir à la notion d'unicité de l'action extérieure de l'État. Et seul un ministère des Affaires étrangères réformé est en mesure d'assurer cette unicité de conception et de mise en œuvre. La prolifération des «services extérieurs», non seulement des ministères, mais d'innombrables organismes, publics ou même privés, est, comme nous l'avons vu, devenue telle que l'on ne sait plus guère qui fait quoi en matière internationale. Le décret sur les pouvoirs des ambassadeurs n'a, en réalité, que peu modifié la situation antérieure. Soyons réalistes: nous ne parviendrons pas à faire rentrer dans le néant les sections internationales qui ont surgi de toute part. Il faudrait simplement obtenir, et c'est déjà extrêmement difficile, qu'elles n'agissent plus en ordre dispersé et que puisse s'instaurer, sous l'égide du Quai d'Orsay, une certaine coordination des politiques et des actions.

Enfin, et c'est sans doute le plus important, il faut s'occuper des hommes. La diplomatie, elle est faite par des hommes et des femmes, et non par des abstractions. Elle est toute charnelle et si l'on méprise les hommes qui la font, on se prépare des mécomptes. Il faut malheureusement constater que, depuis 1945, peu de titulaires du portefeuille des Affaires étrangères se sont vraiment intéressés au sort des agents du ministère, hyper occupés qu'ils étaient, reconnaissons-le, par les écrasantes tâches de leur fonction. Michel Debré a certainement été le premier à s'attacher au facteur humain et à se préoccuper en particulier des conditions matérielles et financières des agents qui allaient en se dégradant. D'autres, comme Michel Jobert, sont allés dans cette voie et le personnel du Ministère ne l'a pas oublié. Le Quai d'Orsay, c'est un peu comme l'armée: c'est la grande «muette»: on ne dit rien, par un mélange de prudence et de dignité, mais on n'en pense pas moins! Or il s'agit d'une carrière longue et difficile, poursuivie parfois dans des conditions périlleuses. Aussi est-il rare qu'un agent n'ait pas eu à souffrir, dans le cours de sa carrière, d'une injustice, d'un passe-droit, d'une blessure d'amour-propre ou, tout simplement, de l'indifférence. Combien en ai-je entendu de ces agents grugés, dégoûtés, et encore naïvement étonnés, me dire: «Je n'ai pourtant pas démérité!» Non, ils n'avaient pas «démérité», mais personne ne s'était soucié d'eux. Le Secrétaire général, chef de l'administration, serait habilité à recevoir les doléances, mais il n'en a ni les moyens ni surtout le temps. Le Directeur du Personnel est, quant à lui, juge et partie. Aussi voudrais-je proposer la désignation d'un «médiateur» auquel les agents pourraient confier leurs problèmes, leurs difficultés et leurs espoirs. Diplomate d'un rang élevé, il devrait être impartial et humain pour introduire justement un peu d'humanité dans le déroulement des carrières en prenant en considération les goûts des agents et leurs contraintes familiales. Sait-on qu'un ambassadeur, après quarante années au service de la

France, ne reçoit même pas un mot de remerciement de son ministre? Trouve-t-on normal que l'épouse d'un chef de poste diplomatique, qui a passé de nombreuses années de sa vie à effectuer bénévolement les obligations sociales de l'ambassade, ne reçoive pas, lors de la retraite de son mari, la moindre marque de gratitude de la part de l'État? Une petite décoration pour les femmes, l'honorariat du grade supérieur pour les hommes, est-ce trop demander au moment où la vie active s'achève? Évidemment d'autres mesures, peut-être moins sentimentales, s'imposent: par exemple le fait de nommer des diplomates dans d'autres administrations de l'État ou de prolonger le séjour des ambassadeurs dans des pays, comme le Japon, qui exigent un énorme investissement personnel, lequel ne peut être «rentabilisé» avant quatre ou cinq années au moins.

Bref, il faut rendre la Carrière moins hautaine, plus efficace, plus humaine. Si l'on veut des résultats, il faut aussi soigner les hommes. Montaigne l'a dit: «Hors des bonnes treilles, il n'est point de bons crus.»

Comment va mon bon Frère?

J'ai une particularité fâcheuse: je tue tous les hommes d'État des pays dans lesquels je suis accrédité! Je n'étais pas plus tôt nommé en Haïti que mourait Papa Doc. J'arrivai en Afrique du Sud le jour même de la mort du Président, que j'avais apprise dans l'avion. Au Brésil, le Président Tancredo Neves, qui venait d'être élu démocratiquement, mourut quelques semaines après mon arrivée et je fus le dernier ambassadeur à présenter des lettres de créance à l'Empereur Hiro Ito, qui s'alita peu après et mourut aussi! Seule Sa Gracieuse Majesté britannique rompit heureusement avec cette funeste succession, soit que la longévité proverbiale des Windsor lui ait assuré une solide protection, soit que mon pouvoir se soit émoussé entre-temps... À près de cent ans, la Reine mère elle-même survécut!

Quoi qu'il en soit, la fréquentation, même sporadique, des chefs d'État exige de l'ambassadeur une certaine familiarité avec le protocole, surtout bien entendu dans les États monarchiques où existe une cour autour du souverain. Ainsi, pour les lettres de créance, l'ambassadeur au

Japon accède-t-il au palais impérial de Tokyo, situé dans un parc au cœur même de la capitale, dans un carrosse doré tiré par quatre chevaux et suivi de deux autres carrosses, réservés à ses collaborateurs principaux. L'escortent des cavaliers, sabre au clair, tandis que des valets de pied habillés de livrées «à la française» se tiennent debout à l'arrière du premier carrosse. Les cavaliers en moins, il en va de même pour accéder au Palais de Buckingham où l'arrivée des carrosses dorés garnis de galons de velours rouge provoque l'attroupement des touristes en mal de photographies pittoresques.

Se trouver en grand uniforme à l'intérieur du carrosse aux côtés du chef du protocole, lui-même en uniforme, provoque une sensation étrange. Est-on toujours bien dans ce siècle ou a-t-on remonté le temps? Ou alors sommes-nous les figurants d'un film historique retraçant des épisodes d'une époque révolue?

Ce protocole, avec ce qu'il peut comporter de désuet et de suranné, a-t-il encore sa place dans une diplomatie qui se veut moderne et tournée vers l'avenir? C'est à cette question que je voudrais m'efforcer de répondre en prenant quelques exemples tirés de mon expérience personnelle.

* * *

«Sa Majesté l'Empereur demande à votre Excellence de bien vouloir lui donner les toutes dernières nouvelles de la santé de son beau-frère.» Telle fut exactement la traduction de la première question que l'Empereur Hiro Ito venait de me poser en japonais de cour, le japonais du VIe siècle, le seul qu'il pratiquât. Une demi-heure auparavant, le Grand Chambellan avait procédé avec moi à une répétition générale de la cérémonie protocolaire de remise des lettres de créance, c'est-à-dire, celles qui, émanant de son chef d'État, accréditent l'ambassadeur auprès du chef d'État du pays de sa nouvelle résidence. En effet, peu confiants dans les talents protocolaires des diplomates étrangers, les Japonais jugent prudent de leur faire répéter à l'avance la leçon afin d'éviter tout risque de pataquès. C'est ainsi qu'après m'avoir montré comment faire le *small bow*, petite courbette, à l'entrée de la salle du trône, le Grand Chambellan s'était placé à l'endroit où serait plus tard l'Empereur, c'est-à-dire debout devant le «trône de chrysanthème», fauteuil d'or à dossier mauve. Il m'indiqua qu'au centre de la pièce je devais faire une seconde courbette puis, à trois pas de l'Empereur, le *big bow*, la grande courbette, presque en accent circonflexe. Le souverain consentirait alors à saluer de la tête. Toutefois, ajouta-t-il, lorsque vous marchez vers l'Empereur, vous ne devez en aucun cas regarder Sa Majesté mais seulement vos chaussures... Comme j'ai mauvais esprit, je lui rétorquai qu'à regarder seulement mes chaussures, j'allais immanquablement buter dans l'Empereur! Ma remarque le plongea dans une grande perplexité mais, au bout d'un moment, il murmura, comme pour lui-même: «Peut-on regarder le soleil en face?» C'était un très vieil homme et, pour lui, la filiation de Hiro Ito avec la déesse solaire Amaterasu ne faisait aucun doute.

Peu après, j'avançais donc vers l'Empereur, en faisant les courbettes requises et, bien sûr, en le regardant. C'était un petit homme qui semblait flotter dans sa redingote et son pantalon rayé. Je me souviens d'une bouche charnue que surmontait une moustache grisonnante. La peau était tavelée de tâches brunâtres et, derrière de grands verres ronds sans monture, deux yeux plissés et presque fermés laissaient passer un filet de regard. C'est alors qu'après m'avoir, privilège insigne, serré la main, l'Empereur me posa la fameuse question qui me laissa quelques instants décontenancé car, arrivé depuis trois jours au Japon, comment pouvais-je connaître, mieux que lui, la santé de son propre frère? Fort heureusement me revint brusquement à l'esprit l'anecdote célèbre de Napoléon III qu'à son avènement le Tsar avait appelé en français «Mon bon ami» dans sa lettre de félicitations au lieu de l'appeler, comme il l'aurait dû, «Mon bon frère», montrant ainsi qu'il ne considérait pas le neveu de «l'usurpateur» comme un membre de la grande famille des souverains d'Europe. Loin de s'offusquer, Napoléon III avait déclaré spirituellement que le Tsar était trop bon puisque l'on subit ses frères alors qu'on choisit ses amis!

Et le déclic se fit aussitôt: «Mon bon frère» c'était évidemment Mitterrand! Sans en rien savoir, je répondis qu'il allait fort bien. À ce dernier, je n'ai jamais eu le loisir de rapporter l'anecdote. Sans doute se fut-il étonné à l'époque que l'on demandât des nouvelles de sa santé et je ne suis pas sûr qu'il eût apprécié sa «fraternité» avec l'Empereur du Japon! Toujours est-il qu'une meilleure connaissance du protocole m'aurait été nécessaire. J'aurais du savoir que la question que me posait l'Empereur du Japon était celle-là même qu'un souverain posait autrefois d'entrée de jeu à un ambassadeur étranger. Quand les voyages entre l'Europe et l'Asie duraient des semaines, et parfois des mois, l'ambassadeur était la dernière personne à avoir vu son souverain au moment où ce dernier lui remettait les lettres de créance et il était donc le plus habilité à donner des nouvelles de la santé de son maître. Évidemment, à l'époque de la radio, du téléphone, de la télécopie et des agences de presse, la vieille et traditionnelle question régalienne n'a plus beaucoup de sens et le *Showa Tenno*[2] aura peut-être été le dernier souverain à la poser en ces termes...

La présentation des lettres de créance à la Reine Elizabeth en février 1991 donna lieu à un incident d'une autre ordre. Contrairement aux autres cérémonies du même genre, l'épouse de l'ambassadeur participe à la céré-

[2] «Empereur Showa», titre que porte depuis sa mort l'Empereur Hiro Ito.

monie de remise de lettres au Palais de Buckingham. La mienne avait eu la mauvaise idée d'arborer un chapeau surmonté d'une pointe de cuivre acérée censée représenter un jonc. Alors que nous conversions avec la Reine, elle-même debout devant le trône, l'une des boucles d'oreilles de ma femme se détacha et tomba à ses pieds. Le protocole eut voulu qu'elle ne bougeât point, surtout devant les caméras de télévision qui nous filmaient. Elle eut cependant le réflexe de s'accroupir pour la ramasser. Mal lui en prit car, comme elle se redressait, le chapeau dirigea sa pointe droite vers l'œil de la Reine et il s'en fallut de peu qu'elle éborgnât Sa Majesté qui dut faire un écart en arrière! Elizabeth II prit heureusement fort bien l'incident en suggérant même que cette action d'éclat aurait pu venger Trafalgar, Waterloo et quelques autres batailles perdues par nous... Nous avions quand même frôlé de près la catastrophe, car crever l'œil de la souveraine le jour de l'accréditation est un début de mission peu recommandable!

L'humour de la Reine s'est manifesté une autre fois au cours de son voyage officiel en France en juin 1992. Dans son avion personnel qui nous menait de Tours à Bordeaux, j'avais été placé, toujours selon le protocole, juste à côté d'elle. Comme le steward lui présentait un magazine français (je crois que c'était *Paris-Match*) je me sentis quelque peu soulagé de n'avoir pas à lui «faire la conversation». Mais mon soulagement fut de courte durée, car quand elle ouvrit le magazine, je vis avec horreur qu'elle s'arrêtait sur un article dont le titre, énorme, était à peu près ceci: «Elizabeth II: la crise de la monarchie, les scandales familiaux, etc. – une reine inusable.» *"What does 'inusable' mean?"* me demanda-t-elle avec un sourire en se tournant vers moi. Connaissant bien notre langue, elle avait d'ailleurs fort bien compris. Ne sachant pas trop comment tourner ma phrase en anglais, je lui réponds en français: «Madame (puisque c'est ainsi qu'on s'adresse à la Reine), c'est le fait d'une personne sur laquelle le temps n'a pas de prise.» Alors elle se met à rire et me dit, avec son charmant accent anglais: «Aoh, je suis rassurée, car je croyais que "inusable" c'était réservé pour les chaussures!» À Bordeaux, sous l'ovation de la foule qui saluait en elle «notre Duchesse d'Aquitaine», elle paraissait vraiment heureuse et s'épanouissait comme une belle fleur de nénuphar déploie ses pétales sous l'action du soleil...

Pourtant, le protocole peut être parfois pesant, et même étouffant comme nous avons eu l'occasion de le constater au Japon. Nous avions, ma femme et moi, été conviés à déjeuner au palais impérial avec d'autres couples de diplomates par le nouvel Empereur Akihito et l'impératrice Michiko. À la fin du repas, dont le menu était d'ailleurs rédigé en français, le couple impérial, ce qui constituait une nouveauté, se mêlait aux groupes d'invités une tasse de café à la main. L'Impératrice conversait en français avec quelques femmes, dont mon épouse, et semblait y prendre beaucoup de plaisir, car on la voyait rire alors qu'elle paraît habituellement triste. Cependant, au bout d'une vingtaine de minutes, le chef du protocole de la maison impériale est venu s'incliner devant l'Empereur, lui signifiant par là qu'il était temps pour lui de se retirer. Quelques instants plus tard, il s'inclinait de la même façon devant l'Impératrice qui, à petits pas, car elle était en kimono de cérémonie, dut suivre le souverain à quelques mètres de distance. Comme pour s'excuser, elle se retournait en marchant vers le groupe qu'elle avait quitté en montrant, par une mimique expressive, qu'elle aurait bien voulu rester, mais que cela lui était impossible, que le protocole était le plus fort, qu'il s'imposait même aux souverains! Et on avait l'impression poignante d'une nonne ou d'une prisonnière regagnant sa cellule après l'expiration du temps de parloir réglementaire. Et pourtant, le nouvel

Empereur avait notablement adouci la rigueur de l'ancien protocole impérial!

Je me souviens aussi que lors de la visite présidentielle au Brésil, je proposai au Président Mitterrand, alors que s'achevait la grande réception au palais de l'Itamaraty, de faire un tour à pied sur l'esplanade des deux coupoles illuminées d'où l'on a une vue féerique sur cette ville «minérale». La nuit était claire, l'air doux, l'esplanade déserte à l'exception d'une petite chouette familière des lieux. Le Président était tenté mais le protocole veillait, qui s'opposa à la promenade. Le Président n'insista pas.

Les écarts de protocole peuvent ainsi avoir des effets comiques. Je rendais avec ma femme une visite officielle au gouverneur de Kyoto, qui nous attendait avec son épouse au pied du grand escalier de l'hôtel de la Préfecture. Cette dame japonaise était en kimono de cérémonie ceint d'un superbe «obi». Normalement une Japonaise, surtout dans une circonstance protocolaire, ne serre jamais la main d'un homme, encore moins d'un *gaïjin* – d'un étranger – et se contente de saluer d'une inclinaison, plus ou moins prononcée, de la tête. Après avoir serré la main du gouverneur, je m'apprêtais donc à la voir s'incliner quand, contre toute attente, elle me donna sa main à baiser. Surpris, je me penchai brusquement pour la baiser, mais elle ne put s'empêcher, par réflexe, de faire en même temps le salut japonais de la tête si bien que nos deux crânes s'entrechoquèrent violemment. En montant l'escalier, elle se frottait encore le front en poussant de petits cris de souris. J'appelle cette histoire celle du «choc des civilisations»!

Évidemment, ce sont les visites des personnalités, surtout celles des présidents, qui sont les plus redoutées des ambassadeurs en raison des occasions de fiascos protocolaires qu'elles impliquent. L'ancien Président Giscard d'Estaing et son épouse étaient venus à Tokyo et nous les avions logés à la résidence de France. Comme ils étaient arrivés en fin de semaine, nous avions décidé de leur faire visiter les superbes temples de Nikko, le dimanche matin, et de les faire déjeuner d'un simple repas de *tempuras* dans la «maison de Claudel», résidence d'été de l'ambassade, où l'écrivain-ambassadeur avait écrit *Le soulier de satin.* La visite de Nikko se déroula sans incident et, vers 13 heures, nous commençâmes, dans deux voitures, à gravir l'étroite route en lacets à une seule voie qui mène au lac de montagne de Chugenzi au bord duquel s'élève la résidence, simple maison japonaise de bois dans la forêt, dominée par le grand volcan Nantaï San. Las! Pour une raison inconnue, la circulation automobile se bloqua a mi-chemin de Chugenzi et nos voitures ne purent plus ni avancer ni faire demi-tour. Je tentai, tant bien que mal, de meubler la conversation avec l'ancien Président, mais, au bout d'une petite heure, il me fit comprendre qu'il fallait «aviser». Aviser? Oui mais que faire? La seule solution était de laisser les chauffeurs sur place, d'aller chercher nos femmes dans la seconde voiture et de continuer la route... à pied! Or, nous ne savions pas combien de kilomètres restaient encore à parcourir avant d'arriver à la maison de Chugenzi. Afin de compléter l'ordinaire de la résidence d'été, j'avais pris dans le coffre de la voiture un cabas contenant deux baguettes de pain et un litre de vin blanc, que je portais à la main. Avec une chemise et un short kaki tout froissés, je devais ressembler assez à un clochard. Notre longue marche commença le long des centaines de voitures à l'arrêt et elle ne tarda pas à tourner au cauchemar. Passant par de nombreux tunnels, nous étions contraints de nous plaquer contre les parois pour laisser le passage aux puissantes motos qui nous frôlaient dans un bruit infernal. Assoiffé, le Président voulait à toute force ouvrir la bouteille de vin blanc, mais nous n'avions pas de tire-bouchon, ni de sabre de samouraïs pour casser le goulot! Aussi fallait-il continuer jusqu'à épuisement. Madame Giscard d'Estaing restant cependant étonnamment vaillante, herborisant même en s'émerveillant de découvrir des plantes nouvelles... Soudain, je vois arriver d'une piste latérale une voiture de police, gyrophare en action. En espérant le salut, je me mets en travers de la route et crie au policier: «*Watakchi-wa Frans Taïchi*[3]» et, désignant Valéry Giscard d'Estaing: «*Frans Daïtorio*», le Président de France (ne sachant pas dire «ancien» en japonais). Interloqué, le policier en uniforme me regarde un instant avec des yeux ronds puis, voyant mon aspect fripé et le cabas d'où sortait le litre, éclate de rire et s'écrie: «*Watakchi-wa Nippon Tenno*[4]!» Évidemment, pour lui, un ambassadeur, et *a fortiori* un Président, étaient des personnages qui ne pouvaient se déplacer qu'en limousines escortées de motards en gants blancs! Il fallut continuer à pied. Nous n'atteignîmes Chugenzi qu'en fin d'après-midi et les voitures, enfin dégagées, y parvinrent plusieurs heures après nous, ce qui nous mit à Tokyo sur le coup de minuit. Plusieurs invités, dont l'ambassadeur et l'ambassadrice d'Espagne, nous attendaient depuis quatre bonnes heures pour le dîner à la résidence. Je tiens à dire que le couple présidentiel y assista, ce qui n'était pas de sa part, et après cette aventure, un mince courage! C'est seulement vers les deux heures du matin qu'il put enfin regagner ce qui, dans toutes les ambassades françaises, s'appelle la «chambre du Président».

Que d'histoires cocasses a pu susciter cette institution protocolaire de «chambre du Président». J'appris pour ma part l'arrivée à Tokyo d'une personnalité parisienne très connue dans les milieux politiques et que je me devais

---

[3] «Je suis l'ambassadeur de France.»

[4] «Et moi je suis l'Empereur du Japon.»

d'aller accueillir à l'aéroport de Narita. À sa descente d'avion, notre homme était accompagné d'une femme très jeune et fort jolie qu'il me présenta comme sa «collaboratrice». «Bien entendu, vous la logez à la résidence», me dit-il. Je lui répondis que j'étais désolé mais que toutes les chambres autres que celle du Président, qui lui était réservée, étaient occupées par des hôtes de passage. «Qu'à cela ne tienne! rétorqua-t-il, je l'accueillerai dans ma chambre...» «Désolé une fois encore, mais il n'y a qu'un seul grand lit!» Devant tant de naïveté, le vieux séducteur prit alors une mine apitoyée et s'exclama: «Mais c'est justement ce que je désire!» Je ramenai donc le couple illégitime à la résidence, à la grande fureur de ma femme pour laquelle «une ambassade n'était pas un lupanar». (Je crois même qu'elle a utilisé un mot plus frappant...)

Quant aux voyages officiels des chefs d'État, ils sont préparés bien à l'avance avec un déploiement de moyens et un luxe de précautions parfois ridicules. Ainsi, je revois encore un chef du protocole français mesurant à genoux avec un double décimètre le nombre de pas qu'aurait à faire le Président pour aller de sa voiture à l'arrêt jusqu'à son siège sur la tribune officielle! Alors que l'on mesure chichement les crédits de fonctionnement accordés aux ambassades, il semble que les V.O. (Voyages officiels) puissent dépenser sans compter. Ainsi deux Concordes, dont l'un réservé aux invités et aux journalistes, furent affectés au voyage présidentiel au Brésil et en Colombie en 1986. Quant au banquet offert à l'ambassade au Président brésilien Sarney par le Président français, ses différents mets avaient été préparés à Paris et la décoration florale elle-même venait de France alors que les plus belles orchidées du monde poussent au Brésil! De même, lors des funérailles de l'Empereur Hiro Ito, a été retenu et payé par les V.O. dans le plus grand hôtel de Tokyo un nombre de chambres bien supérieur à celui qui était nécessaire pour loger la suite présidentielle. Et, au dernier moment, lors du dîner à l'ambassade, le premier service, venu également de France comme le reste du repas, fut remplacé par un service de *sushis*[5] et de *sashimis*[6] achetés à prix d'or dans le restaurant Kijo, le plus cher de Tokyo, service qui ne fut d'ailleurs remboursé par les V.O. que six mois plus tard après de nombreuses réclamations.

En vérité, ce n'était pas le Président Mitterrand, facile à recevoir et peu exigeant, qui formulait ce genre de demandes inconsidérées, mais certains membres de sa suite harcelant les membres de l'ambassade avec des: «Le Président veut ceci...», «Le Président veut cela...» Lorsque ces demandes parvenaient jusqu'à moi, je répondais simplement: «Que le Président me le dise lui-même!» et, bien entendu, la demande n'avait pas de suite...

À propos du Président Mitterrand et du protocole, je suis en mesure, exemples à l'appui, de révéler quelque chose de très étrange qui n'a jamais été signalé, mais qui a dû avoir de nombreuses manifestations excluant l'hypothèse de coïncidences fortuites. Le Président avait, semble-t-il, un rapport particulier avec l'électricité. Disons le tout net: il faisait disjoncter les installations électriques! Cela peut paraître fou, mais c'est pourtant l'inexplicable vérité. Ainsi, au beau milieu de son discours dans le grand amphithéâtre de l'université de São Paulo, toutes les lumières s'éteignirent d'un coup et l'amphi fut plongé pendant dix bonnes minutes dans l'obscurité. Le recteur m'assura que le phénomène ne s'était encore jamais produit... le jour précédent, devant le monument aux morts de Rio, s'était mis en panne le circuit électrique de la voiture présidentielle qui avait obstinément refusé de démarrer, blo-

[5] Poisson cru sur canapé de riz.

[6] Poisson cru.

quant ainsi tout le cortège à la consternation du protocole brésilien! À Brasilia, au moment de l'arrivée de notre Président, un très violent orage dévasta la tente sous laquelle était prévu le dîner officiel du gouverneur et la foudre détruisit l'installation électrique tant et si bien que le Président et sa suite durent se réfugier dans une sorte d'arrière-cuisine à la lueur des bougies! Lors de la dernière étape du voyage, à Récife, le gouverneur de l'État de Pernambouc avait offert un banquet que filmait une caméra de télévision du réseau *Globo*. Au dessert, celle-ci explosa avec un bruit épouvantable et ma voisine eu si peur qu'elle écrasa sa cigarette sur ma main gauche. Mais la manifestation la plus éclatante – si je puis dire – de cet étrange pouvoir présidentiel eut lieu au Japon lors des obsèques de l'Empereur. François Mitterrand avait mis à profit cette circonstance pour s'entretenir à la résidence de France avec un certain nombre de chefs d'État. C'est ainsi qu'il avait déjà reçu Mario Soarès du Portugal, Cory Aquino des Philippines et qu'il s'apprêtait à accueillir de nuit la belle Benazir Bhutto du Pakistan. Les audiences se tenaient dans un petit salon latéral au hall d'entrée contre les murs duquel s'étaient massés les photographes. Ce hall était normalement éclairé et rien ne pouvait laisser prévoir ce qui allait se produire. Au moment même où le Président se portait à la rencontre de la jeune et belle Présidente, toutes les lumières du hall et du salon, et seulement celles-là, s'éteignirent soudainement. Telle une reine de légende, Benazir s'avança entre la double haie des photographes dans son superbe sari blanc que le mitraillage des flashs colorait d'éclairs bleus. C'était un spectacle tout à fait féerique que j'ai encore devant les yeux. L'audience dut se tenir dans les grands salons demeurés en pleine lumière. Jamais un tel incident ne s'était produit à la résidence et il ne s'est jamais reproduit. Nous étions enfin conviés en 1993, dans un grand hôtel parisien, au mariage d'un jeune membre de la famille du Président, lequel devait se rendre à la réception: «Tu vas voir, me dit ma femme, que la lumière va encore sauter!» Cela n'a pas manqué: François Miterrand avait à peine pénétré dans le grand salon rempli d'invités que toutes les lumières s'éteignirent comme par enchantement! J'avais d'ailleurs, en 1984, constaté sur moi-même les effets du curieux fluide présidentiel: au moment où le Président m'avait serré la main à l'issue de l'audience qu'il m'accordait avant ma mission au Brésil, ma montre s'était arrêtée. Elle ne s'est jamais remise en marche!

Contrairement à ce que beaucoup peuvent penser, le protocole n'est pas insignifiant et il peut même poser aux gouvernements des problèmes redoutables et apparemment insolubles. Ainsi, à l'occasion des funérailles de l'Empereur Showa, tous les chefs d'État du monde avaient été invités et, compte tenu de l'importance du Japon, près de cent quarante d'entre eux avaient répondu à l'appel malgré le souvenir douloureux qu'avait laissé, aux Pays-Bas et dans plusieurs autres pays, l'agression japonaise de 1941. Il restait à les placer sous l'immense tente devant laquelle devait se dérouler la cérémonie «Shintô» et c'était un peu comme la quadrature du cercle. Certes, la date de l'avènement pour les souverains et de l'entrée en fonctions pour les Présidents constituait une référence incontestable, mais elle aboutissait à des solutions choquantes: ainsi le nouveau Président des États-Unis, qui venait d'occuper ses fonctions à Washington, se serait trouvé placé au dernier rang, derrière le Président du Malawi et celui du Vuanatu! Compte tenu des liens entre les deux premières puissances industrielles du monde, c'était impensable. Le protocole japonais a donc dû mettre en œuvre une solution particulièrement astucieuse. Il a d'abord séparé les souverains des présidents, les premiers occupants les travées de gauche, les seconds celles de droite. L'ordre de préséance selon la date de l'avènement ou de l'entrée en fonction pouvait désormais jouer au sein des deux groupes, le roi Baudoin et le Président Mitterrand y occupant chacun la première place. Restait cependant à résoudre le problème posé par George Bush. Le protocole japonais imagina alors de mettre au premier rang les représentants des pays auxquels l'Empereur avait rendu une visite officielle, ce qui permettait de placer l'Américain à la troisième place, juste derrière le Français et l'Allemand! C'était simple mais il fallait y penser. Ce n'était pas en tout cas insignifiant car, même si les susceptibilités protocolaires ne sont plus aussi exacerbées que celles que décrit Saint-Simon à la Cour d'Espagne, elles reflètent la conscience qu'ont les États de leur rang et de leur importance et, tant que la société internationale sera composée d'États, ce facteur ne pourra être négligé.

En matière de protocole, les mots étrangers, mal interprétés, peuvent provoquer d'amusants quiproquos. En témoigne l'histoire qu'Alain Decaux, alors ministre de la Francophonie, raconta devant le Président lors du dîner à la résidence de Tokyo. En mission au Viêt-nam, il avait été étonné d'entendre que revenait constamment, dans les discours officiels prononcés en vietnamien, l'expression «tonton Mitterrand». Il s'en ouvrit avec les précautions d'usage à ses interlocuteurs en leur indiquant que l'appellation de «tonton» était certes une façon populaire de nommer en France le Président, mais qu'elle ne convenait guère à une allocution protocolaire. «Mais "Tonton" signifie 'Son Excellence' en vietnamien», lui fut-il répondu! Les convives s'esclaffèrent et le Président consentit à sourire, mais modérément... La même expression «Son Excellence» se traduit en japonais par le mot «Kaka» qui se place juste derrière le nom. Lors de la cérémonie des funérailles, «l'aboyeur» japonais utilisa le mot dans son haut-parleur pour annoncer l'arrivée de tous les chefs d'État et de tous leurs ambassadeurs, soit près de 300 fois! Malgré la solennité des circonstances, l'effet comique était, pour des Français, irrésistible... Protocolairement, les plus honorés sont d'ailleurs parfois aussi les plus exposés: c'est ainsi qu'au premier rang, notre Président et ses collègues ont essuyé, d'ailleurs stoïquement, la bourrasque de neige et de vent glacé dont les ambassadeurs, à l'arrière de la tente, étaient relativement protégés!

En définitive, que faut-il donc penser du protocole? Faut-il se fonder sur son aspect souvent désuet pour le récuser et inventer d'autres formes de relations interétatiques? Mais, dans l'affirmative, lesquelles? En vérité, le protocole est, dans les rapports entre les États, ce que la courtoisie est dans les rapports entre les particuliers: le lubrifiant qui adoucit les frictions. À ce titre il demeure utile et ce serait à mon sens une erreur que de chercher à l'abolir. Il se fonde d'autre part sur des traditions qui sont parties intégrantes de l'histoire des peuples et contribuent à renforcer leurs identités. Il tend enfin à maintenir le prestige de certaines manifestations. L'exemple de la fête nationale française est révélateur à cet égard. Au cours des quelques quinze «14 juillet» que j'ai été amené à organiser, je me suis toujours efforcé de différencier notre fête nationale des banales réceptions diplomatiques que donnaient la plupart de mes collègues pour leur propre fête nationale. J'ai tenté d'allier deux aspects apparemment contradictoires: le côté convivial, joyeux et bon enfant d'une fête populaire où nos compatriotes expatriés pouvaient se sentir «chez eux», et le côté solennel en hommage dû à la France et à la République. Arborant toujours à cette occasion le grand uniforme de cérémonie à broderie d'or, je faisais hisser les couleurs, généralement devant un détachement de marins présentant les armes et, avant de m'adresser à elle, faisais entonner par la foule les deux premiers couplets de «La Marseillaise». J'eus la satisfaction de voir participer à l'un de «mes» 14 juillet londoniens, à la fois le ministre de la Défense et le chef d'État-major des Armées.

Or, la diplomatie actuelle a tendance à rejeter le protocole pour «faire moderne» tout en conservant les vieilles habitudes politiques comme le maintien à tout prix du *statu quo*, l'intangibilité des frontières d'État, la non-dénonciation des génocides sous prétexte qu'il s'agit d'affaires intérieures, etc. Or, le vrai modernisme consisterait justement à faire l'inverse: conserver éventuellement la forme mais modifier profondément le fond, l'esprit, pour les adapter aux nouvelles nécessités de notre temps. Ce n'est pas par exemple en renonçant à l'uniforme diplomatique (j'ai été l'un des tout derniers ambassadeurs à le revêtir) que mes jeunes collègues feront une meilleure diplomatie au XXIe siècle, mais plutôt en rompant avec les préjugés, la routine, la langue de bois diplomatique, les conventions surannées et surtout la dureté et l'absence d'humanité d'une certaine diplomatie traditionnelle.

La queue du chien et la Queue du chat

Quand un chien veut manifester sa joie, il agite frénétiquement la queue. À l'inverse, si un chat agite la queue, c'est qu'il est furieux et s'apprête à griffer. Supposons qu'un chien rencontre un chat: il trouve l'animal sympathique et se met donc à agiter la queue. Ce que voyant, le chat se dit: «Je n'avais rien fait à cet animal et il agite la queue! Il va donc sûrement m'attaquer!» Le voilà aussitôt en étant de défense et faisant «fftttt» au chien, lequel à son tour se dit: «J'étais gentil avec cette bête puisque j'agitais ma queue... et lui fait mine de m'agresser!» En un tournemain, les deux animaux en viennent aux mains, ou plutôt aux griffes. Or, que s'est-il passé? Au départ, chacun d'eux trouvait l'autre sympathique, mais voilà: la façon qu'ils avaient d'exprimer leurs sentiments étaient opposée. Le conflit, dès lors, était inévitable. Rien, me semble-t-il, ne rend mieux compte que cette histoire de bêtes de la difficulté de la communication entre peuples de cultures différentes: ils ne «parlent pas le même langage». Et ce n'est pas une affaire de langue; bien sûr les langues sont différentes, et la qualité des traducteurs fait que ce n'est pas cette différence qui est un obstacle à la compréhension, mais bien plutôt la tradition culturelle de chaque peuple. En vérité, l'être humain me semble éprouver au fond de lui-même et partout au monde les mêmes sentiments: amour, colère, joie, tristesse, rancune, jalousie, tendresse... C'est la façon d'exprimer ces sentiments qui est différente, ou même opposée comme dans l'histoire du chien et du chat. À l'appui de cette constatation, voici deux anecdotes.

À notre arrivée au Japon en 1987, nous fîmes une petite fête pour les enfants du personnel japonais de l'ambassade. Comme nous avions commis l'imprudence de laisser un vase ancien sur une console, il arriva ce qui devait arriver: un jeune Japonais plongea sur la console et, après quelques oscillations, le vase se fracassa en mille morceaux sur le plancher alors qu'accourait la jeune mère. Toute autre mère, dans tout autre pays, se serait confondue en excuses. Tout au contraire, celle-là éclata de rire en cachant de sa main droite son accès d'hilarité! Ma femme et moi étions quelque peu décontenancés, mais c'était par ignorance du Japon. Les Japonais passent leur temps à s'excuser pour un oui ou pour un non (*sumimasen*), la catastrophe du vase brisé était pour cette jeune femme, au-delà de toute excuse, la seule façon de se comporter avec décence et politesse. Il lui fallait justement rire afin d'aider ses hôtes à surmonter leur propre gêne! Encore fallait-il le comprendre! En effet, alors qu'elle était bouleversée, elle s'était forcée à rire afin de nous amener à faire de même et ainsi «regagner la face» aux yeux de nos invités.

Plus significative encore est l'anecdote anglaise. La veille même de l'attaque terrestre des alliés lors de la guerre du Golfe, la France présenta *in extremis* aux Nations unies un plan destiné à empêcher, s'il était encore possible, la confrontation armée. Compte tenu de la différence horaire entre New York et Londres, c'est très tard que je reçus par télégramme chiffré l'instruction d'aller expliquer «au plus haut niveau possible» le plan de la France aux dirigeants britanniques. J'avais juste eu le temps de penser à mes arguments et m'efforçais au mieux de justifier l'initiative de mon pays. En l'apprenant, le Premier ministre John Major avait pâli et s'était écrié: «C'est insensé. J'ai déjeuné ce matin même avec votre Président et il ne m'en a pas dit un mot!» et d'ajouter: «Entre alliés, *it is unfair!*» ce qui, en langage diplomatique est terriblement fort. À quelque temps de là, François Mitterand se rend à Londres et, comme j'avais la fonction de le convoyer de l'aéroport au lieu de la conférence, je lui rends compte du coup de colère de Major. Le Président me dit alors: «Bien sûr, je ne lui ai pas dit: il y aura un plan français avec un premièrement, un deuxièmement, mais – et il balaya l'horizon d'un grand geste – je lui ai fait entendre.» Le malheur, c'est que le Premier britannique n'avait rien «entendu» au sens du Grand siècle). Or je suis convaincu que l'un et l'autre étaient d'une parfaite bonne foi: notre Président était persuadé d'avoir passé le message et son interlocuteur convaincu qu'il n'en était rien. L'interprétation, certainement excellente, de l'interprète officiel, Christophe Thierry, n'était pour rien dans le quiproquo. Mais voilà: les deux hommes avaient parlé en tête à tête et nul diplomate n'avait été là pour expliquer à l'un ce que l'autre avait voulu dire.

Ainsi, le diplomate est-il souvent appelé à jouer le rôle modeste de la goutte d'huile dans le rouage. Il est, au sens littéral, un *drogman* ou *torjman* comme disent les Arabes, c'est-à-dire un simple traducteur amené à traduire le langage des uns dans un langage compréhensible aux autres. Lorsque je devais transmettre à Londres une note du Quai d'Orsay, je prenais soin d'expliquer la teneur réelle du message. De même, quand je portais à la connaissance de mon ministère un document britannique, j'avais coutume de dire: «Voici ce que les Anglais disent, mais voici ce que je crois qu'ils pensent!»

En vérité, le langage diplomatique exige la précision: chaque mot compte, chaque expression porte. On se souvient que quelques mots changés intentionnellement par Bismark dans la Dépêche d'Ems ont eu l'effet du chiffon rouge sur le taureau gaulois et fait office de détonateur de la guerre franco-prussienne. On connaît aussi le malentendu célèbre sur la résolution des Nations unies comportant l'expression *occupied territories*. S'agissait-il des territoires occupés qu'Israël devait donc évacuer en totalité ou de territoires occupés, ce qui n'aurait concerné que certains d'entre eux? L'imprécision de la langue anglaise était ainsi à la source d'une difficulté d'interprétation insurmontable.

Plus que toute autre catégorie d'accord, le traité entre États souverains doit impérativement être rédigé dans une langue parfaitement claire puisque, pour être respectées par les contractants, ses stipulations ne doivent laisser aucune place à l'équivoque. C'est là l'une des raisons du choix du français qui a été, jusqu'au premier quart du siècle dernier, la langue dans laquelle étaient presque exclusivement rédigés les traités qui sont en somme, en droit international, ce que les contrats sont en droit privé! Le français, parlé d'ailleurs par toutes les cours d'Europe aux siècles précédents, était ainsi la langue qui «faisait foi». C'était là une référence incontestable. Aujourd'hui les traités sont, pour la plupart, rédigés en plusieurs langues, dont chacune fait foi! Ce système absurde, dû à la jalousie de certaines autres langues et au rôle croissant de l'anglais, aboutit à rendre impossible la solution des différences d'interprétation, surtout lorsque l'on a affaire à des langues très différentes des langues européennes comme le chinois, ou particulièrement imprécise comme le japonais.

Une autre question se pose en matière de langage: comment concilier la traditionnelle courtoisie diplomatique, souhaitable dans les relations entre États, avec la nécessaire fermeté? La diplomatie se tire de la difficulté par la convention, nulle part écrite mais connue de tous, d'un langage soigneusement codé. C'est ainsi que l'on procède généralement par un euphémisme. Ainsi, «Je suis surpris» signifie «Je suis choqué».«Je ne comprends pas tout à fait» équivaut à «Ce que vous dites est absurde». «Je me suis sans doute mal exprimé» veut dire «Vous n'avez vraiment rien compris». «Nous avons eu une franche discussion» serait plutôt «Nous n'avons pas cessé de nous engueuler». Pour «Nous avons compris nos points de vue respectifs», il faut entendre «Nous ne sommes tombés d'accord sur rien». Une «avance positive» signifie que la négociation est dans l'impasse, au mieux qu'elle n'a pas abouti. «Vous avez peut-être mal cerné mon point de vue» pourrait se rendre par «Vous n'êtes vraiment pas subtil»... On pourrait multiplier les exemples! En fait, ce n'est pas très grave, même si c'est parfois un peu exaspérant. Il suffit de savoir décrypter.

À cet art de l'*understatement*, les Britanniques sont passés maîtres et l'excès même de la politesse diplomatique les aide parfois à sortir de situations désagréables. J'en fis l'expérience dans des conditions surprenantes. C'était en 1993 lors de la crise de la pêche autour de Jersey et de Guernesey. Nos marins pêcheurs avaient saisi dans le port de Cherbourg un petit escorteur de la *Royal Navy*, l'avaient déplacé et, suprême injure, avaient brûlé l'*Union Jack* de sa poupe. Au XIXe siècle, l'Angleterre victorienne aurait ouvert les hostilités pour moins que cela! Mais les temps sont autres et le Foreign Office se contenta de me convoquer (*summon*) et, le ministre Douglas Hurd se trouvant à l'étranger, je fus reçu par le ministre adjoint, qui était d'ailleurs un ami. À la porte du bâtiment s'était rassemblée une vraie meute de journalistes et de photographes qui s'attendaient à me voir redescendre en charpie. Or, le Vice-ministre m'attendait confortablement installé sur un canapé et fumant des cigarettes blondes. Nous avons commencé, comme il est séant en Angleterre, de parler du temps (*«What a terrible English weather!»*) puis de tous les grands sujets d'actualité, de la Bosnie à l'Irak en passant par la Russie. Nous en étions presque au Malawi que je me demandais encore quand allait faire surface l'incident du pavillon. Au bout d'une demi-heure, il se lève. Je me lève aussi et, au moment où j'allais franchir enfin la porte, il me tape sur l'épaule: *«By the way...»* (à propos) *«Your fishermen...»* (vos pêcheurs). ET ce fut tout!

Aussi, lorsque le Premier ministre britannique va jusqu'à dire *«It is unfair»*, c'est beaucoup plus que la traduction littérale qui serait: «Ce n'est pas loyal» ou «Ce n'est pas convenable». Cela signifie: «C'est proprement scandaleux!»

L'art de l'euphémisme est aussi cultivé par les Japonais. Lorsque Édith Cresson s'écria – et, circonstance aggravante, aux États-Unis – «Le Japon voilà l'ennemi!», je fus convoqué au *Gaimusho*, le ministère des Affaires étrangères japonais. «Que faut-il penser, me dit le Ministre, des dernières déclarations de Madame Cresson?» – «Pensez-en ce que vous voulez, répondis-je, car il n'est pas en mon pouvoir de censurer les propos d'un membre du gouvernement.» Il me regarda alors pensivement puis ajouta: «C'est une personne bien agréable... à regarder!»

Certes, au plus fort de la Guerre froide, le langage diplomatique avait perdu beaucoup de son raffinement codé et certains diplomates, soviétiques en particulier, donnaient volontiers dans la brutalité, voire dans la grossièreté. Il n'était pas rare aux Nations unies de voir Soviétiques et Américains avoir recours aux invectives et aux insultes. Les «sorties» de Nikita Khrouchtchev sont restées célèbres et, à l'Assemblée générale, l'Indien Krishna Menon et le Saoudien d'origine palestinienne,

Baroodi, étaient connus dans les années soixante pour la crudité et la violence de leurs discours. Avec la fin de la Guerre froide, il semble que l'on soit revenu à un langage plus modéré en dépit des outrances verbales d'un Saddam Hussein, d'un Mouammar Kadhafi ou d'un Vladimir Jirinovski.

Lorsqu'il s'exprime dans la bouche des «princes qui nous gouvernent», le langage diplomatique tend à revêtir un autre caractère: celui d'être incroyablement sommaire, fait de poncifs et de vérités premières qui l'apparentent parfois aux vérités de Monsieur de La Palice.

Ainsi, accompagnant en 1966 le Général de Gaulle à Bonn pour un sommet franco-allemand où devaient être abordées les questions culturelles, je portais un énorme dossier sur l'enseignement du français dans les différents *Länder* de la République fédérale, persuadé, dans ma naïveté, que la conférence allait traiter le sujet. Il n'en fut rien, car elle se résuma en un curieux dialogue entre de Gaulle et Erhard dont voici à peu près le ton:

Le Général: «Merci de nous accueillir au bord du Rhin, ce grand fleuve qui a tenu une si grande place dans notre histoire.»

Le Chancelier: «Oui, le Rhin nous a divisés; il est temps maintenant qu'il nous réunisse.»

Le Général: «Cela est d'autant plus vrai que l'Allemagne est un grand pays!»

Le Chancelier: «Mais la France aussi est un grand pays.»

Et sur cette lancée, le dialogue s'est poursuivi un bon bout de temps. De culture et de langue, il ne fut pas autrement question. Lorsque la conférence s'acheva, l'assistance se retira, pénétrée de ces solennelles banalités...

Parfois aussi les grands sujets sont purement et simplement escamotés dans les conversations diplomatiques, comme le montre le savoureux épisode des négociations sur l'indépendance de la Namibie. C'était en 1979 et l'Afrique du Sud se refusait toujours obstinément à abandonner son mandat sur la Namibie. Les cinq puissances du «groupe de contact», c'est-à-dire les États-Unis, le Canada, la Grande-Bretagne, l'Allemagne fédérale et la France avaient décidé de frapper un grand coup et d'envoyer leurs ministres des Affaires étrangères respectifs à Pretoria afin de faire pression sur le gouvernement sud-africain. Estimant que cette conférence ne mènerait à rien, j'avais déconseillé à notre ministre, Jean François-Poncet, de se rendre à Pretoria, si bien que seule la France était représentée par un Secrétaire d'État, Olivier Stirn. Or le nœud de la négociation devait être l'entrevue accordée par le Président de la République sud-africaine, Balthazar-Johannes Vorster. Celui-ci reçut les cinq personnalités ministérielles, flanquées des cinq ambassadeurs, dans le salon de la Présidence. C'est en fendant la troupe des journalistes avides et anxieux que nous entrâmes chez Vorster, pénétrés de l'importance «historique» de l'instant. Sur la table ronde centrale s'étalait un somptueux bouquet de protées, ces fleurs xérophiles d'Afrique australe. Comme ses hôtes s'exclamaient devant le bouquet, Vorster expliqua longuement pourquoi et comme la *protea* était devenue la fleur nationale de l'Afrique du Sud. Pour ne pas être de reste le Canadien déclara que chaque province de son pays avait une fleur attitrée, par exemple que le lys était celle du Québec... ce à quoi l'Américain renchérit en affirmant qu'il en était de même pour chaque État des États-Unis. Ainsi le Minnesota... Enfin, du chardon d'Écosse à la rose de Lancastre en passant par le *vergiszmeinnicht* de Bavière, toutes les fleurs nationales y passèrent à la queue leu leu et, quand le défilé s'arrêta, le Président Vorster se leva tranquillement et serra les mains de ses hôtes abasourdis. C'était la fin de la conférence! En sortant du salon rond, chacun prit un air pénétré et mystérieux, plongeant les journalistes dans une grande perplexité!

Ce sont là, évidemment, des cas extrêmes, mais qui montrent bien qu'il faut parfois ne pas être dupe des apparences.

Cependant, pour important qu'il soit, le langage diplomatique n'est rien de plus qu'un habillage, que la transcription d'une pensée et d'une action politiques qui seules comptent. Or, pour que cette pensée puisse se traduire par une politique étrangère cohérente et inspirée, il faut avoir une «vision».

Sans vision, les Peuples meurent

À ce compte-là, et si cette affirmation de la Bible était prise mot à mot, nous devrions être morts depuis quelque temps. En effet, toutes les diplomaties manquent tragiquement de «vision».

En a-t-il toujours été ainsi? Est-ce là une fatalité? Non, car sans remonter trop loin dans le passé, l'Europe et l'Amérique ont connu de grands visionnaires: Berthelot, secrétaire général du Quai d'Orsay, qui imagina la «petite entente» entre la Yougoslavie, la Tchécoslovaquie et la Roumanie pour «tourner» l'Allemagne à l'Est; Aristide Briand qui découvrit les vertus de la sécurité collective; Jean Monnet qui conçut la Communauté européenne du charbon et de l'acier (CECA); Adenauer, qui décida d'ancrer l'Allemagne fédérale à l'Ouest pour assurer son caractère diplomatique et sa sécurité; Willy Brandt, qui initia l'ouverture à l'Est, connue sous le nom d'*ostpolitik*; Atatürk, qui voulut une Turquie laïque et tournée vers l'Europe; le général Marshall, inventeur du plan de redressement européen qui porte son nom; Charles de Gaulle bien sûr, dont les trois grands discours de Brazzaville, de Phnom-Penh et de Montréal ont pour thème commun la libération des peuples.

Certes, quelques initiatives françaises assez récentes en matière européenne, comme la création de la Banque Européenne de Développement (BERD), les propositions de la conférence de Prague ou la suggestion d'Édouard Balladur d'un «pacte de stabilité» ont bien vu le jour mais, au moins pour les deux dernières, ont rencontré jusqu'à présent plus de scepticisme que d'adhésion.

Ce qui apparaît le plus affligeant, c'est que la diplomatie de la plus grande puissance du monde, les États-Unis, est absolument dépourvue, non seulement de vision, mais même de ligne politique, sur chacune des grandes affaires, alors que, sous nos yeux, le monde s'est complètement transformé au cours de la dernière décennie. Il suffit d'évoquer la disparition du communisme en tant que système politico-militaire, l'implosion de l'Empire soviétique, la libération de l'Europe du Centre et de l'Est qui en est résultée, le défi technologique japonais, la montée en puissance économique de la Chine, l'essor des fondamentalistes. Ces événements ont planté, selon l'expression de Francis Gutman, un «nouveau décor international». Or qu'ont actuellement les Américains et les Européens à proposer? La réponse est presque rien si l'on excepte les dernières propositions Clinton sur les «territoires occupés» palestiniens.

La chance fabuleuse que constitue la réunification possible de notre Europe, coupée depuis 1945 en deux tronçons, grâce à la libération de sa partie orientale, est en train d'être compromise ou, du moins, risque de l'être à court terme. Il m'arrive de me réveiller en me disant: «La journée qui commence sera peut-être rude, mais nos frères de l'autre Europe sont libres!» Cet événement extraordinaire et inattendu, que personne ne pouvait espérer vivre dans le courant de sa vie humaine, voilà qu'il est survenu!

Et comment réagissons-nous? Avec égoïsme et indifférence alors qu'il exigeait de nous, outre l'enthousiasme, une généreuse politique d'aide, une sorte de nouveau Plan Marshall, pour le moins un nouveau Lomé. Or il n'en a rien été. Presque tous les financements disponibles se sont orientés vers la Russie pour des raisons stratégiques alors que, pour la partie de l'Europe libérée, l'Occident s'enfermait dans ses divers égoïsmes nationaux, se protégeant jalousement contre le charbon polonais, les produits agricoles hongrois et roumains, l'industrie tchèque... Lamentable! Devant un événement si bénéfique et si considérable, n'aurait-il pas fallu que chaque citoyen de l'Ouest accepte d'amputer une part, même minime, de ses revenus? Or, même dans le cadre de la réunification allemande, les Allemands de l'Ouest n'ont fait de sacrifices financiers, énormes il est vrai, que réticents, contraints et forcés. Résultat? Une double amertume: celle des donneurs et celle des bénéficiaires se doublant chez les premiers du sentiment d'ingratitude et, chez les seconds, de la conscience d'une humiliation. Quel gâchis!

De même, au moment où la Russie, malgré les avatars de sa guerre de Tchétchénie, récupère progressivement son rôle de grande puissance militaire, rien n'est sérieusement fait jusqu'à présent pour assurer la sécurité des Polonais, des Tchèques, des Slovaques, et surtout des Baltes, les plus menacés, qui redoutent à juste titre le retour de l'impérialisme russe, par nature expansionniste. Et que dire de l'Ukraine, que Bill Clinton engageait presque, en 1994, à tirer un trait sur sa nouvelle souveraineté?

Au moment où l'Asie orientale et sud-orientale jette un défi économique à l'Europe et à l'Amérique du nord, où l'Amérique latine s'essouffle à «décoller», où l'Afrique noire s'enfonce, existe-t-il une seule politique occidentale autre que parcellaire, routinière, dépassée?

Devant les nouveaux bouleversements que vont apporter au siècle actuel la révolution électronique, l'intelligence artificielle, les biotechnologies, la génétique appliquée, la transformation du milieu naturel, l'«effet de serre», les nouveaux produits inventés au sein des technopoles, nous demeurons, selon l'expression de Bossuet, «pauvres et désemparés». Aucune idée ne jaillit plus, aucun cri du cœur ne se fait plus entendre, aucune lumière ne pointe à l'horizon. Faibles et irrésolus, nous marchons en trébuchant dans le désert!

Certes, il a pu exister au XXe siècle des «visions du monde» (*Weltanschauung*, comme disent les Allemands) entièrement dévoyées. Ainsi l'idéologie nazie, qui devait durer mille ans (!), et le communisme, qui prétendait être l'avenir du genre humain, sont responsables des plus grandes hécatombes de l'histoire de l'humanité et rares sont ceux qui contestent aujourd'hui leur caractère intrinsèquement pervers et criminel.

Or, le défaut de vision se double fâcheusement d'une absence de prévision. Au lieu d'anticiper l'événement, les diplomaties traditionnelles se laissent généralement surprendre par lui et c'est là l'une de leurs caractéristiques les plus constantes, comme les plus consternantes.

Logiquement, une diplomatie digne de ce nom devrait créer l'événement en fonction de ses principes, par exemple les idéaux démocratiques, et de ses intérêts propres. Or, non contentes de ne rien susciter par elles-mêmes, nos diplomaties se montrent incapables de prévoir ce qui va se passer, et donc de s'y préparer en conséquence. Les exceptions sont rares: citons celle du ministre allemand Genscher qui «découvrit» Gorbatchev trois ans avant tout le monde, grâce à une sorte d'intuition. «Gouverner, c'est prévoir!» Jamais maxime ne fut mieux connue et plus appliquée!

Ce phénomène de myopie généralisée entraîne des conséquences particulièrement dommageables. Ainsi, le fait de ne pas anticiper l'événement oblige à le subir, et dans les pires conditions, c'est-à-dire dans la hâte et parfois la panique. Au lieu d'agir, la diplomatie traditionnelle est amenée sans cesse à réagir. Par là même, elle a toujours un temps de retard sur l'événement dont elle cherche alors à se préserver dans la mesure où il lui est infligé.

La diplomatie américaine est à cet égard particulièrement vulnérable. Manquant d'imagination, elle est contrainte à la tâche épuisante de «courir au feu» chaque fois qu'il s'allume dans un coin de la planète: la Corée en 1950, le Liban en 1957, plus récemment le Panama, le Koweït, la Somalie, Haïti... tout se passe comme si elle s'épuisait à boucher les voies d'eau du navire terrestre: quand l'une est colmatée, l'autre se déclare. Il n'est guère étonnant, dans ces conditions, que les États-Unis se voient finalement dégoûtés du rôle ingrat de «gendarmes du monde»! Le nouveau Président George W. Bush a d'ailleurs un programme plus «isolationniste» que tous ses prédécesseurs.

Cette incapacité, en quelque sorte congénitale, des diplomaties à prévoir les coups qu'on va leur porter trouve une illustration amusante dans l'histoire des relations agitées entre la France et le Canada à la suite du voyage du Général, en 1967. À l'époque, un groupuscule dont je faisais partie avec Philippe Rossillon et quelques autres en tout petit nombre, s'est efforcé d'aider le Québec en portant des coups politiques au pouvoir fédéral dirigé d'abord par Lester Pearson puis par Pierre Elliott Trudeau. Oh! il ne pouvait s'agir que de coups d'épingle, mais qui avaient l'avantage de l'imagination et de la surprise. Or, la machine fédérale canadienne, avec ses énormes moyens en personnel et en financement, n'est jamais parvenue à les contrer, car elle demeurait incapable de les prévoir!

Cela conduit à souhaiter, à l'exemple de la médecine, une «diplomatie préventive», seule en mesure de prévenir les attaques qui lui sont destinées en les anticipant. Je trouve là les explications d'un de mes collaborateurs de Tokyo, expert en arts martiaux, sur la pratique du kendo et de ses sabres de bambou.

Or, anticiper l'événement n'a de sens que si on entend en modifier le cours. Renoncer à anticiper signifierait que, par lassitude et découragement, nous n'aurions plus la force ni la volonté de nous opposer à une évolution considérée comme inévitable et que nous n'espérerions même plus la changer. Dans ses *Dialogues sur le commandement*, André Maurois a écrit: «De notre inaction, lentement naissait la victoire adverse. Dans cette matière informe de l'avenir que nous laissions couler sans la fixer, c'étaient eux qui sculptaient leur empire!»

Certes, on objectera qu'au cours des années assez récentes ont été constitués, au sein de plusieurs ministères des Affaires étrangères, de petits groupes de diplomates et de chercheurs chargés précisément d'étudier les grandes évolutions du monde et d'en faire la synthèse à l'intention des dirigeants. C'est ainsi qu'en France, le «Centre d'analyse et de prévision» (CAP) a effectué un travail sérieux. De même, l'*Auswertiges Amt* a monté à Bonn une équipe d'une douzaine de diplomates qui s'efforcent de conseiller leur ministre. Toutefois, l'efficacité de tels organes – qui auraient avantage à faire plus largement appel aux chercheurs et analystes de la société civile qui exercent leurs talents dans les entreprises, les instituts de recherche ou les universités – est limitée par deux considérations: accessoirement par le fait qu'ils ne disposent généralement pas de moyens modernes d'investigation et, surtout, parce que leurs études prospectives sont rarement prises en compte, et même simplement lues, par les décideurs politiques. Dans le cas français, je pense non seulement au ministre des Affaires étrangères, mais surtout au Président de la République qui, depuis de Gaulle, est le «patron» véritable et incontesté de l'action diplomatique. Ainsi, dans le retard français, amèrement ressenti Outre-Rhin, à reconnaître l'inévitable, c'est-à-dire la réunification allemande, les analyses des centres de réflexion eussent été de peu de poids devant l'opinion arrêtée d'un Président estimant qu'une réunification n'était souhaitable ni pour la France, ni pour l'Europe, ni pour l'Allemagne elle-même. François Mauriac n'avait-il pas écrit par boutade qu'il aimait tellement l'Allemagne qu'il préférait en voir deux qu'une seule!

Pourtant, dans le monde actuel, certaines évolutions sont bien visibles, mais tout se passe comme si l'on refusait de les voir. Sans vouloir jouer au prophète, un bref survol des continents permet de se faire au moins une idée de ce qui va se passer presque nécessairement au cours des mois et des années à venir dans ce siècle qui commence.

Prenons d'abord l'Asie et l'Océanie. En Chine, le développement incessant d'un capitalisme sauvage et incontrôlé, alors que perdure un régime politique totalitaire et sclérosé, ne peut que conduire à des grands bouleversements et peut-être à un éclatement consacrant le retour, d'ailleurs périodique, à des féodalités régionales, l'intérieur contre les régions côtières, le sud contre le nord par exemple. Dans cette hypothèse, on peut s'attendre à des tentatives de soulèvement des nationalités sujettes pour reconquérir leur autonomie ou leur indépendance: musulmans au Sin-Kiang, Mongols en Mongolie intérieure, Tibétains au Tibet. On assisterait alors à un phénomène tout à fait comparable à celui qui s'est produit en Union soviétique, notamment en Asie centrale, lors de l'effondrement de l'État: une véritable décolonisation ethnique. Toutefois, le déversement de la population chinoise sur le territoire des «régions autonomes» rend une telle évolution de plus en plus problématique.

Au Japon, le vieillissement continu de la population ne provoquera sans doute pas, comme il eut été logique, l'afflux de millions de travailleurs migrants en provenance de l'Asie du Sud-Est. En effet, la révolution technologique, due à l'existence de la trentaine de technopoles travaillant dès maintenant à plein rendement sur les produits et les procédés du IIIe millénaire, va faire du Japon une gigantesque *Silicon Valley*. Cependant, en longue période, le yen continuera à s'apprécier par rapport au dollar, permettant aux Américains de continuer à explorer et à vivre largement au-dessus de leurs moyens!

En Asie du Sud-Est, et malgré les crises de croissance, l'essor des «petits dragons» (Corée du Sud, Taiwan, Singapour) va s'accélérer, entraînant dans son sillage d'autres «dragons» potentiels: Thaïlande, Indonésie, et, à plus long terme, Viêt-nam et Philippines.

Quant à l'Inde, grâce à sa transformation en «assemblage d'États linguistiques» et malgré les multiples tensions sociales et religieuses, elle est destinée à devenir une grande puissance industrielle et technologique et un pôle de stabilité en Asie, sauf si elle ne parvient pas à désamorcer la bombe que constitue l'existence d'une centaine de millions de musulmans à l'intérieur de ses frontières et si elle ne règle pas avec le Pakistan l'épineuse question du Cachemire. Déjà, ses milliers d'informaticiens constituent un vivier dans lequel des pays comme l'Allemagne ont déjà commencé à puiser.

Le Pakistan, lui, va s'enliser dans les conflits linguistiques et évoluer probablement vers le radicalisme islamique pour tenter de les surmonter. Quant au Bangladesh, il va tendre, en raison de la surpopulation et des catastrophes naturelles, à devenir le plus grand assisté de la planète.

Au Sri Lanka, les autorités de Colombo devront trouver un compromis avec la population tamoul du nord et de l'est de l'île en lui accordant un large degré d'autonomie, et peut-être un jour l'indépendance.

L'Afghanistan, s'il doit subsister, va devoir se transformer en État fédéral, avec les Poutchtouns à l'est, les Tadjiks et les Ouzbeks au nord, les Hazaras Chiites au centre, les Baloutchs au sud...

La péninsule coréenne, quant à elle, est appelée à se réunifier, très probablement sous l'égide de la Corée du Sud lorsque le régime communiste du Nord, en pleine crise économique, finira par s'effondrer de lui-même.

L'Australie enfin, tournant le dos à la politique de la «White Australia», se détachera du Commonwealth, et même de la couronne britannique et abritera une société composite et multiraciale.

Regardons maintenant ce qui va se passer en Afrique. La paupérisation et les conflits ethniques vont s'étendre à l'ensemble du continent avec leur cortège de famines, d'épidémies et de transferts forcés de populations.

Au Nigeria, qui avait vocation de jouer le rôle d'entraîneur de l'Afrique occidentale, la crise politique du pouvoir central, l'opposition Nord-Sud et le déclin de l'économie pétrolière risquent de créer une situation chaotique. Le Kenya sera de son côté incapable de jouer un rôle comparable en Afrique orientale, secoué qu'il sera par les conflits tribaux.

C'est donc l'Afrique du Sud d'après l'apartheid qui est destinée à prendre la tête des pays d'Afrique au sud du Sahara, si elle réussit à surmonter le conflit ethnique entre les Zoulous et les autres groupes boutous, et si la population d'origine européenne peut continuer à contribuer à la prospérité du pays.

Si l'on examine maintenant l'Afrique du Nord et le Proche-Orient, que constate-t-on?

L'identité berbère qui se manifeste dans les Kabylies d'Algérie et surtout au Maroc va imposer à terme les langues *tamazight* comme langues nationales avec l'arabe.

L'Algérie restera plongée dans une très longue crise qui va provoquer la fuite accélérée de ses élites, alors que l'Égypte va devoir affronter de plus en plus durement le mouvement intégriste, nourri par l'hostilité des extrémistes musulmans envers les Coptes en moyenne et en haute Égypte.

Le Liban, poursuivant sa reconstruction, va redevenir la grande place de finances et de villégiatures de l'Orient tandis que l'Arabie Saoudite et les monarchies du Golfe vont devoir faire face à une opposition populaire, éventuellement intégriste, qui cherchera à les déstabiliser, puis à les renverser. La Syrie sunnite se laissera, quant à elle, emporter à terme par une réaction anti-alaouite quand disparaîtra le clan d'Hafez el-Assad encore au pouvoir avec le fils du dictateur.

Le principal problème actuel du Proche-Orient, le conflit israélo-arabe, connaîtra vraisemblablement un début de solution politique dont nous voyons assez clairement les contours mais, à terme, l'essor démographique palestinien menacera l'existence même de l'État hébreu. Après la solution (provisoire) de ce conflit, un autre, d'une dimension géographique beaucoup plus vaste, va s'amplifier démesurément avec la montée en puissance du nationalisme turc dans tous les États où les Kurdes constituent des minorités dominées et opprimées, c'est-à-dire en Irak, en Iran, en Syrie et surtout en Turquie où le pays d'Atatürk sera contraint, après des années de répression sanglante, de leur reconnaître au minimum une autonomie politique régionale dans le sud-est anatolien. Pour parvenir à leurs fins, les Kurdes seront obligés, comme l'ont fait les Palestiniens, de recourir au terrorisme politique, ce dont ils s'étaient plus ou moins gardés jusqu'à présent. L'Irak,

État artificiel s'il en fut, est condamné à éclater, après la chute de Saddam Hussein, entre ses différentes composantes kurdes, sunnites et chiites.

Quant à la révolution islamique des Ayatollahs d'Iran, elle ne pourra, devant son échec économique et social, que se durcir et utiliser toujours davantage la contrainte alors que les Kurdes d'Irak ne renonceront pas à la sécession, que les Azéris de Tabriz regarderont vers la République azérie indépendante de Bakou, surtout si elle règle son conflit avec l'Arménie, tandis que les Baloutchis du sud-est de l'Iran se tourneront vers leurs frères du Pakistan et de l'Afghanistan.

Qu'en est-il maintenant de l'Amérique?

Il est certain que la tendance aux vastes regroupements commerciaux va se poursuivre. Déjà, le bloc commercial nord-américain, l'Alena, songe à s'adjoindre le Chili. Le MERCOSUR, quant à lui, aura tendance à se renforcer et il n'est nullement exclu, à moyen terme, qu'un marché commun unique finisse par englober l'ensemble des deux Amériques.

Aux États-Unis, où le *melting pot* a cessé de fonctionner à plein depuis le début des années 70, on va vers une société, non seulement pluriraciale, mais aussi plurilinguistique, chaque communauté s'efforçant de retrouver la fierté de ses origines (*roots*). À cet égard, l'hispanisation progressive de la Californie et des États du Sud-Ouest par les *Chicanos* (Mexicains), et de la Floride par les immigrés cubains et centro-américains, ne peut que s'accélérer à partir du moment où l'enseignement des enfants d'émigrés se fait de plus en plus en langue espagnole. En outre, la paupérisation, qui touche majoritairement la population noire, est appelée à déstabiliser à la longue la société américaine, et, en tout cas, à la détourner des questions extérieures.

Au Canada, l'indépendance du Québec est inévitable à terme, et cela quel que soit le résultat du futur référendum d'autodétermination. Les minorités francophones contiguës (Acadiens du Nouveau-Brunswick et Franco-Ontariens du «Bec de Canard») pourront subsister grâce à la puissance du pôle d'attraction que constituera le Québec. Quant aux autres, les disséminées, elles sont destinées à disparaître totalement «comme fond un sucre dans une tasse de thé bouillant...» Dans toute l'Amérique du Nord, en tout cas, la revendication «amérindienne» va prendre de plus en plus d'ampleur et d'importantes concessions territoriales, notamment au Canada, devront être faites aux «premières nations».

De même, dans toute l'Amérique andine, l'«indianité» est appelée à s'affirmer puissamment, au point de faire craquer les vieilles structures sociales et raciales héritées de la colonisation espagnole. Cela est vrai de pays comme la Bolivie, le Pérou et l'Équateur, qui n'ont pas encore accompli leur «révolution ethnique», mais aussi, dans une moindre mesure de la Colombie et du Venezuela. Fait seul exception le petit Paraguay, qui a reconnu le guarani comme langue officielle à l'égal de l'espagnol.

Le Mexique, qui a sacrifié son agriculture au profit d'un développement industriel anarchique fondé sur les seuls revenus du pétrole, va s'enfoncer dans une crise durable et se placera de plus en plus sous la tutelle économique et financière des États-Unis qui renforceront, de façon concomitante, leur emprise sur leur «arrière-cour» centro-américaine et caraïbe. Les interventions militaires passées au Panama et en Haïti montrent déjà la tendance.

L'Argentine, libérée de ses mauvaises fées politiques, redeviendra ce qu'elle n'aurait jamais dû cesser d'être: un pôle de développement économique et de rayonnement culturel pour l'ensemble du continent, confortant par là le remarquable essor économique du Chili et le havre de stabilité constitué par l'Uruguay.

Le géant Brésil, en dépit de ses multiples handicaps, va reprendre, avec le président Cardoso, sa marche en avant et rester la locomotive de l'ensemble latino-américain.

Pour ce qui est de Cuba, la transformation du régime paraît inéluctable, mais elle ne se produira vraisemblablement que lorsque Fidel Castro, dont le pouvoir ne peut tenir bien longtemps, quittera la scène politique.

Mais c'est pour notre Europe que les prévisions sont pour nous les plus importantes.

La très grande affaire, c'est l'évolution de la Russie et ses relations avec l'«étranger proche», c'est-à-dire les États voisins issus de l'éclatement de l'ensemble soviétique, et avant tout avec l'Ukraine et le Kazakhstan. Quel que soit le régime en place à Moscou, et surtout, bien entendu, s'il s'agit, après Poutine, d'une coalition «brun-rouge», l'enjeu sera la reconstitution de l'«Empire éclaté», et d'abord la récupération des entités slaves: Ukraine, Biélorussie et nord du Kazakhstan (c'est d'ailleurs là l'objectif que Soljenitsyne lui-même assigne à la nouvelle Russie). Or, cette politique ne pourra que conduire à des bouleversements et des conflits armés aux conséquences dévastatrices. Auparavant, la Russie aura mis au pas, comme elle l'a déjà fait en Tchétchénie, ses sécessionnistes «internes» (ceux de la Fédération de Russie), comme les Tatars de Kazan, sans pouvoir freiner la tendance à l'autonomie de la Sibérie et, plus spécialement, de la Transbaïkalie.

En Europe centrale et orientale, le retour au pouvoir, au moins partiellement des anciens communistes reconvertis au socialisme dans la plupart des États ne devrait pas remettre en question les réformes en cours et toute la zone est appelée à renouer avec le développement, y compris les trois États baltes, mais sera encore loin du niveau atteint par la partie occidentale du continent.

En Europe occidentale même, de grands changements sont à prévoir avec la montée irrésistible du régionalisme. Ainsi, l'artificiel royaume de Belgique va, à assez court terme, se scinder en deux (peut-être même en trois si Bruxelles est partie au divorce) sur une base linguistique. En Espagne vont s'accentuer les tendances centrifuges que contient actuellement l'habile politique des autonomies. Ces tendances seront particulièrement fortes dans les régions autonomes «historiques», c'est-à-dire essentiellement linguistiques, chez les Basques, bien sûr, mais aussi chez les Galiciens et surtout les Catalans qui vont vouloir se rapprocher des Valenciens et des Baléares dans la perspective d'une «Grande Catalogne». En Grande-Bretagne même, l'arrivée des travaillistes au pouvoir a déjà amené l'institution de parlements nationaux en Écosse et au Pays de Galles alors qu'en Italie, dont l'unité, comme celle de l'Allemagne, s'est faite postérieurement à 1870, on semble aller à terme vers un fédéralisme prenant en compte l'opposition Nord-Sud.

Dans l'Europe balkanique enfin, les conflits vont se poursuivre (Serbie-Kosovo) et de nouveaux surgir (Magyars de Roumanie et de Slovaquie) qui pourront provoquer à la longue certains regroupements nationaux: une «grande Serbie» avec les Serbes de Serbie et de Bosnie, mais sans les Monténégrins devenus indépendants; une «grande Bulgarie» avec les Bulgares et la majorité des Macédoniens; une «grande Albanie» avec les Albanais d'Albanie, de Macédoine et du Kosovo; une «grande Roumanie» avec les Roumains de Roumanie et ceux de Moldova, etc.

Dans tout notre continent, de vieux conflits territoriaux oubliés ne demandent qu'à resurgir comme le différend de Teschen entre Tchèques et Polonais ou de

Bucovine du nord entre Roumains et Ukrainiens, et combien d'autres!

Ainsi, c'est tout le paysage politique et géographique qui va se modifier peu à peu sous nos yeux, mais les chancelleries s'en apercevront, comme toujours, trop tard.

Il ne s'agissait d'ailleurs là que d'un survol rapide, que d'exemples tirés d'une réalité plus complexe en perpétuel mouvement. Je ne prétends certes pas que toutes les transformations et évolutions signalées se produiront fatalement, mais seulement que, compte tenu des tendances que nous pouvons d'ores et déjà déceler, elles sont au moins probables et qu'elles méritent donc d'être analysées de façon approfondie afin d'en tirer des orientations susceptibles de constituer un corps de doctrine cohérent et tourné vers l'action politique intelligente.

Sans cet effort d'analyse et de prévision, il est évident que nous nous condamnons à être constamment pris de court par les événements. Pourquoi ne pas commencer par centraliser, grâce à l'outil informatique, l'ensemble des informations en provenance de nos ambassades pour nous en servir concrètement? C'est à cette condition que notre diplomatie cessera d'avancer les yeux bandés comme dans le jeu de la *Galina ciega* du tableau de Goya.

Finalement, la prévision, c'est tout simplement une question d'intelligence. Montaigne raconte que lors de son voyage en Italie, un seigneur italien lui tint en substance ce langage: «Nous autres, Italiens, sommes le peuple le plus intelligent de la terre. Ainsi, dès que nous voyons l'ennemi poindre à l'horizon, nous prenons instantanément conscience du danger, et nous fuyons. Vous autres, Français, et aussi les Espagnols, qui êtes déjà moins intelligents, vous ne prenez la fuite qu'une fois sur deux. Quant aux Allemands et aux «Souysses», ils ne voient pas toujours le danger alors même qu'ils sont accablés sous les coups!»

Sa majesté le statu Quo

Voici bien, hélas, le maître-mot de toute diplomatie: le *statu quo*. Toutes sont prosternées devant lui comme devant le veau d'or. Dogme intangible, intouchable, admis par tous, il tient lieu à la fois de philosophie politique, de morale et de ligne de conduite. Béat, sûr de sa légitimité comme de lui-même, juché sur un piédestal en forme de trône, Sa Majesté le *statu quo* a bonne conscience. C'est sur lui pourtant que j'entends tirer à boulets rouges pour tenter de détruire sa ridicule et dangereuse primauté. Avant d'en dénoncer les effets pervers, c'est sa nature qu'il faut d'abord examiner.

Le *statu quo* s'analyse en premier lieu comme une attitude, non pas réactionnaire car, pour reculer, il faudrait quand même bouger, mais purement statique et conservatrice. Ce qui est établi, ce qui existe est considéré comme devant être défendu à tout prix, même si la situation existante est injuste, odieuse ou absurde. On retrouve ici la primauté de l'ordre, ou plutôt d'un certain ordre, sur la justice, voire sur le Droit, conformément à la formule célèbre selon laquelle «mieux vaut une injustice qu'un désordre». La morale n'a ainsi aucune part dans la défense inconditionnelle de l'ordre établi.

Le *statu quo* est ensuite une paresse, une sorte de paralysie de l'effort et de l'imagination qui, certes, n'est guère «au pouvoir» dans la diplomatie traditionnelle. Il est évidemment plus aisé de se cramponner à ce qui existe plutôt que de chercher les moyens d'améliorer, donc de changer l'ordre établi. À cet égard, il est aussi une cécité qui revient à refuser de voir les défauts d'un système puisque, de toute façon, la norme consiste à le défendre tel qu'il est.

Le *statu quo* à tout prix est aussi, en définitive, une lâcheté. Refusant d'emprunter la voie de la lucidité, qui consisterait à remettre sans cesse en question les situations acquises pour déterminer si elles correspondent encore aux faits qu'elles ont fait naître, ses zélateurs opposent à toute novation le principe d'intangibilité qui les dispense de ce courage.

Le *statu quo* est enfin et surtout totalement irréaliste. En effet, l'univers n'est pas statique, il est mouvant. Et pas seulement sur de longues périodes: il bouge sous nos yeux, se modifie sans trêve, même si certaines données demeurent relativement stables, d'un mois, d'une semaine, d'un jour à l'autre! Comment, dans ces conditions, s'obstiner à défendre des situations qui répondaient peut-être à une logique politique lorsqu'elles ont vu le jour mais qui, depuis lors, ont été dépassées par les événements?

Le *statu quo* inconditionnel est certes tout cela, mais il représente de plus un danger considérable, y compris pour l'ordre établi qu'il prétendait conforter. Quelques exemples, tirés de l'Histoire lointaine ou récente, viennent étayer cette affirmation.

En premier lieu, le congrès de Vienne de 1815. L'Europe venait d'être balayée par la tourmente révolutionnaire partie de France un quart de siècle auparavant et transformée en profondeur par l'ordre napoléonien qui s'en était approprié les principes nouveaux dans les domaines juridique, social et national. Or, que vont faire les souverains vainqueurs de l'ordre nouveau? Ils n'auront de cesse de rétablir l'ordre ancien partout où cela était encore possible. Leur aveuglement à ne pas reconnaître que l'Europe n'était plus celle de la fin du siècle précédent va générer, en 1848, l'explosion violente du «printemps des peuples» dont la répression, non moins violente, aboutira notamment, soixante-dix ans plus tard, à l'éclatement brutal de l'Empire des Habsbourg, qui aurait sans doute pu être évité par une évolution réaliste et pacifique respectueuse des nationalités. De même, le rétablissement des Bourbon d'Espagne par Chateaubriand porte en germe les futures guerres civiles, carlistes en particulier, de la péninsule.

Plus significative encore me paraît l'histoire de la décolonisation. Lors de la disparition des empires coloniaux, les États rassemblés au sein de l'ONU se sont unanimement entendus sur un principe absolu: l'intangibilité des frontières héritées de la colonisation. C'était simple. Cela paraissait pratique. Mais c'était absurde.

En effet, surtout dans le cas des nouveaux États africains, les nouvelles frontières internationales n'étaient que des limites purement administratives tracées par le colonisateur «sur le papier», c'est-à-dire sans la moindre considération pour la chair vive des peuples que l'on découpait ainsi de façon totalement arbitraire. Il n'y avait sans doute pas moyen de faire autrement dans l'ignorance où l'on était généralement des aires d'habitat de ces peuples, mais le fait demeure: presque aucune frontière ne rassemblait les éléments d'un seul peuple et presque toutes découpaient allègrement en rondelles des ethnies qui se trouvaient ainsi injustement et définitivement morcelées. Pour ne prendre que quelques exemples: le peuple targui, divisé entre le

Mali, le Burkina, le Niger, l'Algérie et la Libye; le peuple ewe, morcelé entre le Ghana, le Togo, le Bénin et le Nigeria; le peuple somali, dispersé entre la Somalie, l'Ogaden éthiopien, le nord-est du Kenya et le sud de la République de Djibouti; le peuple bakongo, réparti entre le Congo, le Zaïre et l'Angola; sans parler du cas le plus explosif, celui du peuple kurde, écartelé entre la Turquie, la Syrie, l'Irak et l'Iran.

Il y avait là, d'évidence, un ensemble de situations contre nature que les diplomaties internationales et les organisations internationales, comme l'ONU ou l'Organisation de l'Unité africaine (OUA), n'ont pas voulu voir au nom de sacro-saint principe d'intangibilité: «Que meurent les peuples, pourvu que vive le principe!»

Or, tant que les limites territoriales n'étaient là que pour la commodité de l'administration coloniale, ce n'était pas bien grave. Qu'un même peuple soit administré, partie par un gouverneur, partie par un ou plusieurs autres, cela ne tirait guère à conséquence puisque tout le monde se trouvait la plupart du temps dans le même ensemble, qu'il s'agisse de l'AOF, de l'AEF, de la Fédération Rhodésie-Nyassaland ou de tout autre rassemblement colonial. Il en va évidemment tout à fait différemment lorsque les limites administratives deviennent du jour au lendemain des frontières d'État, avec tout ce que comporte cette notion de nationalisme unitaire éventuellement oppressif de la part des États nouvellement colonisés. Ainsi, ce qui n'était qu'un bornage souple et approximatif devient une barrière close, figée, souvent infranchissable.

Je sais bien ce que prétendent les tenants de la thèse de l'intangibilité qui ont réussi à faire passer leur option pour une vérité d'évidence. Pour eux, il était non seulement opportun mais indispensable de ne toucher à aucune frontière, même injuste, même absurde (comme celle de la Gambie qui, bordant le fleuve à une distance constante, s'enfonce en doigt de gant jusqu'au cœur du Sénégal!). En effet, tout changement eut, selon eux, provoqué inévitablement un bain de sang, chaque revendication satisfaite étant de nature à en susciter une infinité d'autres pour aboutir finalement à un émiettement et à un chaos généralisés à l'échelle continentale.

Cette vision catastrophique est d'abord éminemment récusable car elle repose, non sur des faits, mais sur de simples hypothèses présentées comme des certitudes ou, à tout le moins, comme de fortes probabilités. Or, rien n'oblige à croire que des regroupements nationaux soient «par nature» explosifs. Bien au contraire, la satisfaction ainsi donnée aux aspirations nationales des peuples anciennement dominés d'Afrique et d'Asie, eut été à mon sens un puissant facteur de paix et de stabilité. En effet, c'est en brimant l'aspiration naturelle des peuples du Tiers-Monde à se rassembler sur une base nationale, en les condamnant à demeurer enfermés dans des États artificiels pluriethniques (le Zaïre compte une quinzaine de grandes ethnies, le Nigeria une vingtaine, l'Éthiopie une dizaine) que l'on crée les conditions mêmes des futures explosions nationales. À vrai dire, elles ont déjà commencé: la guerre atroce qui a opposé le Biafra au reste de la fédération nigériane et qui a fait plusieurs centaines de milliers de victimes, plus encore du fait de la famine que de la guerre, entre parfaitement dans le cadre de cette démonstration. C'est bien parce que les Ibos, chrétiens et animistes, dont les émigrants étaient brimés dans les sultanats musulmans du Nord, avaient développé une conscience nationale, fondée non seulement sur la religion mais surtout, comme partout ailleurs, sur une langue et des traditions communes et distinctes, qu'ils ont voulu constituer, au besoin par la force, un État indépendant, en sortant du Nigeria et en transgressant ainsi le principe d'intangibilité. Et que l'on ne parle pas de tribu ou de tribalisme quand il s'agit d'une entité d'une dizaine de millions d'individus! Avec la passivité complice du reste du monde et la bénédiction des Nations unies, le champion du principe d'intangibilité, le Nigeria a pu se ressaisir et écraser finalement le Biafra, divisé depuis en plusieurs «États» de la fédération reconstituée, et cela au prix des massacres que l'on sait. Ainsi, dans ce cas précis, loin d'éviter l'effusion de sang, le *statu quo* territorial l'a provoquée, et sur une échelle jamais encore atteinte en Afrique.

De même, le plus vaste État d'Afrique, le Soudan, composé au Nord de populations musulmanes arabisées et, au sud, de Noirs animistes et chrétiens, eut logiquement dû se scinder entre ses deux composantes, que tout opposait... mais c'eut été la négation du principe d'intangibilité et les autorités de Khartoum, quels qu'aient été les différents régimes qui s'y sont succédés, ne pouvaient l'admettre. Il en est résulté une guerre qui se poursuit de façon presque continue jusqu'à nos jours et qui a été dévastatrice pour les différentes populations du sud, au point que certaines d'entre elles ont été purement et simplement exterminées et que l'on peut légitimement parler de génocide à leur endroit. Là encore, c'est le *statu quo* qui a provoqué, puis éternisé, la catastrophe humanitaire.

On peut tout aussi bien prendre l'exemple somali de la guerre de l'Ogaden entre la Somalie et l'Éthiopie. Profitant de la chute du négus Hailé Sélassié, la Somalie a tenté de récupérer l'Ogaden, province entièrement peuplée de Somalis nomades et attribuée à l'Éthiopie à l'issue du partage colonial entre ce pays, l'Italie et la Grande-Bretagne. Il n'est que de jeter les yeux sur une carte pour constater que les frontières entre la Somalie et l'Éthiopie, tracées au cordeau, ne pouvaient correspondre à aucune réalité géographique ou humaine, l'Ogaden éthiopien s'enfonçant comme un coin entre les deux composantes du pays, le nord (Somaliland) ex-britannique et le sud-est

(Somalia) ex-italien. La justice eut effectivement voulu que l'Ogaden revienne à la Somalie dont elle constitue d'ailleurs l'une des cinq pointes de l'étoile, emblème du drapeau de la nation. Mais c'eut été là une novation que les chancelleries mondiales ne pouvaient accepter, toujours en vertu du principe d'intangibilité. D'ailleurs l'Union soviétique, troquant l'allié somalien contre l'allié éthiopien, autrement plus intéressant, eut vite fait, en appuyant militairement Addis Abeba et non «négus rouge» Mengistu, de rappeler aux Somaliens qu'on ne transige pas avec la règle du *statu quo* territorial. Le cas de l'Érythrée, qui a arraché son indépendance de l'Éthiopie après des années de guerre acharnée, ne constitue pas une exception à la règle puisque ses frontières actuelles, celles de l'Érythrée italienne, sont précisément celles héritées de la colonisation.

Beaucoup plus proche de nous et tout aussi éclairant est l'exemple de la guerre du Golfe. Après l'écrasante victoire militaire des Alliés lors de l'attaque terrestre contre l'Irak du début de l'année 1991, les meilleures divisions irakiennes, celles de la «garde républicaine», non encore engagées, se trouvaient acculées, par le mouvement tournant de leurs adversaires, aux marais de Chott el-Arab et à la frontière de l'Iran. L'un des responsables des services français de renseignement m'a confié qu'il suffisait de poursuivre l'offensive 36 ou 48 heures de plus pour obtenir la capitulation de ces unités, donc la chute de Saddam Hussein. Oui, mais voilà, elle risquait d'entraîner l'éclatement de l'Irak entre ses trois composantes – kurde au nord, arabe sunnite au centre, arabe chiite au sud – et cette perspective effrayait les chancelleries! En vérité, la décision appartenait au président Bush et à lui seul, car la faiblesse de leurs effectifs engagés empêchait Français et Britanniques de faire autre chose que du suivisme. Or, pour une fois, tant au Département d'État qu'à la Maison-Blanche, tous les conseillers de George Bush, qui ne semble pas avoir eu de lumières particulières sur la question, étaient du même avis: tout était préférable à l'«inconnu», ce grand point d'interrogation qui eut suivi la chute de Saddam Hussein. Il fallait donc à tout prix préserver le *statu quo* territorial, ce qui signifiait laisser Saddam au pouvoir à Bagdad en renonçant à faire capituler ses meilleures divisions. La formule «vendue» au Président américain était ainsi: «Mieux vaut un Saddam affaibli que pas de Saddam du tout et le démembrement consécutif de l'Irak!» Le malheur c'est que, dans un régime totalitaire comme celui de Bagdad, la défaite ne conduit pas nécessairement, comme ce serait le cas dans un régime démocratique, au départ du responsable, mais plutôt à son renforcement, à condition qu'il puisse continuer à disposer des éléments de la contrainte: la police et l'armée – ce qui fut le cas. «Je serai encore le maître de l'Irak quand Bush aura depuis longtemps vidé les étriers!» se serait exclamé en privé Saddam Hussein. Et l'Histoire lui a donné raison sur ce point! On connaît la suite: avec ses divisions intactes, le dictateur de Bagdad écrasa d'abord avec la plus grande cruauté la révolte chiite du sud, allant jusqu'à bombarder et détruire les mosquées sacrées des villes saintes chiites de Kerbela et Nedjef puis, se retournant au nord contre les Kurdes, força à la fuite vers la Turquie et l'Iran par les cols enneigés près de deux millions de Kurdes, provoquant ainsi l'un des plus grands exodes des temps modernes. Une nouvelle fois, le respect obtus du *statu quo* territorial était la cause directe de souffrances humaines indicibles.

On pourrait multiplier les exemples: la répugnance officielle des États-Unis à envisager la souveraineté du Québec; le refus de l'Europe de prendre en compte l'éclatement, pourtant en cours, de la Belgique; l'accrochage entêté des chancelleries (sauf allemande) à l'unité d'une Yougoslavie multinationale que seule la poigne de fer de

Tito avait maintenue, comme à l'unité d'une Tchécoslovaquie dont les deux peuples divorçaient à l'amiable et, en sens contraire, à une division de l'Allemagne que tout condamnait pourtant à partir du moment où la division forcée de l'Europe avait disparu.

Certes, je ne prétends pas qu'il faille de but en blanc effacer toutes les frontières artificielles existantes, notamment en Afrique, et redécouper les nouveaux États pour les faire correspondre à des entités mono-ethniques. Outre le fait que l'on aboutirait ainsi à une prolifération d'États exigus et peu viables, cette démarche «idéologique» aurait un caractère artificiel et irréaliste. Se mettre autour d'un tapis vert et redessiner le monde n'est sans doute pas sans attrait pour l'esprit, mais n'est pas sérieusement envisageable, ni souhaitable. Je relève cependant que le reproche «d'émiettement» vient de ceux qui ont parfaitement admis la «balkanisation» à outrance de l'Afrique, et de la façon la plus artificielle qui soit!

Ce que je prétends en revanche, et fermement, c'est qu'il faut absolument se libérer de la rigidité imbécile du principe d'intangibilité absolue des frontières d'État et reconnaître que, dans certains cas et sous certaines conditions, les frontières peuvent et doivent changer. Ainsi, lorsqu'une crise provoquée par un différend frontalier se produirait, il appartiendrait à la communauté internationale, selon des règles et des procédures à déterminer, et en se fondant sur l'équité, de procéder à un arbitrage politique qui s'imposerait aux parties. Il s'agirait par ce moyen de désamorcer les conflits que le *statu quo* territorial engendre et nourrit. Le fait de procéder coup par coup, de façon pragmatique, chaque fois qu'une crise risque de dégénérer en affrontement armé, aurait non seulement évité probablement les guerres du Biafra, de l'Ogaden, du Cachemire. Cependant, compte tenu de l'inévitable montée du nationalisme ethnique dans le Tiers-Monde, assurerait un minimum de stabilité dans les continents troublés.

Mais, dira-t-on, tous les exemples cités montrent que c'est d'abord et avant tout cette montée du nationalisme ethnique qui est à l'origine des crises mentionnées. Eh oui, c'est le nationalisme mais de quel droit, nous les Européens d'Occident, qui avons réalisé nos unités nationales (depuis des siècles pour la France, l'Espagne et la Grande-Bretagne, au siècle dernier pour l'Italie et l'Allemagne), prétendrions-nous empêcher les peuples d'Afrique, d'Asie, d'Amérique, d'Europe centrale et orientale d'en faire autant? N'est-il pas sain et normal qu'au début du IIIe millénaire, les peuples défavorisés accèdent, sur le plan national, aux mêmes accomplissements que les nantis? Y aurait-il des peuples élus, appelés à vivre dans le cadre harmonieux d'États nationaux et des peuples réprouvés auxquels cette faculté serait déniée? Ne voit-on pas ce qu'un tel rejet suppose de racisme inavoué et, pour tout dire, de mépris?

Au terme de ce plaidoyer, que reste-t-il de Sa Majesté le *statu quo*? Sûrement encore, hélas, de beaux jours à vivre, car le pli est pris depuis tant de temps qu'il faudra encore attendre bien des lustres avant de l'effacer, si l'on y parvient un jour.

Il est de plus en plus clair cependant que les Diplomaties traditionnelles ne pourront plus camper indéfiniment sur leurs vérités établies et demeurer rigides et sclérosées alors que le monde change à grande vitesse autour d'elles. Et d'ailleurs, ne sont-elles pas, dès à présent, obligées de s'incliner, certes de mauvaise grâce, devant le fait accompli quand l'évolution des événements leur a donné tort? «Les faits sont têtus», disait de Gaulle. En fait, ils sont encore plus têtus qu'elles. Ainsi, bien que la «Conférence sur la sécurité et la coopération en Europe» (CSCE) ait, comme tout le monde, placé au rang des principes sacro-saints celui de l'intangibilité des frontières d'État en Europe (d'ailleurs sous l'impulsion alors des Soviétiques qui y avaient tout intérêt après leurs gains territoriaux de 1945), elle a bien dû s'accommoder de la création de deux États séparés sur le territoire de l'ancienne Tchécoslovaquie, de cinq sur celui de l'ancienne Yougoslavie et de... quinze autres sur celui de l'ancienne Union soviétique! Ainsi, même dans l'Europe d'après 1945, les frontières que l'on croyait et voulait immuables ont craqué malgré tous les organismes et les principes qui devaient les en empêcher! En vérité, la «fin de l'Histoire» n'est qu'une ânerie d'intellectuel. Et de même que l'Histoire poursuit, avec ou sans nous, son bonhomme de chemin, de même les frontières ont toujours changé et changeront toujours...

«Il faut s'appuyer Fortement sur les principes»

«Car ce sont eux qui finissent par céder!»

Eh bien non! Cette formule cynique doit être entièrement bannie des relations internationales. C'est au contraire sur certains principes que doit se fonder la politique étrangère de tout État décent et, en particulier, du nôtre.

Mais ici, nous buttons sur une difficulté de taille: de quels principes s'agit-il? Le monde est multiculturel; il le restera toujours et ce n'est pas l'avancée, certes redoutable, des modes de vie et de pensée nord-américains, appelés hypocritement «mondialisation», qui est en mesure d'effacer les différences culturelles. Elles existent et c'est une excellente chose qu'il en soit ainsi. Mais alors, comment s'accorder sur des valeurs qui aient une portée universelle? Ce qui paraît juste aux uns peut être considéré comme monstrueux par les autres, et vice-versa. Ainsi, le fait de trancher le poignet des voleurs ou de lapider les femmes adultères est admis par certaines sociétés, et d'ailleurs introduit dans les législations pénales de plusieurs États musulmans, mais rejeté avec horreur par la plupart des autres nations. À l'inverse, la drogue, la prostitution, la pornographie qui s'étalent plus ou moins ouvertement dans les grandes cités d'Occident, sont considérées avec dégoût et mépris par les rigoristes, des communistes «purs et durs» aux fondamentalistes. Ces derniers dénient aux valeurs morales de l'Occident leur prétention à l'universalité et il faut bien reconnaître que l'avancée de ces valeurs n'avait fait que suivre, au cours des siècles précédents, la fantastique expansion des Européens sur tous les autres continents. Il faut admettre également que l'on ne peut contraindre les différentes cultures, essentiellement particulières, à biffer leurs différences pour se couler dans un moule commun imposé de l'extérieur.

Toutefois, lorsque les grands États prétendent intervenir, non plus au nom de leurs intérêts nationaux, comme c'était presque toujours le cas jusqu'à présent, mais au nom de certaines «valeurs», il faut bien s'entendre sur un système universel de valeurs que l'Occident ne peut d'ailleurs pas imposer, mais seulement proposer.

Quant à la France, qui s'est battue à juste titre, avec l'appui unanime des participants au sommet francophone de l'île Maurice, pour «l'exception culturelle», elle se doit d'être à la tête de la défense des particularismes culturels et linguistiques dans le monde entier face à la formidable entreprise d'uniformisation venue d'Outre-Atlantique. Même si le système américain tend à devenir le système culturel dominant, personne ne peut sérieusement réclamer l'homogénéisation des cultures et des civilisations.

Alors, qu'elles peuvent être, dans ces conditions, les fondements de l'action diplomatique de la France? Ils sont d'une grande simplicité: il faut aller les chercher dans la Déclaration des droits de l'homme et du citoyen et, plus généralement, dans les grands principes légués, tant par les auteurs de la constitution américaine de 1787, que par les révolutionnaires français de 1789. Cependant, pour que ces principes puissent être acceptables par le monde entier, en dépit des différences culturelles signalées, il faut qu'ils soient extrêmement simples et généraux. En fait, ils se réduisent à deux, qui devraient constituer pour la France le fondement de toute politique extérieure: le droit des individus à exercer toutes les libertés, qui fonde la démocratie politique et le droit des peuples à disposer d'eux-mêmes, qui fonde l'ordre international.

Il est dès lors navrant de constater que ce que l'on nomme à juste titre les «idées françaises» sont étrangement absentes de notre action diplomatique qui a parfois sacrifié la morale au profit d'intérêts à courte vue ou condamnables comme les ventes d'armes aux pays du Tiers-Monde. Dans une lettre adressée d'Haïti en 1972 à Jean Charbonnel, j'écrivais déjà: «La diplomatie française s'endort alors qu'elle est couchée sur un trésor que, loin de l'exploiter, elle ne soupçonne même pas: les idées françaises de 1789 et, parmi elles, le droit des peuples à disposer souverainement d'eux-mêmes.» Or ce trésor, qui peut prétendre aujourd'hui qu'il n'est pas plus ou moins tombé en déshérence?

Oh! certes, en paroles, le grand message de 89 se porte bien: lors des célébrations du bicentenaire de la Révolution française, que d'allocutions enflammées n'avons-nous pas entendues! Que de toasts, que de discours d'après-boire avons-nous dû subir! Mais dans les faits, qui seuls comptent, qu'avons-nous fait, au moment où les nations de l'ancienne Yougoslavie s'émancipaient et où les troupes russes tiraient sur les manifestants azéris de Bakou, pour mettre nos actes en accord avec nos propos? Je le dis d'autant plus librement que, depuis plus d'un quart de siècle, et avec des responsabilités croissantes, je faisais partie de ce système qui consiste à exalter bien haut les valeurs de la liberté et de la dignité humaines, alors que nous soutenions des régimes africains dictatoriaux et corrompus, alors que nous allions jusqu'à «prêter» des avions Mirage à l'agresseur irakien en pleine guerre contre l'Iran, alors que nous courtisions les dirigeants communistes chinois responsables du massacre de Tienanmen et du génocide tibétain, alors que nous fournissions des hélicoptères de combat à la Turquie engagée dans une sanglante répression contre ses Kurdes, alors que nous n'avions presque rien à dire quand les Russes écrasaient Groznyï sous les obus et sous les bombes!

Arrière donc l'hypocrisie! Retrouvons les accents d'un Bernanos dans *Les Grands cimetières sous la lune* pour stigmatiser l'ignominie! Laissons-nous soulever par l'indignation! Elle est très nécessaire, car en dénonçant sans relâche et sans complaisance les compromissions et les lâchetés passées et présentes de notre diplomatie, c'est l'image même de la France, son honneur, sa dignité, que l'on tente de préserver ou plutôt, hélas, de laver!

Comment ne voit-on pas que le prestige de notre pays serait immense s'il prenait la tête d'un grand mouvement mondial pour la défense des opprimés, pour la dénonciation des génocides partout où ils se produisent, pour un ordre mondial fondé sur le respect des droits et des libertés. Bien sûr, cela reviendrait à se démarquer totalement des diplomaties traditionnelles fondées sur le conformisme frileux, mais qu'aurions-nous à y perdre? Nous n'avons pas intérêt à marquer aux yeux du monde notre singularité. De quelle force fantastique pourrions-nous disposer d'un seul coup! Avons-nous oublié qu'en 1848 c'est aux accents de La Marseillaise que les peuples dominés d'Europe se sont réveillés? Pourquoi la France, après avoir balayé devant sa porte, ne se poserait-elle pas en «donneuse de leçons», en arbitre du juste et de l'injuste, en défenseur résolu d'une certaine morale internationale?

Eh oui! Voilà le grand mot lâché: la morale! Disons-le tout net. C'est la morale et elle seule qui doit fonder toute notre action extérieure. Et non seulement parce que nous retrouverons ainsi notre dignité et le respect des autres peuples, mais aussi parce que c'est là notre intérêt propre.

La morale, en diplomatie, c'est d'abord la vérité du langage. On a sans doute abusé de l'expression «le parler vrai», mais c'est bien de cela dont il s'agit: avoir quelque chose à dire, le dire, mais le dire sincèrement, sans ambages, sans fausseté comme sans omission. À mon niveau limité, j'ai essayé de pratiquer cette méthode dans la négociation et m'en suis toujours bien trouvé. En effet, en suscitant ainsi, à la longue, l'estime de ses interlocuteurs, notamment des Japonais qui ne supportent pas d'être trompés, on gagne en définitive bien plus que l'on ne perd. J'avais, en 1969, en la personne du ministre Robert Galley, une sorte de «maître en vérité» dont j'ai toujours cherché depuis à m'inspirer. Comme je l'accompagnais dans les négociations internationales sur les affaires de l'atome et de l'espace, il me dit un jour: «Dorin, apprenez-moi la Diplomatie!» Je lui répondis que si la chose s'apprenait, et si j'en avais une claire connaissance, je me serais bien gardé d'accéder à son désir. En effet, sa franchise de langage lui ouvrait toutes les portes et il allait de succès en succès. Sa méthode était d'une redoutable efficacité. Qu'on en juge: au lieu d'avancer masqué, comme il est de règle, Robert Galley disait ouvertement, dès sa première intervention, tout ce qu'il désirait obtenir. Croyant à une feinte et estimant que ses vraies demandes étaient tout autres et qu'il ne les dévoilerait qu'en fin de jeu, la partie adverse se hâtait de lui accorder ce qu'il demandait d'emblée. Il se levait alors, empochait la mise et s'en retournait à Paris tout tranquillement. Je ne dis pas qu'à la longue... mais il est de fait que ce mélange de vérité et d'intelligente ingénuité obtenait des résultats surprenants. Ainsi, le fait de ne pas connaître la règle du jeu, donc de ne pas l'appliquer, peut permettre de gagner la partie. Les généraux de la Révolution n'ayant pas fréquenté l'école de guerre de l'Ancien régime n'en connaissaient pas les règles et pouvaient donc surprendre Souvorov prenant ses quartiers d'hiver en Suisse...

Le langage de la vérité, loin de constituer un handicap en diplomatie, est généralement un avantage pour ceux qui le pratiquent, en plaçant l'adversaire en porte-à-faux et en le contraignant en définitive à adopter, lui aussi, ce langage. Gandhi a superbement mis en pratique cette méthode lors de ses dures négociations avec les Anglais. Il avait coutume d'affirmer que la pratique de la vérité avait pour effet d'élever la conscience morale de l'adversaire et de le rendre plus digne à ses propres yeux. «La vérité, disait-il, est dure comme le diamant et délicate comme la fleur de pêcher.» Il ajoutait qu'il lui avait fallu vingt années d'assidue méditation pour retourner le précepte: «Dieu est vérité» en «la vérité, c'est Dieu!»

Mais la morale en diplomatie, ce n'est pas le langage, c'est aussi et surtout l'action. Dire une chose et faire le contraire est certes une pratique assez fréquente, mais qui trouve rapidement ses limites dans la perte de considération et de crédibilité qu'elle entraîne pour ceux qui l'utilisent.

Dans la vie des peuples, il est une pratique qu'il faut mettre définitivement hors la loi: le génocide. Voilà le mal absolu! Le fait de tuer est déjà intolérable, mais tuer en fonction d'une différence de race, de langue, de religion, de classe sociale, d'opinion politique est proprement monstrueux. Ainsi l'assassinat systématique de six millions de Juifs passés par les fours crématoires nazis est, à mes yeux, le sommet de l'horreur et constitue un crime à proprement parler inexpiable. Et que dire de l'anéantissement des Tziganes, dont on parle moins, mais qui est tout aussi horrible?

Pour être moins systématique, les autres génocides de notre siècle épouvantable doivent être pareillement dénoncés et il n'est sans doute pas inutile de les rappeler, sans avoir d'ailleurs le sentiment de les énumérer tous.

Et d'abord la «dékoulakisation» de Staline qui consistait à entasser les paysans riches dans les wagons pour les fusiller en cours de route. Puis tous les autres crimes de la période stalinienne (un million de fusillés!) dont l'exécution en masses des Tatars de Crimée dans l'isthme de Kertch, qui constitue la plus grande fusillade simultanée de l'histoire humaine. Les dizaines de millions de morts (soixante millions selon certains auteurs) des persécutions sociales de la «révolution culturelle» en Chine. Les millions de massacrés entre Hindous, Sikhs et musulmans lors de la partition de l'Inde. Le meurtre organisé de plusieurs centaines de milliers de Chinois et de communistes ainsi que la répression des Timorais en Indonésie. L'anéantissement de populations chrétiennes et animistes au Soudan du sud. La répression des Kachmiris et des Nagas dans l'Union indienne; celle des minorités ethniques, dont les Karens de Birmanie. La chasse aux Touaregs au Mali et au Niger. La persécution des Noirs toucouleurs du fleuve Sénégal en Mauritanie. Les meurtres d'Indiens au Guatemala et au Salvador. Le massacre de la population arabe par les Noirs de Zanzibar et de Pemba. Celui de sunnites de Hama et Homs en Syrie par le régime alaouite du défunt Hafez el-Assad. La répression cinghalaise de la révolte tamoule au nord et à l'est du Sri Lanka et la vietnamienne des populations montagnardes de la chaîne anamitique. Les massacres mutuels entre ethnies rivales du Congo. L'anéantissement des aborigènes de Formose par les Chinois, des Aïnous par les Japonais. Le génocide «exemplaire» des Kurdes pratiqué sur une grande échelle par les régimes de Bagdad et d'Ankara mais aussi par ceux de Téhéran et de Damas, faisant du peuple kurde un «peuple-proie», sorte de «Pologne du Proche-Orient», écartelé entre quatre États prédateurs. À cet égard, n'est-il pas honteux que les États-Unis aient donné leur bénédiction à l'invasion de 35 000 soldats turcs en mars 1995 dans la zone du Kurdistan irakien qu'ils étaient censés «protéger» avec leurs alliés britanniques et français? N'est-il pas scandaleux que seule la France ait protesté, et encore en se fondant bien plus sur le viol de la frontière irakienne que sur la volonté turque de «casser du Kurde» au Kurdistan d'Irak.

Encore faudrait-il rappeler les génocides plus anciens, perpétrés par les nations «civilisées» comme le génocide des Indiens d'Amérique du Nord par les Américains, celui des Araucans par les Chiliens, celui des Circassiens par les Russes, celui des aborigènes de Tasmanie par les colons anglais d'Australie, celui des Maoris de Nouvelle-Zélande...

La liste n'en finit pas et la répétition des tueries ne pourrait que lasser si elle n'était pas, d'abord, épouvantable. Et pourtant, la convention sur le génocide qui était censée, non seulement réprimer, mais aussi prévenir le génocide, date de 1948! Aussi, la sanction du génocide ne peut-elle venir que d'une juridiction internationale pénale, aujourd'hui encore parcellaire, mais dont on peut espérer l'institution prochaine.

N'importe! Un siècle qui débute en 1915 par le massacre de plus de un million et demi d'Arméniens par la gendarmerie turque sur l'ordre du gouvernement «jeune turc» et qui s'achève en 2000 par celui de plus de 2 000 000 d'Africains noirs aura été vraiment le siècle de l'horreur, celui qui aura connu, sans même compter les guerres, peut-être 100 millions d'assassinés!

On peut également se demander si, sans se traduire forcément par des holocaustes, la déportation massive de populations hors de leur habitat ancestral ne constitue pas une forme de génocide. Quand les Grecs d'Asie mineure sont expulsés en masse, après la victoire à Inonü d'Ismet Pacha sur l'armée grecque, de territoires où ils vivaient depuis la plus haute Antiquité; quand un million de Pieds noirs sont amenés à fuir en quelques jours l'Algérie; quand plusieurs millions de Palestiniens sont condamnés à vivre depuis des décennies dans des camps de réfugiés; quand 17 millions d'Allemands de Silésie, du Brandebourg oriental, de Poméranie et de Prusse orientale sont expulsés vers l'Allemagne de l'Ouest par les Polonais et les Russes et plus de deux millions de Sudètes par les Tchèques; quand, sous couvert de «purification ethnique», expression ignoble, des populations musulmanes, croates et aussi serbes de l'ancienne Yougoslavie sont chassées de leurs foyers sans espoir de retour, je pense que l'on peut parler, comme pour les Baltes, les Allemands de la Volga et les Caucasiens déportés par Staline, d'un génocide véritable.

De même existe une manière moins visible, mais particulièrement vicieuse, de pratiquer le génocide. C'est ce que j'appellerais la «subversion ethnique», qui consiste, lorsque la population majoritaire et dominante est nombreuse et prolifique, à la déverser sur le territoire des allogènes qui se retrouvent ainsi, non seulement minoritaires dans leur État de rattachement, mais aussi minoritaires dans leur propre région, ce qui ne peut les conduire qu'au désespoir et à la disparition, soit par dénatalité, soit par assimilation. À cette pratique, les Chinois excellent et le cas du Tibet est, à cet égard, exemplaire: non contents d'avoir annexé le Quinghai, peuplé à l'origine de Tibétains, puis toute la partie orientale du Tibet, Pékin transfère méthodiquement une population Han au Tibet où elle tend maintenant à dépasser en nombre le peuplement d'origine. Ainsi Lhassa, la capitale, est-elle devenue majoritairement chinoise, comme d'ailleurs les principales agglomérations du pays. Au Turkestan chinois (dont le nom signifie bien qu'il était composé à l'origine de Turcophones), les musulmans Ouighours, Kazakhs et Kirghizes voient l'arrivée massive des colons chinois. En Mongolie intérieure, la même politique de subversion ethnique produit les mêmes effets; c'est ainsi que les Mongols ne forment guère plus aujourd'hui de 15 pour cent de la population de la «région autonome». Quant aux Mandchous de l'ancienne Mandchourie, c'est bien simple, ils ont été balayés par l'avalanche chinoise venue du Chantoung et ils n'existent pratiquement plus!

Même en Europe on a pu constater de tels phénomènes, sous une forme, à vrai dire, atténuée. Ainsi, au temps du fascisme, Mussolini a-t-il délibérément fait venir en nombre des Calabrais et des Vénitiens au Val d'Aoste pour submerger la population valdôtaine de souche franco-savoyarde et francophone, faisant de la ville d'Aoste, capitale de la région autonome, une cité majoritairement italienne. Il s'agit donc bien là, avec la «subversion ethnique», d'une sorte de génocide honteux et camouflé qui n'en est pas moins hideux.

Enfin, une forme plus bénigne, mais quand même pernicieuse, du génocide est ce que l'on a coutume de nommer le «génocide culturel». Celui-là ne tue pas les gens, il se contente de tuer leur culture, leur langue, leurs coutumes et leurs traditions et, au fond, tout ce qui faisait l'intérêt et la spécificité de leur vie. Le pire est que cette catégorie de «génocidés» en vient souvent, par complexe, parce qu'elle se sent inférieure à la population dominante, à contribuer à sa propre annihilation culturelle. Ainsi ont tendance à renoncer peu à peu à leurs traditions et à leur langue les Cajuns de Louisiane, les francophones de Nouvelle-Angleterre et même les francophones du Canada en dehors du Québec et de l'Acadie. De même les Indiens du Mexique et des Andes tendent à adopter de plus en plus la langue espagnole malgré le réveil récent de leur «indianité». C'est la même pente que la majorité des Berbères d'Afrique du Nord a suivie devant le prestige de la civilisation arabe et de la langue du Coran. Au siècle précédent, les Polynésiens avaient presque renoncé à leur mode de vie ancestral sous l'influence des missionnaires chrétiens.

Or, ce phénomène se poursuit de nos jours sur tous les continents et il est d'autant plus dangereux qu'il est moins visible et plus sournois. Il s'agit d'un processus de «digestion ethnique» dont les petites îles anglo-normandes nous donnent un exemple achevé: entièrement composées de paysans normands à l'époque où Hugo y vivait son exil, elles ont été pacifiquement submergées par la langue anglaise amenée par les hommes d'affaires et les retraités britanniques, si bien qu'aujourd'hui le français n'est parlé et compris que par à peine sept pour cent des habitants!

Mais tous les génocides passés et présents peuvent être réduits à une seule image, atroce, celle de cette jeune femme kurde de la ville de Halabja, morte couchée sur son enfant qu'elle tente de protéger des gaz asphyxiants déversés par l'aviation de Saddam Hussein. C'était en 1988 et c'était aussi la première fois dans l'histoire de l'humanité que les gaz étaient employés contre une population civile. À l'époque, la nouvelle a été consignée en quelques lignes dans les pages intérieures des journaux, sur le mode factuel. Devant ces quelque cinq à six mille femmes et enfants (les hommes étant pour la plupart dans les maquis) assassinés en quelques secondes par un nuage de gaz roux, je n'ai entendu, il est vrai que c'était du lointain Japon, nulle exclamation d'horreur, nulle protestation. Il fallut attendre la session de l'Assemblée générale des Nations unies en septembre 1988 pour que s'élève la voix du Président français, et c'est à son honneur, pour proposer des sanctions, en particulier l'embargo contre un État utilisant l'arme chimique. Il suggérait «parmi d'autres (mesures) l'embargo sur toute livraison de produits, de technologies et, plus généralement, d'armes à l'État en cause». Comme on le voit, l'Irak n'était pas nommé. Il me semble, devant le silence du monde, qu'il revenait à la

France de dénoncer nommément le dictateur irakien. Il est vrai que nous avions vendu depuis des années, et sous tous les gouvernements, des armes offensives au même Saddam Hussein... comme nous continuons à en vendre à la Turquie, autre État impliqué dans le génocide de ses propres Kurdes! A-t-on pris conscience du fait que ce sont, semble-t-il, des Mirages français peints en blanc (!) qui ont gazé Halabja en 1998, que ce sont les hélicoptères français qui brûlent les villages et traquent les maquis du sud-est anatolien?

Ce sont précisément ces ventes d'armes qu'il faut condamner sans appel. La France est, après les États-Unis et la Russie, le troisième vendeur d'armes de la planète! Or nous avons vendu essentiellement ces armes aux pays du Tiers-Monde et, au seul Irak, pour 130 milliards de francs! Ayons le courage de reconnaître qu'il s'agit là d'une honte pour notre pays.

Oh! je sais bien ce que rétorquent les vendeurs d'armements dont un homme comme Hughes de l'Estoile s'était fait pour Dassault l'infatigable démarcheur. Il s'agirait de faire vivre des milliers de travailleurs français dans une industrie «de pointe» dont les exportations seraient vitales pour l'équilibre de notre balance commerciale. En outre, une production limitée à la «consommation intérieure», c'est-à-dire au marché national, ne serait pas économiquement rentable, ce qui rendrait indispensables les exportations. Au surplus, fait-on valoir, si la France ne vendait plus d'armes à l'étranger, d'autres vendeurs se hâteraient de prendre à ses dépens sa «part de marché». Belle excuse en vérité!

Cet argumentaire est à rejeter en totalité. Les exportations d'armes représentent un pourcentage très faible des exportations françaises. Bien sûr, les fabrications d'armements font travailler une main-d'œuvre très qualifiée, mais cette main-d'œuvre ne pourrait-elle pas être reconvertie à terme dans d'autres activités que des entreprises de mort?

De même les producteurs de coca et les trafiquants de cocaïne font valoir que leur activité fait vivre des milliers de familles en Colombie, en Bolivie et au Pérou. C'est tout à fait vrai; en est-elle moins condamnable pour autant?

Il y a aussi la dimension du mépris. Je fus reçu un jour de 1966 par un conseiller d'une de nos plus grandes compagnies pétrolières qui tirait un grand profit du brut irakien. Je venais solliciter un don pour la Croix-Rouge, permettant de soigner les blessés du Kurdistan d'Irak. Comme j'expliquais à ce monsieur élégant, confortablement assis dans un fauteuil de style que, loin de servir à leur développement, leur pétrole de Kirkouk retombait sur la tête des Kurdes sous forme de napalm, il me répondit textuellement: «Voyez-vous, mon cher, quelques milliers de personnes de plus grillées, embrochées, empalées dans ces pays-là, quelle différence?» Sans répondre, je suis parti...

Et puis, que sont ces comptes mercantiles en face de l'honneur? Le plénipotentiaire de Louis-Philippe, qui réclamait une somme énorme pour reconnaître l'indépendance d'Haïti, s'en vit offrir le double avec cette méprisante et cinglante réponse: «Monsieur, l'honneur est sans prix!»

Car, c'est bien là qu'il faut en venir: à l'honneur et à la morale. Affirmons-le bien haut: ils ne sont pas séparables de la politique, et de la politique extérieure moins que de toute autre.

Les marchands d'armes et leurs soutiens politiques, qui se prennent pour Talleyrand et se croient habiles quand ils ne sont que tortueux, déshonorent notre pays. Et ils le déshonorent pour rien, pour un profit médiocre (sauf pour eux-mêmes) au prix d'un dommage moral incalculable. C'est autre chose que le monde attend de la France: un message, une direction, un exemple.

«Il n'est pas de cité terrestre, disait Péguy, qui vaille que l'on se déshonore pour elle!»

À Contre-quai

«En matière de politique, il faut se détourner des idées spéculatives que le vulgaire se forme sur la justice, l'équité, la modération, la candeur et les autres vertus des nations et de leurs conducteurs. Tout se réduit finalement à la puissance.» Est-on obligé d'adopter cette vision pessimiste du Baron de Bielfeldt? Certes, la diplomatie est l'art du possible. On se plaît cependant à rêver d'une diplomatie «idéale», c'est-à-dire d'une diplomatie utile à l'homme et non d'un exercice dénaturé, réservé aux seuls initiés, qui en savourent les règles et, d'ailleurs, ne jouent qu'entre eux.

À cet égard, le Congrès de Vienne de 1815, que beaucoup de bons esprits considèrent comme le modèle accompli de la diplomatie, ne m'apparaît que comme une caricature cynique et sinistre. Yalta, Potsdam et l'interminable négociation de Panmunjom relèvent quant à eux d'une «diplomatie en trompe-l'œil» qui, malheureusement, n'appartient pas qu'au passé. Lao-Tseu a dit: «Le gouvernement des hommes et les rapports entre les peuples empruntent la voie de la vertu!» Plût au ciel que ce fût vrai!

Ce n'est d'ailleurs pas la vertu toute seule mais plutôt un certain nombre de vertus qui semblent essentielles pour fonder une diplomatie dépouillée de ses tares et de ses artifices, une diplomatie digne de ce nom.

«En avoir ou pas!»

Le courage, d'abord et avant tout. Le courage au sens latin de «virtus» ou au sens cornélien de «cœur». Le courage qui me paraît être la première et l'essentielle vertu de la diplomatie. Son absence conduit en effet tout droit à la honte et à la guerre. On connaît le jugement prophétique de Winston Churchill en 1938, après la lâcheté franco-anglaise de Munich: «Vous aviez le choix entre la guerre et le déshonneur; vous avez choisi le déshonneur et vous aurez la guerre!»

Le courage, c'est d'abord celui de dire, de ne pas se réfugier derrière de faux-semblants. Lorsque Monsieur Eltsine et plus tard Monsieur Poutine, ont écrasé le peuple tchétchène, c'est une honte de déclarer, comme l'ont fait hélas à peu près tous les dirigeants de l'Occident, qu'après tout la répression en Tchétchénie, aussi sanglante qu'elle soit, est «une affaire intérieure russe». Le «Vive la Pologne, Monsieur!» lancé à la face du Tsar par un député français avait un autre panache! Gageons pourtant qu'à l'époque aussi il ne devait pas manquer d'officiels pour estimer que la répression à Varsovie, où «l'ordre régnait», était une «affaire intérieure russe»! Comme si toutes les barbaries étaient permises à condition qu'elles se passent à l'intérieur des frontières de l'État! Même si l'on admet que la Tchétchénie est à l'intérieur de la Fédération de Russie, comme d'ailleurs la Pologne l'était au sein de l'Empire des Tsars, est-ce une raison suffisante pour laisser exterminer un peuple qui lutte pour survivre? On peut tenir le même raisonnement pour la guerre d'Anatolie, «affaire intérieure turque», pour la répression au Tibet, «affaire intérieure chinoise», et pour tant d'autres! De peur de faire une peine, même légère, aux bourreaux, on préfère ne rien dire, surtout, bien entendu, quand ces derniers sont puissants et qu'il convient de les ménager.

La lâcheté verbale obéit aussi souvent à des considérations d'intérêt. Ainsi, quand les États-Unis promulguent des sanctions contre l'Iran et la Libye en invoquant la violation des Droits de l'Homme dans ces deux pays, on peut s'étonner qu'ils ne fassent pas de même à l'égard de la Syrie et de la Chine, où l'on ne saurait dire quels droits humains y sont moins bafoués. Seulement voilà: le fait de ménager le régime syrien est nécessaire au processus de paix au Proche-Orient, auquel les Américains attachent, pour des raisons en parties internes, une importance capitale et la Chine est un partenaire commercial aux immenses potentialités...

Quant au courage de faire, il est encore plus rare que le courage de dire. Juste après l'assassinat sauvage dans une chambre d'hôtel de Vienne du dirigeant kurde iranien Ghassemiou, deux de ses meurtriers présumés furent arrêtés par la police autrichienne mais, comme ils étaient détenteurs de passeports diplomatiques iraniens, le gouvernement autrichien les fit relâcher et les laissa tranquillement repartir en avion pour Téhéran. Il fait la sourde oreille depuis lors devant les démarches répétées de la veuve du leader assassiné et de ses avocats. J'ai connu Ghassemiou: c'était un homme merveilleux, plein d'humour, de modestie, d'humanité, de joie de vivre. Pour lui et pour tant d'autres disparus de façon analogue, jamais justice ne sera faite! L'incident sanglant de l'ambassade d'Irak à Paris s'est terminé de la même manière! La lâcheté n'a pas de frontières...

Si l'on remonte un peu plus loin dans le passé, l'occupation militaire de la Rhénanie par Hitler en 1936 apporte une illustration parfaite du manque de courage. Hitler a reconnu lui-même plus tard que, si la France avait montré les dents, il aurait reculé et donné à ses propres troupes l'ordre de retrait, ce qui aurait pu changer le cours de l'Histoire. Seulement voilà, les dirigeants français d'alors manquaient totalement de courage. Au moment où les pas cadencés des fantassins allemands résonnaient sur les ponts du Rhin, le Président du Conseil français s'écriait à la Chambre: «Nous ne permettrons pas que les flèches de la cathédrale de Strasbourg soient à la portée des canons allemands!» Belle envolée lyrique au résultat dérisoire. Le verbe avait en quelque sorte dispensé de l'action. On connaît la suite...

C'est qu'en effet la lâcheté n'est pas seulement moralement condamnable: elle est également redoutable dans la mesure où elle mène immanquablement au désastre. Lorsque la France et la Grande-Bretagne se décident enfin en 1939, après l'agression allemande contre la Pologne, à réagir, il est déjà bien trop tard. Le cycle infernal est enclenché et des millions d'hommes paieront de leurs vies le lâche aveuglement des démocraties d'alors.

Cependant le courage ne se confond pas avec la témérité ou le goût de prendre des risques inutiles, encore moins avec la provocation. Il n'est pas non plus l'équivalent de la bravoure dans le sens où l'on parlait du «brave général Boulanger». Il consiste à demeurer ferme sur ses positions et à en faire découler ses actions. Cette fermeté peut avoir un caractère dissuasif à l'égard de tout agresseur potentiel. Lorsque Hitler menace pour la première fois l'indépendance de l'Autriche, Mussolini, qui s'en est institué le protecteur, envoie des divisions sur le Brenner et Hitler, curieusement, recule. De même, il est indéniable que, lors de la crise des fusées, c'est la fermeté de Kennedy qui a fait reculer Khrouchtchev, empêchant ainsi sa folle aventure de déboucher sur un conflit nucléaire aux conséquences dévastatrices.

Le courage exige enfin la clarté. Il faut que l'agresseur sache de façon certaine les limites apportées à son action: «Jusqu'ici mais pas au-delà.»

Il n'est guère douteux que s'il ne s'était pas cru presque autorisé à occuper le Koweït par les propos aberrants que lui avait tenus la représentante des États-Unis, Saddam Hussein ne se serait probablement pas risqué dans cette aventure désastreuse pour lui et la guerre du Golfe n'aurait pas eu lieu! Il n'est pas moins certain que le manque de courage politique des Occidentaux, Européens et Américains confondus, a grandement contribué à aggraver la catastrophe yougoslave, permettant à l'agresseur serbe de pousser militairement ses avantages jusqu'au coup d'arrêt final de 1996. Comme l'a écrit le général Gallois, les Occidentaux entendent s'opposer aux agresseurs sans perdre un seul homme, ce qui est évidemment irréaliste. Certes, on peut comprendre qu'après les hécatombes des deux conflits mondiaux, les pertes humaines soient considérées par l'opinion comme insupportables. Cependant, la supériorité technique de l'armement ne pourra jamais totalement suppléer le courage humain. Un proverbe massaï dit très justement: «Ce n'est pas ta lance que craint le lion, c'est ton courage!»

Wer will der Kann: celui qui le veut, le peut. Ce titre de la collection des anciens livres de classe de langue allemande résume parfaitement ce qui m'apparaît comme la seconde vertu cardinale de la diplomatie: la volonté. Sans volonté, pas de grandes actions, pas même de grands projets. C'est la politique dite «du chien crevé au fil de l'eau».

Avant toute chose cependant, il faut savoir où l'on veut aller. «Avant de prendre une décision quelconque, m'avait dit un jour de Gaulle, il faut être sûr de son bien-fondé. Mais une fois que la décision est prise, il faut aller jusqu'au bout. Et alors peu importe les attaques, les railleries, les calomnies...»

La lucidité est donc la condition préalable et nécessaire de la volonté. Dans *Questions politiques,* Louis Blanc a écrit: «Qu'on procède par réformes partielles, je n'y contredirai pas, mais il faut que ces réformes se rattachent à un principe dont on poursuit le triomphe, car que penserait-on d'un homme qui se mettrait en marche sans savoir où il va?»

Cela étant, la volonté apparaît en diplomatie comme souveraine. Elle peut se comparer aux divisions blindées qui crèvent sur un point le front de l'adversaire qui ne leur a opposé qu'un mince rideau de troupes: *Voluntas omnia vincit,* devise qui devrait orner les frontons de tous les ministères des Affaires étrangères.

La volonté ne doit cependant jamais aller jusqu'à l'obstination et ne se confond pas avec elle. Quand Hitler décide de défendre coûte que coûte Stalingrad encerclée, sachant pertinemment qu'il sacrifie ainsi sa sixième armée, ce n'est plus de la volonté mais de l'obstination imbécile. C'était aussi de l'obstination de la part d'Orlando en 1918 de réclamer à cor et à cris la Dalmatie que les autres alliés n'étaient pas décidés à accorder à l'Italie. Cette insistance avait provoqué l'étonnement de Clemenceau qui ne comprenait pas que son collègue néglige tous les avantages économiques que l'Italie pouvait retirer du traité de paix «pour cette côte rocheuse et sans intérêt». L'obstination du Kronprinz devant Verdun et, en 1917, celle de Nivelles lors de la vaine offensive du Chemin des Dames, procèdent de la même aberration.

La volonté suppose l'action: elle consiste à «y aller» et à ne pas s'arrêter en chemin. En effet, l'Histoire sanctionne durement les velléitaires. En pratiquant ce que Bismarck appelle la *Trinkgald politik*, Napoléon III veut d'abord, en échange de l'unification allemande, toute la Belgique, puis le seul Luxembourg. Finalement, il n'aura rien du tout! Il s'était auparavant lancé dans l'aventure mexicaine, mais avait laissé fusiller Maximilien. Entre 1921 et 1923, la France appuie le séparatisme rhénan de Dorten puis le lâche. Un peu plus tard, la France du Front populaire encourage en paroles les Républicains espagnols mais ne va pas jusqu'à leur porter secours. Ainsi l'échec consacre généralement l'absence de détermination. Plus elle fait défaut et plus il est éclatant.

La volonté se doit d'être une force tranquille et sûre d'elle-même. Elle peut certes, pour des raisons de circonstance, dévier de sa trajectoire, mais elle revient toujours sur son aire. Elle récompense alors au centuple ceux qui l'ont pratiquée sans défaillance car, de toute politique adoptée, elle permet l'accomplissement. Le chancelier Kohl pour l'unification de l'Allemagne ou Jean Monnet pour le lancement de la construction de l'Europe sont de bons exemples de ce qu'il est possible d'accomplir lorsqu'on croit au bien-fondé de sa politique et que l'on est résolu à la mener jusqu'au bout. De la volonté, on pourrait dire ce que Gandhi disait de l'amour: «Tout fond au feu de la volonté. Si cela ne fond pas, c'est que le feu n'est pas assez fort!»

Loca de la casa, l'imagination n'est pas moins nécessaire à toute diplomatie. Contrairement au slogan des étudiants de 1968, cette «folle du logis» est bien rarement au pouvoir et on peut même dire que presque toutes les diplomaties brillent par leur manque total d'imagination. C'est que la diplomatie a une fâcheuse tendance à glisser dans la routine, car elle s'appuie généralement sur le précédent. Le précédent est commode, car il dispense de faire l'effort d'imaginer. Il traduit en fait une paresse fondamentale. Ainsi, le statut de «la ville libre de Trieste» fut-il copié sur celui de la «ville libre de Dantzig», qui n'avait pourtant pas laissé un si bon souvenir! De même, en 1945, on institua la Cour internationale de Justice (CIJ) sur le modèle de la Cour permanente de Justice Internationale» (CPJI), qui n'avait guère davantage réussi. Dans le domaine diplomatico-militaire, la routine et le manque d'imagination semblent encore plus éclatants: la péninsule coréenne avait été coupée en deux en 1945 par le 38e parallèle. C'est donc également par un parallèle que l'on coupa en deux le Viêtnam à l'issue des accords de Genève de 1954. En 1991, lorsqu'il fallut protéger les Kurdes irakiens de la fureur vengeresse de Saddam Hussein, c'est encore un parallèle que l'on choisit pour délimiter la zone de protection de l'opération *Provide Comfort.* Dans ce cas, le choix d'un parallèle était particulièrement absurde puisque la région arabe à l'ouest de Moussoul était comprise dans la zone de protection qui, en revanche, laissait en dehors une moitié de la population kurde d'Irak. Il eut fallu, si l'on tenait à la ligne droite, tracer cette ligne du nord-ouest au sud-est pour englober tout le Kurdistan irakien. Je me suis personnellement employé sans relâche à essayer de démontrer l'illogisme du parallèle dans le cas de *Provide Comfort,* mais en pure perte, la routine étant plus forte que le simple bon sens!

C'est cependant dans les crises que le manque d'imagination s'avère le plus redoutable. En effet, le précédent n'est alors que rarement utilisable car, d'une crise à l'autre, les circonstances ne sont jamais identiques, si bien que tel remède qui «marche» pour l'une peut être sans aucun effet sur l'autre. Or, il suffit parfois de peu de choses pour débloquer, par un effort d'imagination, une situation apparemment sans issue. C'est ce qu'avait compris Lord Carrington lorsqu'il réussit à régler l'affaire rhodésienne. L'accord d'Oslo et le règlement italo-slovène sur l'Istrie n'eussent pas été possible sans effort d'imagination. Mais la démonstration de la nécessité de l'imagination nous est surtout fournie par l'absurde querelle gréco-macédonienne sur le nom de la nouvelle république et sur son drapeau. Étant donné que les Grecs s'opposaient au nom de «Macédoine», considéré par eux comme une partie intégrante du patrimoine de l'hellénisme, il fallait chercher dans l'Histoire récente ou lointaine un nom qui s'applique à la zone géographique considérée, celui de «Roumélie», par exemple. Quant au drapeau, il suffisait d'enlever quelques branches à «l'étoile de Vergina», symbole de la dynastie macédonienne antique, pour aboutir à un compromis acceptable pour les deux parties. Mais il faut croire que, dans cette affaire, l'effort d'imagination à fournir était trop grand! Si l'on considère maintenant les rapports entre le Canada fédéral et le Québec, on est confondu par la carence imaginative d'Ottawa pour régler un problème, pourtant vital pour la survie du Canada tel que nous le connaissons. L'incapacité du gouvernement fédéral, après les échecs des accords du Lac Meech et de Charlottetown, à trouver des solutions susceptibles de satisfaire le Québec est assez sidérante. Mais ce qui l'est plus encore, c'est sa passivité après un référendum qui a failli amener la sécession de la province francophone. Ottawa n'a, jusqu'à présent, été capable de ressortir la vieille formule de «société distincte» qui est, de toute façon, depuis longtemps dépassée.

Or, le défaut d'imagination peut coûter cher en éternisant les conflits qui pourraient trouver des solutions si l'on se donnait la peine de rechercher les voies les plus propres à les résoudre. Il en est ainsi du pays basque espagnol et, plus encore, du Kurdistan de Turquie où le «tout répressif» devra tôt ou tard être abandonné pour une solution négociée.

Il ne faut pourtant pas confondre imagination et fantaisie débridée. L'imagination n'exclut nullement le réalisme. Elle s'exerce au contraire pour trouver des solutions concrètes aux problèmes du monde. Parmi ceux qui ne sont solubles que grâce à une réflexion novatrice, citons: la mise au point urgente d'un véritable statut des minorités nationales, notamment en Europe, la réforme de l'inefficace CSCE, la création de Conseils culturels pour apaiser les tensions irrédentistes, la recherche de substituts à l'OTAN pour assurer la sécurité de l'Europe du centre et du sud-est, la coexistence pacifique des populations catholiques et protestantes d'Irlande du Nord, le processus de prise de décisions à l'échelle continentale, notamment pour l'Afrique au sud du Sahara, le contrôle des armements et l'élimination des armes chimiques et biologiques, le règlement des conflits territoriaux comme celui de la Mer de Chine méridionale ou ceux de Gibraltar et des *presides* espagnoles de la côte marocaine, la réunification de Chypre dans le respect des droits et intérêts des deux communautés, les systèmes de défense contre les attaques spéculatives sur les monnaies, la recherche des modes de fonctionnement d'une Union européenne comprenant bientôt une trentaine d'États. À vrai dire, le champ est sans limites...

«Gouverner, c'est prévoir», dit-on. C'est donc avant tout imaginer. Mais la diplomatie exige aussi la ferveur. Il faut y croire! Et réagir contre la tendance générale au désenchantement. Il peut paraître «chic» de se montrer désabusé, revenu de tout, mais cette affectation ne cache souvent, chez les diplomates, qu'un vide sidéral. Certes, depuis le début du siècle, les événements mondiaux se sont précipités, et la connaissance de plus en plus grande et dispersée que nous en avons grâce aux grands moyens de transmission de l'information peut donner le tournis. L'Histoire, loin de finir, ne cesse de s'accélérer, mouvement que constatait déjà Thucydide. Il n'est guère étonnant, dans ces conditions, de constater chez les peuples et leurs dirigeants une grande lassitude. Pourtant, rien ne s'est jamais fait de grand sans un élan de ferveur, cette ferveur qui a tendance à disparaître de la surface du monde.

Attention, toute ferveur n'est pas forcément bonne: mise au service des idéologies totalitaires, nazisme, fascisme, communisme, elle peut au contraire engendrer les plus sanglants débordements contre l'adversaire idéologique et à la guerre d'anéantissement. Seul apparaît valable l'élan constructif, celui qui sous-tend les grands desseins politiques comme l'Europe, la Francophonie, la protection de la nature, etc.

Il faut bien reconnaître cependant que la disparition des idéologies triomphantes laisse un grand vide que ne comblent qu'imparfaitement les nouveaux «grands desseins». Il est étonnant à cet égard, et même consternant, que la fin du communisme à l'Est et la libération de l'Europe centrale et orientale n'aient suscité aucun enthousiasme populaire, infiniment moins en tout cas que le moindre match de football disputé entre Auxerre et Sochaux! Quand je pense qu'au début de ce siècle, lorsqu'un aéroplane s'élevait à quelques mètres au-dessus du sol, la foule en délire hurlait de joie, les hommes jetant en l'air leurs canotiers, on mesure le chemin parcouru en direction de l'apathie et de l'indifférence. Oui, les grands enthousiasmes d'autrefois sont bien refroidis!

Pour la France, l'ardeur est pourtant plus nécessaire que jamais. De Gaulle parlait déjà de «l'ardente obligation» du Plan. Que l'on ne s'y trompe pas: démographiquement, économiquement, moralement, la France est entrée dans la zone des gros temps. Pour être vraiment crédible, notre diplomatie doit s'affirmer et, une fois ses grandes options retenues, elles doivent être défendues avec une inébranlable foi. Si l'on ne croit pas au succès, celui-ci n'est déjà plus probable. À cet égard, rien n'est plus néfaste que de changer constamment de ligne politique, de s'élancer successivement dans toutes les directions. Cela s'appelle l'opportunisme et c'est la négation de la foi.

«Nathanaël, je t'enseignerai la ferveur!» a écrit Gide. Mais peut-on enseigner la ferveur? La ferveur, le fait de brûler pour quelque chose ou pour quelqu'un, n'a rien d'intellectuel. C'est une sensation: on l'éprouve ou on ne l'éprouve pas. Elle est cependant communicable comme l'ont expérimenté les grands meneurs d'hommes, les grands tribuns. Un Jaurès, un Gambetta étaient de la race des «grands communicateurs», mais c'est une race disparue, aussi disparue que l'est le dronte ou «dodo» de l'Île Maurice! Il n'est qu'à assister à une séance de l'Assemblée nationale pour s'en convaincre.

«Si l'élan créateur disparaît du monde, disait Zoroastre, par quoi pourra-t-il être remplacé?» L'interrogation demeure.

Autre vertu indispensable à la diplomatie, la réflexion. Voici une constatation que peut faire tout homme investi d'une certaine responsabilité politique ou administrative: le temps accordé à la réflexion n'a cessé de se réduire. Chez les personnages extrêmement sollicités, les hommes politiques de premier plan en particulier, il tend même à se réduire... à zéro!

Et c'est là pour l'action diplomatique une carence insupportable. C'est comme si de grandes décisions politiques pouvaient être prises par des «écervelés» au sens littéral, ne sachant ni ce qu'ils font ni où ils vont et, dans ces conditions, ordonnent ce que propose le dernier conseiller qui leur parle (et qui n'a pas forcément lui-même réfléchi!). Il est nécessaire de se pencher sur les causes de ce dramatique rétrécissement de la réflexion, bien plus périlleux en définitive que celui de la couche d'ozone. Pourquoi les décideurs de la politique internationale n'arrivent-ils plus à penser? Tout simplement parce que l'abus de l'information a en quelque sorte «mangé» le temps autrefois consacré à la réflexion!

Voyons ce qui se passe, par exemple, au simple niveau d'un ambassadeur en charge d'un grand poste. Il est «surinformé» mais, de toute cette information, que fait-il? Pas grand-chose en vérité. On peut même affirmer que la surabondance de l'information nuit, tant à sa qualité qu'à sa perception. Cette masse de données factuelles se réduit à une grisaille d'où ressortent difficilement les faits et les événements les plus importants, ceux-là mêmes qu'il faudrait retenir pour les utiliser. Si l'on ajoute que l'ambassadeur doit se déplacer, voyager, négocier, recevoir des visiteurs et accomplir cent autres tâches, on se convainc que le temps de la réflexion s'est évaporé!

Pourtant, rien n'était plus important que de réfléchir aux conséquences de ses actions avant de les entreprendre. De même que l'on prétend qu'au Mexique on pendait d'abord les gens pour ne les juger qu'ensuite, de même certains dirigeants ont tendance à se jeter sur n'importe quelle affaire et à courir dans n'importe quelle direction en ne réfléchissant qu'après coup... quand ils réfléchissent!

En vérité, chaque décideur responsable devrait bloquer dans sa journée au moins une heure au cours de laquelle il pèserait le pour et le contre des actions à entreprendre en s'efforçant de s'assurer qu'il va bien dans la bonne direction. Faute de quoi sa politique risque fort de ressembler au *Bateau ivre* de Rimbaud!

Je propose donc de transférer le *Penseur* de Rodin de la rue de Grenelle au trottoir du 37, quai d'Orsay afin de rappeler à tous, et surtout aux diplomates les plus chevronnés, que cette posture pensive est finalement celle qui convient le mieux à leur profession.

Enfin, ultime vertu cardinale: la transparence. Le goût presque maniaque du secret est, à n'en pas douter, le réflexe le mieux partagé des diplomates. Ce goût, élevé à la hauteur d'une institution, a été à la source de l'invention de tous les systèmes de chiffres, du chiffrement manuel d'autrefois, avec les précieuses et secrètes «tables de chiffres», au chiffrement actuel, dit «aléatoire», merveilleusement perfectionné et pratiquement inviolable.

Mais ce secret si jalousement gardé se justifie-t-il toujours? Certes, tout ne peut être étalé sur la place publique et de nombreuses négociations ont pu échouer du fait d'indiscrétions commises par les journalistes ou les diplomates eux-mêmes. Cependant, on peut se demander si cette propension au secret n'est pas fortement exagérée et due en partie au désir, conscient ou non, des diplomates de valoriser leurs fonctions. Plus elles seront obscures et mystérieuses, plus elles paraîtront importantes et prestigieuses aux yeux du public. La vérité est que la grande majorité des informations protégées par le secret absolu du chiffre pourrait sans inconvénient être connue de l'opinion. Si l'on faisait un tri sérieux entre ce qui est vraiment confidentiel et ce qui ne l'est pas, on rapprocherait considérablement les diplomates du peuple dont ils ne sont après tout que les préposés pour les affaires extérieures. Les rapports entre les diplomates et les journalistes de la presse écrite ou de l'audiovisuel en seraient en tout cas notablement améliorés. Des rapports mutuels de franchise et de confiance, qui n'existent généralement pas aujourd'hui, pourraient s'établir, ce qui serait en définitive bénéfique pour tout le monde.

Sans même évoquer la possibilité de la «désinformation», heureusement très rarement pratiquée, une information incomplète, volontairement tronquée ou orientée constitue une atteinte à la démocratie elle-même. Y compris dans les négociations les plus délicates, le fait d'exposer clairement et publiquement sa position réelle peut présenter des avantages en forçant le partenaire à se «désembusquer». Ainsi, pourquoi ne pas «lever le voile» et tendre, en politique étrangère, vers la transparence, cette *glasnost* rendue célèbre par Gorbatchev et qui, il est vrai, émergeait à peine d'un système d'obscurantisme absolu. Aussi, le «parler vrai», cher à Michel Rocard, ne doit pas être nécessairement cantonné à l'usage interne, mais devrait s'étendre à la vie internationale. Comme le disait Jose Marti, la plus belle tâche de l'homme est «d'éteindre la nuit».

Il n'est certainement pas de diplomatie «idéale». S'il en existait, cela se saurait! Et il faut espérer que tout le monde la pratiquerait! Mais la diplomatie est «amendable» et c'est peut-être en allant dans les directions qui viennent d'être tracées que l'on pourrait la rendre à la fois plus courageuse, plus volontaire, plus imaginative, plus fervente et plus transparente.

Mais, après tout, la diplomatie d'un État n'est que le reflet de la nature de cet État lui-même. «Donnez-moi une nation solide, affirmait Théophile Delcassé en 1904, et je vous ferai une bonne diplomatie!»

Animal Ferox

Quelle mer n'a pas de tempête?
Quel miel n'a pas de dégoût?

Ces mots qu'André Chénier place dans la bouche de *La Jeune captive* pourraient tout aussi bien qualifier la diplomatie. Conçue en principe pour apaiser les conflits et pacifier les hommes, elle peut présenter une tout autre face: celle de la lâcheté et de la violence, ces deux qualificatifs étant le plus souvent liés.

Dans la vie internationale, cette funeste alliance se rencontre communément et il serait trop long d'en dresser l'entier catalogue. Il suffira de choisir quelques exemples parmi les plus significatifs.

En Irak, le blocus pétrolier a en principe pour objectif d'obliger l'Irak à accomplir les obligations auxquelles il a dû s'engager en matière de désarmement à la suite de son agression d'août 1990. Qui n'a pas compris cependant que ce blocus, qui a pour effet d'affamer les populations civiles, a un autre but: celui d'éliminer le plus longtemps possible un concurrent pétrolier de l'Arabie Saoudite et des monarchies du Golfe sous l'aile protectrice des États-Unis? Il était certes nécessaire de punir l'Irak pour son agression et de prendre les mesures nécessaires pour qu'elle ne se renouvelle pas. Était-il pour autant indispensable de faire mourir de faim et de maladie des dizaines de milliers de personnes, dont une majorité d'enfants, et de compromettre l'avenir de centaines de milliers d'autres? Ce ne sont pas les Irakiens qu'il fallait punir, mais bien Saddam Hussein. Or celui-ci est toujours au pouvoir du fait même des Américains! Les blocus d'Haïti, de l'Irak et de Cuba ont eu des conséquences comparables: ce sont les peuples qui paient pour leurs dirigeants!

Au Zaïre, la piteuse pantalonnade de la force d'intervention humanitaire, dissoute avant d'avoir été constituée, a montré l'évidence que l'on n'ignorait pas, à savoir que les drames humains, surtout quand ils concernent les populations africaines, n'intéressent nullement la «communauté internationale» et que les pays susceptibles d'intervenir ne le font que lorsque leurs intérêts sont directement en jeu. Le contraste n'est-il pas saisissant entre l'envoi au Koweit d'un demi-million de soldats américains munis d'un armement formidable et le retrait peu glorieux des mêmes soldats du Liban et de Somalie, sans parler de leur abstention au Zaïre? Dans le premier cas, le pétrole était à protéger, dans les autres seulement des vies humaines de Noirs ou de basanés: il n'y avait vraiment pas à hésiter!

Au cours des dernières semaines de l'année 1996, le Liban chrétien a été terrorisé par une vague d'arrestations arbitraires et de séquestrations à la suite d'un attentat commis contre un bus syrien. Pense-t-on que la communauté internationale se soit émue? Pas le moins du monde, car il convenait de ménager Hafez el-Assad, personnage clef dans le dispositif de règlement du conflit judéo-arabe. L'éditorialiste du journal *Le Monde* a écrit à ce sujet: «Élégant cynisme du Quai d'Orsay, où l'on déclare se tenir “informé”...» Les chrétiens du Liban, qu’en d’autres temps Napoléon III n’avait pas hésité à secourir par l’envoi d’un corps expéditionnaire, ne méritaient-ils pas de notre part une réaction un peu plus musclée?

Mais l’exemple le plus saisissant de cynisme a été fourni la même année par la décision américano-turque de modifier les objectifs de la force multinationale de surveillance du Kurdistan d’Irak (opération *Provide Comfor*) en abandonnant son volet humanitaire, c’est-à-dire l’aide aux populations civiles kurdes. C’était pourtant là, en théorie, l’objectif essentiel de *Provide Comfort*. Le masque est désormais jeté: la mission «exclusivement aérienne» qui a remplacé *Provide Comfort* à partir du 1er janvier 1997 montre qu’il s’agit seulement de surveiller l’État irakien et non de protéger les Kurdes, dont on se soucie finalement assez peu. Dans cette perspective, la décision française de se retirer de *Provide Comfort* en alléguant l’abandon du volet humanitaire pouvait paraître à première vue noble et courageuse. Qui ne voit pas pourtant qu’il s’agissait, non d’une marque de sympathie pour les Kurdes, dont nous n’avons cure, mais bien plutôt d’une nouvelle occasion de se démarquer des Américains et surtout, hélas! d’un appel du pied au dictateur Saddam Hussein dans l’espoir de redevenir le premier fournisseur de l’État irakien quand le pétrole se remettra vraiment à couler. Ce qu’attend avec de moins en moins de pudeur le puissant lobby pro-irakien, très actif à Paris.

Les neuf moines français assassinés d’Algérie, la grande dame solitaire de Birmanie, les douteuses tractations aux dépens du Soudan, les manœuvres autour des Palestiniens, l’abandon du Cambodge à son sort, les intrigues des puissances autour de l’Afghanistan, autant de situations qui mériteraient d’être développées à l’appui de ce que j’avance, mais je crois qu’il n’est pas nécessaire de multiplier les exemples puisqu’il suffit d’observer l’état du monde pour constater que la diplomatie peut prendre le visage de la férocité.

J'aime le musée du Prado, sûrement l'un des plus splendides de notre Europe et mes pas me portent toujours vers les salles des Goya. Je demeure comme fasciné par l'un des tableaux, atroce et somptueux: *Saturne dévorant ses enfants*. Et quand je le vois, je ne puis m'empêcher de penser à la diplomatie: elle aussi peut dévorer ses enfants. Cela, heureusement, lui arrive rarement mais, quand l'événement survient, personne n'ose en parler, comme si livrer une vérité affreuse avait quelque chose d'indécent. On chuchote, on murmure, on oublie. Il y a des cadavres qu'il ne fait pas bon remuer entre gens de bonne compagnie. Je crois pourtant nécessaire, quoi qu'il puisse en coûter, de rompre cette consigne implicite de silence pour traiter d'abord, avant d'évoquer mes expériences personnelles, de trois cas tragiques concernant trois collègues diplomates que j'ai bien connus: Gérard Amanrich, René Lustig et Louis Delamare.

La connaissance de Gérard Amanrich, je l'avais faite à l'occasion d'un des «stages d'ambassadeurs» que j'avais été chargé d'organiser sous la direction de Jacques Viot, alors directeur du personnel du Quai d'Orsay. Il s'agissait de sensibiliser les ambassadeurs en poste aux réalités françaises en leur montrant les réalisations dans tous les domaines, économiques, scientifiques, militaires, qu'ils seraient appelés à illustrer à l'étranger. En effet, pour les faire valoir, il fallait d'abord les connaître et c'était toute la finalité de l'exercice. Gérard Amanrich avait donc été convoqué, avec une dizaine de ses collègues, à participer à un stage qui portait, si mes souvenirs sont exacts, sur les problèmes de la Défense nationale. J'avais tout de suite été conquis par la finesse et l'intelligence très vive de cet homme encore jeune qui avait été apprécié par Michel Jobert, le patron d'alors du Quai. C'était au printemps de 1972, je me disposais à prendre quelques mois plus tard ma première ambassade en Haïti et nous nous sommes tout naturellement liés d'amitié. Or une carrière diplomatique est sujette à des soubresauts imprévisibles et un ambassadeur peut en faire l'expérience pénible. Les visites présidentielles sont à cet égard redoutables, car elles peuvent donner lieu à des incidents dont l'ambassadeur n'est pas responsable mais dont il subit immanquablement les conséquences. C'est précisément ce qui arriva alors que Gérard Amanrich était ambassadeur à Rome auprès du Saint-Siège. Rappelé à Paris et désormais sans poste, il connut peu à peu cet état de dépression profonde qu'éprouvent souvent les ambassadeurs lorsqu'ils passent sans transition du Capitole à la Roche Tarpéienne... Il semble que sa femme lui ait dit un soir imprudemment qu'il n'aurait plus jamais de poste. Alors, il s'est emparé de lui une sorte de folie meurtrière qui lui fit prendre une arme à feu et tuer successivement femme et enfants. Seule la mère de sa femme, barricadée dans sa chambre, échappa au massacre. Gérard Amanrich prit alors sa voiture et alla se constituer prisonnier dans une gendarmerie de la région parisienne.

Ce type de meurtre a un nom en psychiatrie: il s'appelle le «meurtre par charité». Le meurtrier, atteint par ce qu'il croit être la ruine et le déshonneur, ne peut supporter l'idée de les faire subir aux siens. Il n'a alors d'autres recours que de les supprimer! Mais, pour en arriver là, que de souffrances morales un homme a dû endurer! Certes, beaucoup penseront qu'il est des cas humains bien plus dramatiques que celui d'un ambassadeur brusquement privé de son poste, mais le traumatisme moral ne peut être évalué de façon objective. Sa force et sa violence dépendent de la personne qui l'éprouve. Le drame d'Amanrich m'a d'ailleurs laissé un durable remord. Bouleversé par son geste, j'avais demandé et obtenu une autorisation de visite à la prison de la Santé où il était détenu. Je lui écrivis alors une lettre dans laquelle je proposais de lui rendre visite et de lui parler pour autant qu'il le souhaiterait. Bien que ne comptant pas parmi ses amis les plus proches, je voulais ardemment tenter de le réconforter mais comprenais parfaitement qu'il préfère ne voir personne... La réponse ne tarda pas: dans une lettre élégamment rédigée et d'une écriture assurée, Gérard Amanrich me remerciait de ma sollicitude et me disait qu'il n'aurait pas trop du reste de sa vie pour se repentir de l'effroyable malheur qu'il avait causé dans un moment d'égarement. Cependant, il ne répondait pas à ma question sur mon éventuelle visite dont il ne soufflait mot. À la lecture et relecture de cette lettre, je balançai entre deux interprétations contradictoires: était-ce un refus poli de ma visite ou au contraire un discret appel à l'aide? En hésitant de la sorte, je laissai passer plusieurs jours et appris un matin qu'il s'était pendu dans sa cellule avec une ceinture de pyjama qu'on lui avait (obligeamment?) laissée. Et mon remords persistant tient au fait que si j'avais décidé de forcer sa porte, j'aurais peut-être pu le convaincre d'essayer de survivre. Mais pour lui, qui devait échapper à la Cour d'assise pour se voir enfermer jusqu'à la mort dans un asile d'aliénés, la disparition volontaire n'était-elle pas la seule issue?

Toujours est-il que, même si l'ambassadeur Amanrich avait en lui les conditions mentales du déséquilibre expliquant son geste meurtrier, on ne m'ôtera pas de l'idée que s'il avait été traité avec un peu plus de considération et d'humanité par son corps d'origine, il n'en serait peut-être pas venu à cette meurtrière extrémité. Saturne dévore ses enfants!

Une deuxième affaire de suicide, celle de mon ami René Lustig, m'a touché encore de plus près. Il avait été pendant trois ans, de 1957 à 1960, mon collègue, lui comme troisième secrétaire, moi comme attaché, au sein de l'ambassade de France à Ottawa, alors dirigée de main de maître par un ambassadeur hors du commun: Francis Lacoste. Le travail partagé, les grandes parties de pêche avec sa famille sur les lacs de la forêt canadienne, avaient consolidé une amitié née spontanément de notre première rencontre. René Lustig avait eu certes un passé traumatisant, puisque engagé contre son gré en tant que Mosellan dans l'armée allemande, il avait été envoyé sur le front de l'Est et entraîné dans la débâcle de Russie. Toutefois c'était le garçon le plus calme, le plus mesuré, le plus gai aussi que l'on puisse rencontrer. Le seul signe d'une tension intérieure était sans doute la prise successive d'innombrables cigarettes américaines dont il tirait seulement quelques bouffées avant de les écraser dans son cendrier.

La vie diplomatique dispersant les amitiés au hasard des nominations, je perdis de vue René Lustig qui servait dans un poste africain puis à Berlin avant d'être nommé ambassadeur au Chili en décembre 1974. C'est là que devait se produire l'incident qui allait causer sa perte. Il semble qu'au cours d'un dîner officiel donné à sa résidence, il se soit laissé aller à critiquer publiquement le général Pinochet et son régime, provoquant la sortie de table de l'épouse d'un membre du gouvernement chilien de l'époque. Bien entendu, Augusto Pinochet, aujourd'hui mis en accusation par la justice de son propre pays, demanda le rappel de l'ambassadeur de France à notre gouvernement qui se résolut à le lui accorder. C'est alors que commença pour René Lustig une longue et insidieuse désespérance. Lorsque l'on a consacré à ce métier, entre tous absorbant, son énergie, sa foi, son enthousiasme, son opiniâtreté, le fait d'en être brutalement chassé a quelque chose de proprement insupportable. Et il ne le supporta pas! Selon la pratique habituelle, on lui fit entrevoir la possibilité d'autres postes mais, tels des leurres, ces possibilités s'évanouissaient les unes après les autres au moment où il croyait les saisir. Des mois passèrent et, complètement découragé, René Lustig se résolut finalement à demander le «congé spécial» qui mettait définitivement fin à sa carrière, cette carrière qui était devenue progressivement toute sa vie. Seulement, il fut incapable d'assumer les conséquences de sa décision; la fin de sa carrière signifiait la fin de sa vie. Retiré avec sa famille dans sa maison de campagne, il était soigné, me dit sa femme, pour une «petite dépression». Si petite en vérité qu'un beau jour il se jeta sur sa scie électrique! Outre son épouse, il laissait deux grandes filles qu'il adorait...

Certes, tous les diplomates sans poste qui sont amenés à demander leur «congé spécial» ne se suicident pas, Dieu merci, mais combien, découragés, auront été au moins tentés parfois de le faire? Est-ce qu'un peu plus de considération et, dans le cas de Lustig, de justice, ne pourrait humaniser une carrière qui, sous des dehors gracieux et scintillants, est en fait une machine de fer, un monde sans pitié?

Saturne dévore ses enfants!

Louis Delamare, ambassadeur à Beyrouth, est le dernier exemple de ce triptyque tragique. Frère de l'un de mes plus proches amis, il était par son intelligence, son courage, son honnêteté, son franc-parler, parfois un peu brutal mais vivifiant, l'un des meilleurs diplomates de sa génération. Ayant sollicité un poste difficile, il fut exaucé et nommé en août 1979 ambassadeur au Liban, pays déjà en pleine convulsion. Alors que je venais d'effectuer la migration semestrielle de Pretoria au Cap, je reçus de Beyrouth une lettre de mon ami, lettre posthume, car il avait été abattu quelques jours auparavant par des assassins à la solde des services secrets syriens.

Dans cette lettre, que j'ai tenu à faire déposer dans les archives du Quai d'Orsay, Louis Delamare se gaussait de son collègue américain qui ne se déplaçait, m'écrivait-il, qu'en voiture blindée et sous escorte armée. C'était une façon pudique de souligner qu'il était lui-même sans guère de protection et donc particulièrement exposé aux tentatives d'assassinat. Nul ne saura probablement jamais si le meurtre de Delamare fut prémédité ou s'il résulta d'une tentative manquée d'enlèvement. Quoi qu'il en soit, envoyer dans la fournaise de Beyrouth un ambassadeur sans lui assurer une protection suffisante était, de la part de notre diplomatie, un acte irresponsable et continuer à honorer jusqu'à sa mort le dictateur syrien Hafez el-Assad un acte injustifiable.

Oui, une fois encore, Saturne avait dévoré ses enfants!

Pour n'avoir pas été de loin aussi dramatique, ma propre expérience de la diplomatie n'a pu me conforter dans ma croyance en sa foncière inhumanité.

J'en fis d'ailleurs l'expérience bénigne dès mon entrée au Quai d'Orsay à la sortie de l'ENA. La Direction du personnel avait décidé de m'envoyer finalement au Canada, considéré comme plus «digne» que l'Amérique latine que je sollicitais. Le travail de cette Direction consistant surtout à «boucher les trous», mon envoi à Ottawa faisait son affaire et tout ce qui le compromettait ne pouvait que l'irriter. Pourtant, touché par le grand rappel de 1956 des jeunes officiers de réserve pour servir en Algérie, je sollicitai un entretien que m'accorda le directeur adjoint du Personnel, Raoul Duval. Décidé à répondre à l'appel des autorités militaires, je lui expliquai longuement les raisons de mon choix, pour lui incompréhensibles: «Comment, alors que vous êtes déjà nommé à Ottawa, et de ce fait dispensé de vous battre en Algérie, choisissez-vous de renoncer à une bonne rémunération et à la sécurité?» Comme je restais sur mes positions, Raoul Duval finit par me dire: «Eh bien, si cela vous amuse, allez donc jouer au petit soldat... le Département[7] s'efforcera de ne pas vous en tenir

[7] Le ministère des Affaires étrangères.

rigueur!» En fait, il m'en tint quand même rigueur puisque, après une année d'Algérie, j'eus la surprise, en arrivant à Ottawa, d'occuper un poste inférieur à celui sur lequel j'avais été nommé un an auparavant! C'était de peu d'importance, mais les mots de celui qui représentait pour moi le premier contact avec le métier diplomatique m'avaient cinglé et je ne les ai jamais oubliés.

Beaucoup plus grave fut l'incident à la suite duquel je fus, en 1964, chassé du Quai d'Orsay par l'ambassadeur Éric de Charbonnel, qui en était alors le Secrétaire général. Je dois relater en détail cet incident, non seulement parce qu'il eut de grandes conséquences sur le cours de ma vie, mais surtout parce qu'il révèle d'inhumanité de la part de certains dirigeants d'alors de notre diplomatie. J'avais donc été affecté au Secrétariat général du Quai d'Orsay sous l'autorité directe de cet ambassadeur, homme dur pour les autres et pour lui-même, qui mourut d'ailleurs à la tâche. À cette époque, un Secrétaire général, successeur de Berthelot et de Paléologue, était un personnage considérable, aussi puissant que redouté, surtout de ses trois collaborateurs immédiats. J'étais l'un deux, pour mon malheur...

Obligé d'arriver au bureau aux aurores, ma tâche consistait d'abord à trier, dans les centaines de télégrammes arrivés dans la nuit, ceux qui étaient susceptibles, par leur importance ou leur singularité, d'intéresser le Secrétaire général qui arrivait dès huit heures. Je devais faire un bref commentaire oral sur chacun des douze ou quinze télégrammes sélectionnés. Or un jour, je tombe en arrêt devant un télégramme de notre ambassadeur à Londres, Geoffroy de Courcel, qui disait à peu près ceci: «Dans le cadre de la concertation diplomatique franco-britannique au Proche-Orient, le *Foreign Office* nous demande notre accord pour la fourniture d'un certain nombre[8] de chasseurs bombardiers “Hawker-Hunters” avec leur chargement de napalm.» Je me précipite avec ce télégramme dans le bureau du Secrétaire général en m’écriant, avec toute ma naïveté d’alors, que ce napalm étant destiné aux populations civiles kurdes d’Irak, la France ne pouvait se rendre complice d’un génocide. Si les Anglais voulaient livrer ces avions à l’Irak, nous ne pouvions les en empêcher mais nous devions au moins nous désolidariser d’eux. Ces simples propos eurent pour effet de sidérer le Secrétaire général: «Comment, vous, petit secrétaire d’ambassade, la «ixième» roue du char de l’État, osez-vous vous permettre de porter un jugement sur ce que devrait être la politique de la France?» (et, dans sa bouche, le «P» de politique et le «F» de France devenaient emphatiques). Pour le convaincre, j’ai tout tenté: notamment la description du napalm, cette essence gélifiée qui saute au visage des gens et leur fait des joues comme des morceaux de viande rouge. J’en avais vu en Algérie les effets terrifiants. Je ne savais à peu près rien des Kurdes, seulement ce que j’en lisais dans les journaux, mais j’admirais déjà ce peuple qui mettait sa vie en jeu pour sauver son identité... Les yeux de mon interlocuteur lançaient des éclairs! Alors, à bout d’arguments, j’eus recours à une apostrophe malheureuse: «Oubliez, je vous prie, que vous êtes ambassadeur de France – dignitaire – et que je ne suis que la «ixième» roue du char. C’est à l’homme que je m’adresse. Vous êtes protestant, et votre communauté religieuse est réputée pour son attachement aux valeurs morales; vous ne pouvez donc pas prêter la main à un génocide!» Que n’avais-je pas dit! Éric de Charbonnel entra dans une si violente colère que les coups de poing dont il frappait sa table ébranlaient les deux caryatides servant de

---

[8] Je ne me souviens plus du chiffre.

support aux lampes de bureau. «Non seulement nous allons répondre oui aux Anglais, mais c'est vous qui signerez le télégramme "pour ordre"!» C'était là une menace gratuite, car les télégrammes venant du Département ne sont jamais personnalisés, mais signés «Diplomatie». N'importe, c'en était trop et je répondis que je ne ferais jamais une chose pareille. «C'est un ordre! Si vous ne l'exécutez pas, il est inutile de revenir demain au Quai!» Et se levant, au comble de la fureur, le Secrétaire général pointa d'un geste théâtral son index vers la porte en criant: «Je vous chasse, je vous chasse», un peu comme on chasse un valet dans une comédie de boulevard! «Ce n'est pas demain, c'est tout de suite que je pars», dis-je et, revenant dans mon bureau par le petit couloir du lavabo, je vidai rageusement mes tiroirs sous les yeux étonnés de ma collègue Marie-Louise Basdevant et partis sans espoir de retour...

Comme pestiféré, je demeurai deux mois dans ma chambre sans un seul appel de mes collègues, sans doute impressionnés par ces foudres, et j'y serais encore si Alain Peyrefitte, ayant appris l'incident dans un dîner parisien, ne m'avait pas offert une place dans son cabinet. Je ne devais rejoindre définitivement le Quai d'Orsay que pour devenir ambassadeur en Haïti quelque huit ans plus tard! Un beau «coup de torchon»!

Mais la diplomatie française n'a certes pas le monopole de la dureté. Les deux récits suivants vont montrer que la diplomatie américaine n'a, sur ce point, rien à lui envier.

En 1973, l'ambassadeur américain Knox et son consul général Christiansen furent pris en otage par un commando de trois jeunes haïtiens dans la résidence des États-Unis à Port-au-Prince. Ayant été désigné «ex-qualité» par les membres de ce commando pour lui servir d'intermédiaire avec le nouveau président Jean-Claude Duvalier, je passai la nuit et le jour suivant à faire la navette entre la grille de la résidence américaine, où j'étais tenu en joue par une étudiante noire, et le palais présidentiel. Appartenant lui-même à la communauté noire des États-Unis, l'ambassadeur Knox, le torse ligoté sur l'un des fauteuils de son salon, faisait assez piètre figure. Apparemment approvisionné en whisky par ses geôliers, il ne cessait de téléphoner à ma femme à la résidence de France en répétant: "*Save me, save me*", montrant par là qu'il n'avait pas grande confiance dans l'action de son propre gouvernement. Cependant, alors que j'avais perdu le contact, en raison de la différence horaire, avec le Directeur d'Amérique du Quai d'Orsay, René de Saint-Légier, j'étais en permanence en relation téléphonique avec le Département d'État américain. Je dois dire que jusqu'à environ minuit, les demandes qui m'étaient adressées consistaient à «tout faire pour sauver la vie de l'ambassadeur Knox», ce qui était tout à fait dans la norme. Cependant, après minuit, brusque renversement de situation: j'apprends avec stupeur par le palais présidentiel que les Américains poussent désormais le Président haïtien à donner l'assaut à la résidence, ce qui signifiait la mort presque certaine des deux diplomates. J'obtins finalement leur libération et reddition du commando contre son transfert aérien au Mexique mais demeurai perplexe: comment Washington avait-il pu «faire l'impasse» sur la vie de son propre ambassadeur?

L'explication très probable vint quelques semaines plus tard: reçu à la résidence de France, l'amiral commandant l'escadre américaine de Guantanamo me confia, après maintes libations, qu'il avait reçu l'ordre d'appareiller pour Haïti et de faire occuper par les *Marines* les points stratégiques de l'île, dont le môle Saint-Nicolas en face de Guantanamo ainsi que le «Fort National» à Port-au-Prince, dans le cas où l'ambassadeur américain aurait été assassiné ou aurait trouvé la mort au cours de l'assaut. Je ne vais pas jusqu'à affirmer que le Département d'État ou la Maison-Blanche aient «programmé» la mort de l'ambassadeur, mais force est au moins de constater que cette mort éventuelle servait à merveille les plans américains qui étaient alors de tenir solidement, face à Cuba, le passage stratégique essentiel du Canal du Vent. Avant de débarquer en Haïti, les *Marines* devront attendre encore plus de vingt ans!

Le second exemple est tiré de ma mission en Afrique du Sud. En résidence dans la ville du Cap en 1981, j'étais bouleversé par le sort fait aux squatters noirs qui venaient du Ciskei pour chercher du travail au Cap et établissaient dans le faubourg de Nyanga des campements provisoires que chaque nuit la police sud-africaine, escortée de ses chiens, détruisait systématiquement. Or les froides pluies de l'automne austral rendaient pour ces malheureux Xhosas, tout particulièrement les enfants, la situation intolérable et de nombreux cas de dysenteries et de pneumonies étaient signalés chaque jour. N'y tenant plus, je décidai comme vice-doyen du corps diplomatique (l'ambassadeur du Portugal, doyen, demeuré à Pretoria, m'avait laissé ses pouvoirs) de prendre d'urgence contact avec mes collègues du corps diplomatique en vue d'une démarche pressante auprès du gouvernement sud-africain pour qu'il fasse cesser la persécution des squatters du Nyanga. D'emblée j'obtins l'adhésion enthousiaste de tous les collègues, y compris l'ambassadeur des États-Unis, mais leur accord était *ad referendum*, c'est-à-dire sous réserve d'une approbation de leur gouvernement respectif. Dès le lendemain, mon collègue américain se désolidarisait, sur ordre, ce qui entraînait le retrait d'un bon nombre de collègues, si bien qu'à la fin je me retrouvai avec les seuls représentants des Pays-Bas et des pays scandinaves. Qu'importe: nous fîmes la protestation. Elle n'eut pas l'effet qu'elle aurait eu si elle avait recueilli l'unanimité du corps diplomatique, mais je pense quand même qu'elle est vaguement demeurée dans la conscience collective de la population noire d'Afrique du Sud. Les autorités sud-africaines d'alors ne me pardonnèrent pas ce «syndicat d'ambassadeurs» et, après une campagne de presse dans laquelle je fus désigné comme un «ennemi de l'Afrique du Sud», je dus quitter mon poste et revenir à Paris. On ne peut pas dire que l'affaire Nyanga ait été à l'honneur de la diplomatie qui a montré là le peu de cas qu'elle faisait de la souffrance humaine. S'il existe un «concert des Nations», les fausses notes avaient largement dominé...

Peut-on conclure de ces exemples que la Diplomatie est toujours l'*animal ferox* qui détruit les peuples et broie les individus? Évidemment non, mais ce qui paraît c'est plutôt une immense dose d'indifférence à la souffrance, une superbe mépris pour les conséquences, éventuellement tragiques, de la «grande politique», bref une absence assez générale d'humanité.

Le «droit d'interférence humanitaire», inventé par Bernard Kouchner, est certes un progrès immense dans la direction d'une Diplomatie plus soucieuse de l'aspect proprement humain des rapports internationaux. Il ne doit cependant pas servir d'alibi aux politiques en leur donnant bonne conscience tout en les dispensant d'agir: sauver les rescapés des génocides est bien; s'opposer aux génocides est mieux encore. L'holocauste des Juifs par les nazis, la destruction sous nos yeux de nombreux peuples minoritaires sont-ils encore capables de susciter chez nous un sursaut? On s'attache bien, et à juste titre, à protéger les animaux, même les plus infimes. On construit sous les autoroutes des passages pour les crapauds et on sauvegarde les libellules. Ne faudrait-il pas commencer par se soucier des hommes?

À cet égard, il me semble que la France a un rôle tout à fait essentiel à jouer: celui, exemplaire, de changer l'esprit de la Diplomatie pour mettre vraiment celle-là au service de l'homme. Est-ce utopique? Peut-être, mais il n'est pas interdit de rêver. Citant Robert Vivier, le grand poète wallon, Marcel Thiry disait: «Le temps finit toujours par réaliser nos rêves...»

Mais il y met parfois... le temps!

Les 400 Coups

«La "Carrière" ne m'empêche pas de voir que le monde est beau. Elle n'exige pas qu'on lui sacrifie sa vie.» Paul Claudel en savait quelque chose, qui consacrait à l'écriture ou à l'amour l'essentiel de son existence sans négliger pour autant son métier de diplomate, il est vrai beaucoup moins absorbant alors qu'il ne l'est aujourd'hui. Cette confidence qu'il fit à Kyoto, en 1925, à un noble japonais m'a souvent donné à penser. En effet, «la Carrière» est souvent synonyme de traditionalisme, de révérence à l'égard du pouvoir en place, de soumission aux «convenances», de conformisme, bref de routine et de crainte de sortir des sentiers battus. On peut redouter alors que, faute de courage et d'imagination, elle tende à occuper tout le champ de la conscience et à étouffer la vie. C'est pourtant là une conception mutilante de la diplomatie. Certes, l'ambassadeur ne saurait être un «électron libre», affranchi de toute autorité. Il est en poste pour appliquer la politique de son gouvernement, quand ce dernier en a une, et quand il la lui fait connaître! L'ambassadeur n'est qu'un rouage dans un ensemble dont il ne doit certes pas briser la cohérence.

Est-ce à dire que, robot aveugle et sourd, il doive une obéissance absolue à n'importe quelle politique, aussi monstrueuse soit-elle, à l'image des diplomates de Staline ou du IIIe Reich? Certainement pas. La liberté personnelle, de jugement et de comportement est un bien trop précieux pour être aliéné, surtout à une idéologie totalitaire. Le diplomate libre d'un pays libre doit avoir sa propre appréciation de ce qui est bon pour son pays, indépendamment de tout avantage personnel de carrière et en tout désintéressement. Pour cela, une «grande idée» doit en quelque sorte traverser la vie, et donc la carrière qui en occupe la plus grande partie, et donner ainsi un sens et une continuité aux actions à entreprendre. Si l'on veut, appelons cela un «idéal» bien que je n'aime guère ce mot trop galvaudé. Pour moi, cette grande idée a été la défense des identités qui a tout naturellement débouché sur l'opposition au génocide sous toutes ses formes. La défense des identités nationales, essentiellement linguistiques, m'a conduit à la francophonie, l'horreur du génocide au soutien du peuple kurde. Les deux m'ont constamment amené, en marge de la «Carrière», seul ou avec l'aide d'amis très proches comme Philippe Rossillon, à imaginer et mettre en œuvre des «coups». Certains ont échoué, d'autres ont réussi et j'ai la faiblesse de croire que quelques-uns de ces derniers ont pu changer, notamment au Québec avec de Gaulle, le cours des événements. C'est donc surtout à propos du Québec que je voudrais relater quelques «coups», non pour m'en vanter, mais seulement pour montrer aux jeunes gens qui souhaitent entrer dans la diplomatie que la poursuite d'un «grand dessein», à condition qu'il s'accorde au message historique et aux intérêts moraux de la France, est compatible avec le déroulement normal d'une carrière. Il faut certes accepter de courir des risques et de recevoir des coups, de rester dans l'ombre aussi, ce qui est l'une des conditions du succès. Quand il survient, le bonheur est tel qu'il constitue à lui seul la récompense des efforts, des espoirs et des attentes. C'est alors une joie sans mélange qui donne des couleurs à la vie. Il n'y eut certes pas 400 coups dans la mienne et je ne peux en raconter ici que quelques-uns. Me mettre en scène est certes gênant, mais les seules actions que l'on puisse vraiment connaître et expliquer ne sont-ce pas celles que l'on a soit-même menées?

Si je cherche dans mes souvenirs ce qui m'a donné le goût – je devrais dire la passion – des voyages, des langues, des peuples, des cartes, je trouve un événement minime: le don par ma mère d'un grand atlas illustré acheté au marché de Plessis-Robinson. Je passai des jours entiers, à l'âge de sept ou huit ans à reproduire les cartes du monde, en particulier celle de la «Nouvelle-France», et à rêver de destinations lointaines. Une cinquantaine d'années plus tard, j'ai appris par hasard que ma famille paternelle avait immigré en Acadie à la fin du XVIIe siècle et subi le «grand dérangement», mot pudique pour désigner la déportation en masse des Acadiens, au début du XVIIIe. Dégoûtés du Nouveau Monde, mes ancêtres étaient revenus s'établir en Poitou. J'aime à penser que c'est par une sorte d'atavisme que je tiens d'eux cette attirance pour ceux que de Gaulle appelait «les Français du Canada». Mais ce qui décida vraiment de ma vocation voyageuse fut bien plus tard, en 1954, le stage ENA d'une année passée surtout au Tafilalet marocain, à la limite nord du Sahara. Là, l'oued Ziz et l'oued Rheris se rejoignent pour former une palmeraie-galerie bordée par des falaises abruptes de grès rouge sous un ciel bleu foncé. Faisant l'intérim de ce que l'on appelait alors les «officiers des affaires indigènes», j'avais à administrer, avec un cheval pour seul moyen de transport, un territoire vaste comme la moitié de la Belgique (les «Aït Atta du

Rteb», celui-là même où Bournazel avait été tué lors de l'assaut du Djebel Sahro. Du petit *bordj* crénelé blanchi à la chaux et perché sur une colline, je dominais la mer des palmiers dattiers et une petite piscine ovale en grès rose et j'avais le sentiment, malgré la chaleur de four, d'être au paradis. De cette expérience marocaine, je garde un souvenir lumineux qui a engagé toute ma vie en me donnant à la fois le goût de l'aventure et le désir de comprendre l'Islam.

Mais revenons au Canada où les «coups» se sont succédés pendant dix ans, de 1960 à 1970. Le premier date en effet de 1960 et il consistait à faire venir des stagiaires québécois à l'ENA afin que, grâce à cette formation, ils puissent constituer plus tard les cadres d'un véritable État souverain. Notre conviction était que seule une jeune élite francophone serait en mesure d'arracher aux anglophones canadiens le pouvoir économique qu'ils détenaient sans partage dans la province de Québec. Le moment paraissait favorable, car Jean Lesage venait d'initier la «Révolution tranquille» qui succédait à l'obscurantisme de Maurice Duplessis. L'opération se heurtait cependant à l'indifférence du Quai d'Orsay, qui n'avait pas vu que quelque chose avait commencé à bouger au Canada. Il fallut donc décider pour la première fois de «tourner» le Ministre des Affaires étrangères par l'Élysée. J'allai voir l'ambassadeur Étienne Burin des Roziers qui, par ses fonctions, dirigeait la «machine élyséenne». Il me reçut très aimablement et promit d'en référer au Général mais, par l'ouverture qu'il avait montrée, j'avais déjà compris que la partie était gagnée. En effet, quelques jours plus tard, je reçus, non seulement une réponse positive, mais un billet d'avion Paris-Montréal avec carte blanche pour négocier avec le ministre de l'Éducation québécois, la venue en France des stagiaires du Québec. L'entente fut rapidement conclue grâce à l'aide sur place de Jean-Marc Léger et d'André

Bachand, les créateurs de l'Association des Universités partiellement ou entièrement de langue française (AUPELF). Et ce fut la première opération de coopération entre la France et le Québec.

Quatre années plus tard, en 1964, je suis le conseiller diplomatique d'Alain Peyrefitte, ministre de l'Information. Il serait présomptueux de ma part de prétendre que j'ai pu, à moi seul, convertir mon ministre à la nécessité d'œuvrer à l'affranchissement du Québec, d'autant plus que s'était formé à Paris un très actif «lobby québécois». Il était composé, outre Philippe Rossillon et moi-même, de René de Saint-Légier, conseiller diplomatique du Général, de Gilbert Pérol, son conseiller de presse, de Xavier Deniau et de Martial de la Fournière, l'un et l'autre très proche de Pierre Messmer, de Jean-Daniel Jurgensen, directeur d'Amérique au Quai d'Orsay, des ministres Michel Jobert, Jean Charbonnel et Philippe Malaud, d'Hervé Lavenir, de Pierre-Louis Maillard et Michel Rocard, également d'ardents partisans du Québec. Il s'agissait comme on le voit d'un groupe très restreint, très disparate, mais dont chacun des membres, placé à un endroit stratégique, pouvait contribuer à peser sur le cours des événements.

La première grande opération entre la France et le Québec se situe dans la foulée du voyage de juillet 1967. Aussitôt rentré à l'Élysée, le Général convoqua Alain Peyrefitte, son nouveau ministre de l'Éducation nationale, pour lui signifier, outre la «sortie» du balcon de Montréal, le Québec lui-même, second peuple de souche française du monde: «À toute Nation, il faut un État.» Ensuite il fallait que «l'intendance suive» et, pour ce faire, que «l'imagination soit au travail». Il s'agissait de montrer de toutes pièces, car il n'existait que peu de chose auparavant, un vaste programme de coopération avec le Québec. C'est à cette tâche que m'attela Alain Peyrefitte. Il n'était plus question de vacances du mois d'août, mais je me rendis quand même à Cabourg, où ma sœur avait une villa, et inventai sur la plage les 25 mesures qui devaient marquer cette coopération en les consignant sur un cahier d'écolier. Elles allaient de la première, l'une des plus importantes, qui prévoyait des réunions périodiques entre ministres français et québécois, à la vingt-cinquième qui organisait entre les parties la promotion de la langue française. Mais celle à laquelle j'attachais un prix particulier était la quatorzième, qui devait déboucher sur l'Office franco-québécois de la Jeunesse (OFQJ), que je copiai sur le modèle de l'Office franco-allemand (OFAJ) voulu par de Gaulle et qui donnait dès cette époque des résultats prometteurs. Quant à l'OFQJ, il permit à des dizaines de milliers de jeunes Français et Québécois de connaître «le pays d'en face» et il a contribué puissamment à renforcer le fait «français» au Québec. Les autres mesures étaient variées et concernaient surtout l'éducation, mais aussi la culture, les sciences, les techniques, l'informatique, l'audiovisuel, etc. Certaines dispositions n'étaient pas sans importance, comme celle qui prévoyait les échanges de fonctionnaires, et l'avant-dernière qui concernait l'assimilation des immigrants, question cruciale pour le Québec. Le libellé des 25 propositions fut modifié pour lui donner un tour plus «administratif», toutefois l'esprit de chacune d'elles fut conservé. Ce qui était capital, c'est qu'un financement de la coopération était prévu pour passer de 5 millions de francs en 1967 à 40 millions de francs en 1970, soit huit fois plus en trois ans! Il avait fallu la forte impulsion politique venue de l'Élysée pour basculer à ce point les routines administratives en matière de crédits. De Gaulle souhaitant battre le fer quant il était chaud, nous envoya, Alain Peyrefitte et moi-même, en mission au Québec dès septembre 1967 afin de faire avaliser par la partie québécoise le catalogue de mesures que nous avions mis au point. La mission rencontra un plein succès et le Premier ministre

Daniel Johnson s'engagea sur un financement québécois égal à celui de la France. Un accord simplifié sous la forme d'un «relevé de décisions pour l'essor de la coopération» fut publié, revêtu de la signature de Daniel Johnson, Premier ministre du Québec, et d'Alain Peyrefitte, ministre français de l'Éducation nationale. Il reprenait dans les grandes lignes les 25 propositions. La coopération franco-québécoise était sur les rails. Avec des fortunes diverses, elle devait perdurer jusqu'à aujourd'hui, en ce tout début du XXIe siècle.

Je voudrais maintenant insister sur ce que l'on a appelé le «coup de Libreville», non seulement parce qu'il fut le plus spectaculaire, mais surtout parce qu'il me paraît, par sa conception, ses péripéties et ses conséquences, le plus significatif. De Gaulle n'escomptait pas seulement de son voyage de juillet des résultats en matière de coopération avec le Québec. Il en attendait aussi et surtout des retombées politiques. Il s'agissait d'aider à l'émancipation du Québec en le plaçant délibérément sur la scène internationale ce qui, pour la «province» d'un Canada fédéral, n'allait pas de soi. Or, la conférence périodique des ministres francophones de l'Éducation, qui réunissait le ministre français et ses collègues d'Afrique d'expression française et devait se tenir au Gabon en février 1968, offrait une occasion à saisir, la première disposition du protocole franco-québécois prévoyant des rencontres au niveau ministériel. Les choses se présentaient d'ailleurs favorablement dans la mesure où l'Éducation est au Canada une responsabilité exclusivement provinciale dans laquelle le gouvernement fédéral d'Ottawa ne pouvait intervenir. D'autre part, les différents États africains semblaient en général bien disposés à faire une place au Québec en leur sein, moins d'ailleurs par conviction que, selon l'expression du nouveau Président Bongo, «pour faire plaisir au Général». Philippe Rossillon et moi-même avons alors décidé de frapper un grand coup. Dans une note adressée au mois d'août 1967 à Alain Peyrefitte, j'avais déjà proposé de faire inviter à Libreville Jean-Guy Cardinal, ministre de l'Éducation du Québec. Mon ministre écrit alors, comme il était normal, au ministre des Affaires étrangères, Maurice Couve de Murville, pour lui demander, «son sentiment sur l'opportunité de cette invitation, à laquelle le Gouvernement du Québec paraît attacher une importance particulière». Il avait pris soin auparavant de prévenir l'Élysée pour s'assurer des dispositions du Général. L'affaire provoque en décembre 1987 une certaine émotion au Quai d'Orsay. Couve est contre, d'instinct, et le fait savoir. Jacques de Beaumarchais, le directeur politique du Quai d'Orsay, juge pour sa part, l'initiative absurde et dangereuse. Quant à notre ambassadeur à Ottawa, Leduc, il envoie coup sur coup au Ministère des télégrammes de mise en garde qui ont le don d'exaspérer de Gaulle. Bref, toute la hiérarchie du Quai d'Orsay fait front, comme d'habitude, devant cette innovation politique, mais cette fronde ne va pas jusqu'à défier les foudres élyséennes possibles. Le directeur d'Afrique, qui est responsable de la préparation diplomatique de la conférence Libreville, écrit à Couve dans une note du 11 décembre 1967: «Il semble que le ministre québécois pourrait ne recevoir que le statut d'observateur.» Quant au directeur d'Amérique, Jean-Daniel Jurgensen, il écrit dans une note manuscrite: «Il faut que Peyrefitte et Couve se voient car ils divergent, et Peyrefitte a plus ou moins invité le Québec, alors que Couve préférerait "procrastiner".»

L'opération paraissant bloquée du fait du Quai, il ne reste plus qu'à utiliser une fois encore la stratégie du contournement par l'Élysée. À la mi-décembre, je rédige donc une note détaillée qui est transmise au Général par Jacques Foccart. La réaction du Président de la République ne se fait guère attendre et elle est positive, sans nuance.

Dans une lettre du 28 décembre 1967 adressée par Foccart à Couve (à l'attention de Jean-Bernard Raimond, directeur adjoint du Cabinet) on peut lire: «En marge d'une note relative à la Conférence des ministres de l'Éducation nationale à Libreville, le Général de Gaulle a porté la mention suivante: "Il y a lieu d'aider le Québec à participer à la conférence de Libreville. Par contre Ottawa n'y serait pas actuellement désirable. Signé C. de Gaulle 27-12-67."» Bien que de mauvaise grâce, le Quai d'Orsay doit s'incliner et des instructions sont envoyées à notre ambassadeur au Gabon, Maurice Delaunay, lui enjoignant d'obtenir des autorités gabonaises que le ministre de l'Éducation du Québec soit seul invité à Libreville. Le 10 janvier, Delaunay envoie au Ministère le télégramme suivant: «Par lettre en date du 5 janvier, le gouvernement gabonais a invité le ministre de l'Éducation nationale du Québec à participer à la conférence annuelle des ministres.» Puis les jours passent et aucune nouvelle ne nous parvient plus. Commence alors une sorte de «suspense»! J'interroge presque quotidiennement au téléphone les Québécois qui m'assurent n'avoir reçu aucune invitation. Nous finissons par savoir ce qui s'est passé: comme le Gabon n'a pas d'ambassadeur au Canada, l'invitation a été envoyée pour transmission à son destinataire à l'ambassade du Gabon à Washington, accrédité également à Ottawa. Celui-ci réexpédie donc l'invitation à l'adresse suivante: «À Monsieur le Ministre des Affaires étrangères du Québec (!) – Québec, Canada.» À Québec, la lettre se trouve déjà dans la corbeille du courrier en partance pour Ottawa, puisque le Québec n'a pas de ministère des Affaires étrangères, lorsqu'une secrétaire anonyme et bien inspirée s'empare de la lettre et la remet en main propre à un membre du cabinet de Daniel Johnson, sauvant du même coup l'opération! Ainsi, le 30 janvier, à six jours du début de la conférence, le mécanisme se remet en marche et Jean-Guy Cardinal peut arriver le 3 février dans le même avion qu'Alain Peyrefitte à Libreville, où des honneurs exceptionnels sont rendus aux deux «hôtes d'honneurs» de la République du Gabon. j'étais arrivé pour ma part deux jours plus tôt pour éviter tout dérapage de dernière heure et m'assurer que la délégation ministérielle du Québec serait placée sur un pied d'égalité avec les autres. Le 5 février, jour de l'ouverture de la conférence, des dizaines de journalistes sont présents et la participation du Québec fait sensation. Symboliquement, le drapeau fleurdelisé flotte au milieu des drapeaux d'États indépendants! Pour la première fois, le Québec voit s'ouvrir une «fenêtre internationale» qui semble lui dégager le chemin de la souveraineté. Ottawa ne s'y trompe d'ailleurs pas qui, n'osant le faire avec la France, rompt peu après, de façon spectaculaire, ses relations diplomatiques avec le Gabon, provoquant ainsi, sur le thème des prérogatives constitutionnelles du Québec, une crise internationale majeure. Hélas, cette véritable «percée stratégique» obtenue pour le Québec à Libreville devait rester sans lendemain ou, du moins, ne pas être exploitée comme on était en droit de l'attendre. Il est vrai que les circonstances et les hommes avaient changé. À Ottawa, le Premier ministre Pearson, désarçonné par l'affaire québécoise, avait laissé la place à Pierre Elliott Trudeau, un adversaire intelligent et déterminé de la souveraineté du Québec. Dans la «Belle province», la mort de Daniel Johnson, en 1968, laissait le pouvoir à un nouveau Premier ministre, Bertrand, moins engagé que son prédécesseur, puis à Bourassa, chef du Parti libéral du Québec, véritable «compagnon de route» de Trudeau. Quant au Général de Gaulle, il quittait le pouvoir en avril 1969. Aussi, les conférences qui suivirent, celle des ministres de l'Éducation de Kinshasa en février 1969 et la première conférence constituante de Niamey en 1970, firent place à des délégations du Canada fédéral. Le Québec avait perdu l'exclusivité de sa représentation et le rêve de Libreville s'était en partie envolé!

Pleinement réussi cette fois a été le «coup» consistant à mettre sur pied la première grande conférence de la Francophonie en 1969 à Niamey. J'avais rejoint, toujours comme conseiller diplomatique, le cabinet du nouveau ministre de la recherche scientifique, Robert Galley, et nous pensions qu'il était temps de jeter les premiers jalons d'une idée que nous avions, Philippe Rossillon et moi, depuis le printemps de 1964, celle d'une organisation francophone mondiale tenant régulièrement des conférences de chefs d'État et de gouvernement sur le modèle du Commonwealth britannique. À cette fin, nous devions nous tourner vers ceux qui sont considérés aujourd'hui comme les «pères fondateurs» de la Francophonie. Léopold Sédar Senghor, Habib Bourguiba et Diori Hamani. Alors que ce dernier proposait de tenir dans sa capitale la conférence constitutive, je rencontrai à titre personnel Habib Bourguiba au Palais de Carthage et Léopold Sédar Senghor à Dakar en compagnie de l'ambassadeur La Chevalerie. Cependant, ce n'est que bien plus tard que devait se tenir la première conférence «au sommet» de la Francophonie car, par hostilité à Bourguiba, de Gaulle s'opposa alors à notre projet. Il estimait en effet que Bourguiba, auquel il ne pardonnait pas l'affaire de Bizerte, ne s'était mis en avant que pour se «dédouaner». Dès lors, il fallait se rabattre sur quelque chose de plus modeste, mais qui aurait déjà le mérite de créer progressivement une solidarité entre les États francophones riches d'Europe et d'Amérique du Nord et tous les autres. D'où l'idée, devant le blocage politique, d'attaquer par le biais culturel et technique avec l'idée qu'ainsi «cela passerait mieux»! Et ce fut l'ACCT, l'Agence de coopération culturelle et technique dont nous avons rédigé les premiers statuts, Philippe Rossillon et moi-même, sur une petite murette de sa propriété de Beynac en 1965. Il n'est d'ailleurs pas certain que la voie détournée que nous avons choisie alors ait été la meilleure.

Avec le recul, je me demande même si nous n'avons pas perdu un temps précieux et s'il n'eut pas mieux valu, dès cette époque, «passer en force» sur le plan politique. Quoi qu'il en soit, la première conférence de Niamey a été riche en péripéties de tous ordres, parfois ridicules. C'est ainsi qu'elle a donné lieu à un incident de drapeaux. Ayant voyagé avec la délégation du Québec, j'avais tenu à m'assurer dans l'avion que le drapeau québécois était bien dans ses bagages. Pourtant, à l'arrivée il était introuvable et il fallut toute l'autorité du chef de la délégation québécoise pour le faire surgir à nouveau... C'est que le Canada fédéral était représenté à Niamey et son chef Jean Chrétien, l'actuel Premier ministre du Canada, exerçait sur ses «compatriotes» québécois une pression de tous les instants. La délégation d'Ottawa alla jusqu'à fabriquer un montage filmé dans lequel on me voyait piétiner rageusement un drapeau canadien! Ce trucage grossier, et d'ailleurs invraisemblable, car un diplomate est trop conscient de la valeur symbolique des emblèmes nationaux pour se livrer à un tel acte, fut montré au Président Hamani qui, en guise de «sanction», ne me conféra à la fin de la conférence que l'ordre nigérien de... 2e classe!

Également pour l'anecdote et puisque j'ai soulevé ces questions de drapeaux, qui sont d'ailleurs plus sérieuses qu'il n'y paraît, je voudrais relater un autre incident qui eut lieu en mai 1967 lors de la visite officielle à Paris de Daniel Johnson. Une «guerre des drapeaux» opposait alors l'ambassade du Canada et la Délégation générale du Québec. La première exigeait qu'il n'y eut au salon d'honneur d'Orly que des drapeaux canadiens rouge-blanc-rouge à feuille d'érable. Bien entendu, la Délégation Générale du Québec réclamait la même exclusivité pour le bleu et blanc fleurdelisé. Exaspéré par cette querelle, Couve de Murville avait décidé qu'il n'y aurait pas de drapeaux du tout et m'avait enjoint de ne plus me mêler de cette affaire. Or, le

Aux côtés de la Reine Mère à l'occasion de l'érection de la statue du Général de Gaulle à Londres.

Avec le Vice-Président George Bush et Pierre Mauroy à Buenos Aires à l'occasion de la prise de pouvoir du Président Alfonsin.

Avec Raymond Barre à l'occasion des cérémonies du 14 juillet à Brasilia.

Avec Emmanuelle Béart dans la résidence de Londres.

En compagnie d'Isabelle Adjani à la résidence de Tokyo.

Avec la comédienne Gabrielle Lazure, lors de son passage à Tokyo.

Accueil de la princesse Caroline de Monaco et de son mari à l’aéroport de Tokyo.

Hommage floral à la princesse de Galles.

Présentation de la garde en uniforme napoléonien à Brasilia, à l'occasion de la présentation de lettres de créance.

Les dernières retouches à l'uniforme avant la présentation en couple des lettres de créance à Buckingham.

Arrivée en carrosse au palais impérial de Tokyo
pour la présentation de lettres de créance.

Départ en carrosse pour le palais de Buckingham
pour la présentation de lettres de créance.

Avec Fidel Castro sur son yacht de la «Baie des Cochons», après la négociation sur le Nicaragua.

Avec les combattants kurdes au Kurdistan d'Irak.

Accueil de Danielle Mitterrand par l'impératrice du Japon au palais impérial de Tokyo.

Rencontre avec Valéry Giscard d'Estaing et Margaret Thatcher
à la résidence de Londres.

Accueil de François Mitterrand à l'aéroport de Northolt, à Londres.

En conversation avec le Dalaï-Lama, à Londres.

Le père de l'auteur, Robert Dorin, Colonel commandant
la Garde Républicaine de Paris, en 1959.

sort voulut qu'invité chez les Pérol la veille de l'arrivée de Daniel Johnson, je me trouve placé à table à côté de La Chevalerie, alors chef du cabinet du Général. Comme je lui faisais part de ma frustration due à la décision de Couve, il me dit qu'il devait soumettre l'affaire au Général. Que n'avais-je pas dit! Réaction de De Gaulle: «Bien entendu il faut des drapeaux du Québec. Il en faut partout!» Réaction de Couve, prévenu par La Chevalerie sur «l'interministériel» et furieux: «Mais qui a mis cette idée dans la tête du Général?» La Chevalerie: «Mais c'est Dorin qui hier soir...» À l'arrivée du Premier ministre du Québec, seul était visible le fleurdelisé... Je passe sur d'autres péripéties à Niamey où André Malraux refit sans s'en apercevoir le même discours à deux jours d'intervalle alors que la chanteuse Pauline Julien lançait en pleine séance un retentissant «Vive le Québec libre!», à la stupeur mi-gênée, mi-amusée des participants. Mais c'est l'année suivante, en 1970, toujours à Niamey, que l'ACCT vit officiellement le jour. Après deux secrétaires généraux qui étaient des amis convaincus, Hyacinthe de Montera et Jean-Marc Léger, l'Agence échappa peu à peu totalement à ceux qui l'avaient conçue et créée. Alors qu'elle avait débuté modestement, elle dispose désormais d'un budget considérable et la réforme des structures de la Francophonie à la conférence du sommet de Hanoï, en novembre 1997, a placé à la tête de ce qui s'appelle maintenant l'Organisation Internationale de la Francophonie, une personnalité de tout premier plan au prestige mondial: Boutros Boutros-Ghali et, pour y administrer l'agence de la Francophonie un homme expérimenté, Roger Dehaybe. Pourtant, au sein de l'Agence comme lors des «sommets» francophones, le Québec, sous l'appellation de «Canada-Québec», ne dispose toujours que du statut hybride et ambigu de «gouvernement participant», tout comme... le Nouveau-Brunswick, censé représenter les Acadiens!

Le «coup» dont il est fait état maintenant eut pu être gagnant et il est dommage qu'il n'ait pas été exploité par le Québec. De retour d'Haïti, j'avais été chargé par Michel Jobert, alors ministre des Affaires étrangères et ardent défenseur de l'idée francophone, de créer et de diriger le «Service des Affaires francophones» du Quai d'Orsay. Je pris ces fonctions en février 1975 et l'année suivante, en novembre 1976, le «Parti québécois», partisan de l'indépendance sous la direction de son fondateur René Lévesque, gagnait triomphalement l'élection provinciale et prenait le pouvoir au Québec. Conformément à son programme électoral, le Parti québécois commença à préparer le référendum sur la «souveraineté-association», qui devait se tenir en 1980 et qui eut le sort malheureux que l'on sait. Plusieurs personnalités politiques québécoises nous demandèrent alors de réfléchir aux formules et aux stratégies les plus propres à assurer le succès du «oui», qui était vital pour l'avenir du peuple québécois. J'élaborai donc la «stratégie du corral» par analogie avec la méthode qu'emploient les cow-boys pour faire pénétrer leurs troupeaux à l'intérieur de l'enclos. Ce n'était d'ailleurs là qu'une image tout à fait dépourvue de connotation dépréciative à l'égard des amis québécois. Il s'agissait de scinder le référendum prévu en trois référendum successifs à quelque mois d'intervalle. L'idée était très simple: chaque question devait être formulée de telle sorte que le votant ne puisse répondre que «oui», et ce oui l'engageait un peu plus avant dans le processus, la réponse positive à la première question entraînant une réponse de même nature à la deuxième et ainsi de suite jusqu'à la troisième qui débouchait naturellement, et en quelque sorte automatiquement, sur la souveraineté. Tel le jeu japonais des plaquettes retombantes, chaque oui déclenchait le suivant. Bien entendu, il fallait que chaque question suscite un «oui» franc et massif: on préférera toujours être jeune, riche et bien portant que vieux, pauvre et malade... Je crois me souvenir que la première des trois questions était à peu près celle-ci: «Voulez-vous être maître chez vous et qu'Ottawa cesse d'intervenir dans les affaires du Québec?» À une telle question, la réponse ne pouvait guère faire de doute, au moins chez les francophones qui forment plus de 80 pour cent de la population. D'autre part, le fait de fractionner en trois le référendum avait le mérite de dédramatiser l'issue et de sécuriser un peu les Québécois. Présenté à René Lévesque, mon plan se heurta au scepticisme de ceux qui étaient alors en charge de la préparation du référendum et fut mis aux oubliettes...

Beaucoup plus heureuse a été la mission pour laquelle j'accompagnai Alain Peyrefitte, alors Garde des Sceaux, à Québec et à Montréal au début de l'automne 1977 à l'occasion du 10e anniversaire des premiers accords franco-québécois de septembre 1967. Il s'agissait de relancer entre la France et le Québec une coopération qui, avec le temps, avait tendance à s'essouffler. Pour ce faire, il fallait se mettre à la recherche d'un «grand thème» non seulement susceptible de faire rebondir cette coopération, mais également de la faire à nouveau déboucher sur le terrain politique comme au temps du Général de Gaulle. Comme dix années auparavant, Alain Peyrefitte me demanda de réfléchir à ce thème qui ferait de la mission, non une banale commémoration, mais une démarche susceptible de provoquer un nouvel élan. Je me mis donc une fois de plus au travail et là, nos interprétations des faits divergent notamment. Pour ma part, je me souviens parfaitement avoir trouvé ce thème en août, alors que j'étais en vacances dans la maison familiale de Charente: c'était l'idée d'une rencontre annuelle alternée des Premiers ministres de France et du Québec. Ce «sommet franco-québécois» s'inscrivait parfaitement dans la «geste» gaullienne de 1967 et devait permettre aux deux chefs de gouvernement de faire le bilan de la coopération au cours de l'année écoulée et de tracer les objectifs pour les années à venir. La proposition était d'ailleurs en germe dans le point n° 1 du relevé des décisions de septembre 1967 qui s'énonçait ainsi: «M. Peyrefitte a pris note du désir du gouvernement québécois de voir s'instituer des réunions périodiques entre les ministres intéressés ainsi qu'un renforcement des structures interministérielles des deux pays afin d'accélérer les procédures et d'accroître l'efficacité de la coopération entre la France et le Québec. La réponse à cette proposition sera communiquée au gouvernement du Québec aussitôt que le gouvernement français aura pu en délibérer.» Il s'agissait donc simplement de passer du niveau des simples ministres au niveau des seuls deux Premiers ministres: l'avancée me parut d'emblée spectaculaire et utile et je me vois encore la mettre en forme sur la table de la cuisine dressée sur l'herbe en face du perron de la vieille maison. En revanche, pour mon ancien ministre, la proposition de la rencontre des Premiers ministres existait déjà dans une lettre autographe que le Général avait écrite en septembre 1967 à Daniel Johnson de Cracovie, où il était en visite officielle, et qu'il avait demandé au ministre de l'Éducation de remettre en mains propres au Premier ministre du Québec. Mais alors, comment expliquer que cette initiative ait mis dix années pour se concrétiser? Car c'est bien en novembre 1977 que René Lévesque inaugura ce cycle des rencontres annuelles alternées. Quoi qu'il en soit, nous fûmes l'un et l'autre reçus avec beaucoup de chaleur, tant à Montréal qu'à Québec où «l'Assemblée nationale», nouvelle appellation destinée à montrer que le Québec était plus qu'une province, une «nation», célébra ce 10e anniversaire de la coopération. Quant à la rencontre des Premiers ministres, elle est devenue, en dépit des manquements et des retards, le mécanisme suprême de la coopération entre les deux pays, comme l'ont montré les venues en France du Premier ministre Lucien Bouchard. Il est d'ailleurs amusant de constater que le Premier ministre français, Alain Juppé, avait reçu au Québec un accueil enthousiaste. Il a dû se sentir perplexe de trouver au Québec une popularité qui lui faisait alors cruellement défaut en France!

Au cours de l'automne 1981, alors que j'étais en Afrique du Sud, Claude Cheysson, le nouveau ministre des Affaires étrangères me demanda de devenir Directeur d'Amérique au Quai d'Orsay, poste comportant la responsabilité de notre politique sur le Canada, et donc le Québec. Je répondis par une lettre précisant que j'étais profondément attaché à la politique menée jusqu'ici par la France en faveur du Québec et que, s'il avait l'intention de la modifier, il ferait mieux de chercher ailleurs le nouveau Directeur d'Amérique. La réaction du ministre ne se fit pas attendre; le télégramme tenait en deux mots: «Arrivez immédiatement.» J'en conclus donc que nous pourrions continuer à soutenir officiellement le Québec et arrivai à Paris. Pourtant ma position demeurait difficile. En fait, ni Claude Cheysson, ni Francis Gutmann, le nouveau Secrétaire Général, n'avaient d'affinités sentimentales particulières avec le Québec, et un certain «rééquilibrage» de notre politique au profit d'Ottawa ne paraissait pas, a priori, scandaleux. Quant à notre ambassadeur au Canada, mon ami Jean Béliard, il était, comme tous ses prédécesseurs à la notable exception de Pierre Maillard, un chaleureux partisan des thèses fédérales. Dans ces conditions, le Secrétaire général, dont le rôle était de donner une cohérence à notre politique canadienne, se plaignait de recevoir de Béliard et de moi-même des avis opposés. Heureusement pour moi se succédèrent à Paris deux remarquables «délégués généraux» du Québec, Yves Michaud et Louise Beaudoin, appelée par nous avec une nuance d'affection, la «passionaria du

Québec» et qui mettait son intelligence et son charme au service de son pays. Ma tâche consista alors à appuyer leurs efforts de pénétration de la classe politique française grâce à la pleine confiance que nous nous accordions mutuellement. Il était en effet capital de convaincre les milieux gouvernementaux socialistes, nouvellement au pouvoir, que la politique de «non-ingérence – non-indifférence» qui n'excluait pas un soutien déterminé au Québec, était une voie tracée sur laquelle on ne pouvait plus revenir. Il fallait également conserver l'appui de l'opposition du centre et de la droite afin d'aboutir à un consensus national à l'égard du Québec. De fait, ces efforts conjugués furent particulièrement «payants». En avril 1982 j'accompagnai le Premier ministre Pierre Mauroy dans la visite officielle qu'il rendait au Québec dans le cadre des rencontres alternées des Premiers ministres. L'accueil fut particulièrement affectueux et même, comme dans le «royaume du Saguenay», enthousiaste et touchant. La foule chantait à l'intention de René Lévesque sur l'air populaire d'alors, «Mon cher René, c'est à ton tour, de te laisser parler d'amour». Alors que le courant n'avait jamais passé entre François Mitterrand et René Lévesque («Il a fait tomber sa cendre de cigarettes dans la soucoupe de ma tasse à café» disait le second du premier!), il s'était établi d'emblée entre les deux Premiers ministres, faisant revivre les grands moments de la relation franco-québécoise. Pierre Mauroy m'avait fait l'honneur de me demander de préparer le discours qu'il prononça devant l'Assemblée nationale du Québec avec une éloquence pleine de fougue: «Sachez bien que la France suit l'évolution de votre communauté avec une attention passionnée. Je salue donc cette vieille terre, ce vieux bouclier érodé et raboté par les ans et par les hivers. Je salue le sillon du Saint-Laurent où s'est accrochée une fraction de mon propre peuple. Je salue cette ville de Québec dont le seul nom emplit nos rêves. Je salue nos femmes du Québec qui ont su garder la langue en héritage... Je vous salue peuple du Québec, fort et tranquille, patient et fier. Je salue votre espérance...» Et quand Pierre Mauroy s'était écrié: «Le peuple de France se tient fermement aux côtés de votre peuple, le Québec n'est plus, ne sera jamais plus seul au monde», il y avait eu un moment d'émotion extraordinaire: les députés, tous partis confondus, s'étaient levés comme un seul homme et l'avaient applaudi longuement... Or, le miracle espéré se produisit: la classe politique française, divisée sur à peu près tout, se retrouva curieusement unanime sur le Québec. Même François Mitterrand, au départ réservé, s'engagea résolument sur la même voie que ses prédécesseurs. Valéry Giscard d'Estaing qui, en 1967, avait pris ses distances avec de Gaulle en parlant «d'exercice solitaire du pouvoir», devint l'un des partisans les plus convaincus de la souveraineté du Québec. À gauche comme à droite des personnalités aussi différentes que Jacques Chirac, Michel Jobert, Pierre Mauroy, Raymond Barre, Philippe Séguin, Jean-Pierre Chevènement, Pierre Messmer, Charles Millon, Yves Guéna, Charles Fiterman, Pierre Mehaignerie, Jean Foyer et tant d'autres, sans parler des fidèles de toujours comme Alain Peyrefitte ou Michel Rocard, devinrent des amis sûrs et sincères, sinon inconditionnels, du Québec. Et je suis certain que cette unanimité ne fut pas étrangère aux assurances que reçurent juste avant le référendum de 1995 les Premier et vice-Premier ministre Jacques Parizeau et Bernard Landry, selon lesquelles la France serait le premier État à reconnaître la souveraineté du Québec si le «oui» l'emportait. Or, dans un contexte politique différent, celui de la cohabitation, les mêmes assurances ont été renouvelées, presque dans les mêmes termes, au nouveau Premier ministre québécois Lucien Bouchard, lors de sa visite à Paris en 1997, tant par le Premier ministre Jospin que par le Président Chirac.

L'engouement pour le Québec ne se limite pas heureusement à la classe politique française. En effet, grâce à l'Association France-Québec, qui a des relais régionaux dans toute la France et dont je fus jadis l'un des membres fondateurs, il concerne désormais de larges couches de la société française que l'Office franco-québécois pour la jeunesse a contribué à sensibiliser. Est-ce à dire que la partie est définitivement gagnée? Certainement pas, comme le montre l'anecdote suivante qui date de l'automne 1983. Dans les rapports entre la France et le Québec, un certain nombre de règles non écrites s'étaient peu à peu imposées, que le Gouvernement d'Ottawa cherchait constamment à remettre en question. Parmi celles-là, il en était une qui voulait que les visites françaises de rang ministériel, et à plus forte raison les visites de Premiers ministres, débutent par Ottawa mais qu'ensuite le Premier ministre fédéral s'abstienne d'accompagner au Québec le visiteur français. La règle avait toujours été respectée jusqu'alors mais Ottawa, avec l'appui de notre ambassade, cherchait à «gagner à la marge». C'est ainsi que Pierre Elliott Trudeau exigea de «cornaquer» son hôte français au Québec. Je me trouvais alors à New York aux Nations unies avec Claude Cheysson et, prévenu du danger par notre Consul général à Québec, je m'efforçai de convaincre mon ministre, qui ne voyait pas de mal à l'initiative fédérale de maintenir le cap en lui rappelant son engagement tacite de 1981 et en allant même jusqu'à lui offrir ma démission s'il cédait aux pressions fédérales. Il me traita de tous les noms mais, en définitive, ne céda pas à Trudeau! Aujourd'hui encore, le Fédéral, avec le Premier ministre Jean Chrétien, est particulièrement actif. Il a obtenu la tenue à Moncton, au Nouveau-Brunswick, du dernier sommet francophone. Il a également obtenu que les Jeux olympiques de la francophonie, dont j'avais par écrit à Londres suggéré l'idée à l'ambassadeur Jacques Leprette, aient lieu cette année à

Ottawa et a réussi, au moyen d'une alléchante aide financière, à attirer également à Ottawa la prochaine Biennale de la langue française, tout cela dans le but évident de relativiser le rôle du Québec dans la représentation du fait français en Amérique du Nord. Ainsi, comme le faisait justement observer au Québec l'ancien Premier ministre Pierre Messmer lors des cérémonies du 30e anniversaire du voyage historique de 1967, auxquelles le gouvernement du Québec nous avait l'un et l'autre conviés, la vigilance s'impose car le combat pour le Québec n'est pas encore gagné. En fait, il ne s'achèvera qu'avec la souveraineté.

Je me suis beaucoup étendu sur les «coups» relatifs au Québec parce qu'ils étaient en quelque sorte représentatifs; Je n'aurai garde de ne pas au moins mentionner ceux qui ont concerné les autres peuples francophones de langue maternelle, eux aussi réduits à l'état de minorités. Je pense d'abord aux Acadiens que Philippe Rossillon et moi avions suggéré à Alain Peyrefitte au «Château Frontenac» de Québec de faire inviter en France, où leurs quatre représentants, MM. Adélard Savoie, Léon Richard, Gilbert Finne et Euclide d'Aigle, furent reçus à l'Élysée par de Gaulle avec des honneurs exceptionnels qui marquèrent le réveil de l'Acadie. Je pense à la Louisiane où, à l'aide de James Domengeaux, les Cajuns de Lafayette et des bayous remirent à l'honneur, grâce à la création du CODOFIL, l'enseignement de la langue française qui a aujourd'hui, à côté de l'anglais, un statut officiel dans l'État de Louisiane. Je pense surtout, bien sûr, à la chère Wallonie et à Bruxelles, car la fédéralisation actuelle de la Belgique est en grande partie l'œuvre de personnalités comme le regretté Lucien Outers, André Lagasse, Antoinette Spaak, Olivier Maingain et bien d'autres. Je veux mentionner aussi le Jura francophone, ex-bernois, que les «coups de butoirs» des «jeunes béliers» ont fini, grâce à l'admirable persévérance de Roland Béguelin, par détacher du canton alémanique de Berne, du moins pour sa partie septentrionale, le sud étant encore sous domination bernoise.

Je voudrais cependant m'arrêter plus longtemps sur le petit Val d'Aoste, région autonome de langue française de la République italienne, qui ne compte guère plus de 120 000 habitants mais qui est certainement l'une des plus belles régions de toute l'Europe, «balcon des Alpes neigeuses exposé au soleil du midi». J'aimerais faire ici état d'une anecdote qui a été l'occasion de ma première rencontre personnelle avec le Général de Gaulle. J'étais alors conseiller diplomatique du Ministre de l'Information et m'intéressais à la Vallée d'Aoste et à ses habitants qui avaient connu, du temps du fascisme, une odieuse tentative de «subversion ethnique» par l'immigration massive et organisée de Calabrais et de Vénitiens. La vallée avait alors connu l'italianisation des patronymes et des noms de lieux jointe à l'interdiction d'employer la langue maternelle française. Le statut d'autonomie, d'ailleurs très partiellement appliqué, n'avait pas mis fin à l'italianisation de la vallée, d'autant plus insidieuse qu'elle ne s'appuyait plus sur la contrainte. Pour lutter contre cette tendance, une mesure s'imposait: permettre à la télévision française de pénétrer dans la Vallée d'Aoste malgré les contraintes du relief alpin. Or, grâce au soutien d'Alain Peyrefitte, j'avais réussi à faire construire sur le pic Helbronner, dans le massif du Mont-Blanc, un répéteur baptisé «Émile Chanoux», du nom du héros de la résistance valdôtaine, et capable de balancer sur la vallée les émissions de la télévision française. C'est ce «coup» réussi et mon intérêt pour les Valdôtains qui m'avait fait choisir en 1965 par Saint-Légier pour rédiger le projet de discours que le Général devait prononcer à l'occasion solennelle du tunnel du Mont-Blanc. Ce tunnel avait d'ailleurs une grande importance pour la survie de la langue française en Vallée d'Aoste puisqu'il permettait une communication aisée avec la Savoie. Je me mets donc à l'ouvrage et, dans le corps du texte, par ailleurs parfaitement conventionnel, je glisse une «petite phrase» qui était la suivante: «Cette belle vallée que l'histoire, les traditions, la langue, apparentent de si près à la France.» Ce n'était pas grand-chose, mais c'était le moins que le Général de Gaulle pût dire d'un duché où le français avait été langue officielle plusieurs années avant l'ordonnance de Villers-Cotterêts de 1539! J'espérais bien que ma «petite phrase» passerait comme une lettre à la poste. C'était compter sans la vigilance de ma «maison mère» affolée à l'idée de faire une peine, même légère aux Italiens. C'est ainsi que mon texte, transmis «pour avis» par Saint-Légier au Quai d'Orsay, avait été soigneusement amputé, à mon grand désappointement, de la phrase en question. Le grand jour de l'inauguration arrive et je suis du voyage en compagnie de Jean Mauriac qui «couvrait» l'inauguration pour l'AFP. À Chamonix, je suis présenté au Général par Gilbert Pérol, le conseiller de presse de l'Élysée, comme l'auteur du projet d'allocution. En fait, de Gaulle demandait des projets mais rédigeait presque toujours lui-même ses discours qu'il pouvait ensuite apprendre par cœur grâce à sa prodigieuse mémoire. Le Général me dit à brûle-pourpoint: «Alors, vous êtes content?» Je ne sais pas ce qui me prend de répondre «Non, mon Général – Pourquoi?» demanda le Général de Gaulle étonné, et moi de lui expliquer comment mon projet avait été «caviardé» par le Quai, ce qui lui enlevait à mes yeux toute signification. De Gaulle ne dit mot et j'eus l'impression qu'il n'avait même pas écouté. Arrivé à Courmayeur, donc en Vallée d'Aoste après la traversée du tunnel, le Général s'apprête à monter sur l'estrade qui avait été construite sur la droite de la route et était ornée des trois couleurs françaises et italiennes ainsi que du drapeau noir et rouge du Val d'Aoste. Comme je me trouvais près de lui, de Gaulle se tourne soudain vers moi et me dit: «Alors, Dorin, cette petite phrase?» Comme dans un rêve, je lui ressors la formule longtemps ruminée. Il la prononça intégralement et le plus vexant pour moi est qu'elle passa complètement inaperçue, sauf de quelques amis valdôtains, comme le Président Mario Andrione qui l'avait conservée et me l'a récemment restituée! Deux ans plus tard, en 1967, de Gaulle n'avait pas oublié le Val d'Aoste et il m'en parla incidemment lors de la préparation du voyage au Québec. Je reprends les notes alors prises dans mon carnet. C'est de Gaulle qui parle: «Nos généraux sont des jean-foutre! Ils la voulaient leur ligne de crête, ils l'ont eue! Et alors, comme toujours ils sont en retard d'une guerre. Ça ne signifie plus rien. Et d'abord, nous ne ferons plus la guerre à l'Italie. De toute façon, c'est idiot d'être sur la crête quand on peut déborder sur l'autre versant. C'est la ligne des peuples, pas la ligne des crêtes qu'il nous fallait. Ils n'ont rien compris. Seul Doyen peut-être... et encore, il renâclait! Bidault avait manigancé son coup avec Gasperi. Deux larrons en foire. Pour Bidault, c'est bien cela: le parti avant la France! Ces gens-là (les Valdôtains) sont des Français, des Savoyards, donc des Français, comme les Vaudois[9]. Mais tout le monde s'en fout. Tout le monde s'en est toujours foutu. Napoléon III le premier, qui pouvait les rattacher et qui ne l'a pas fait. Maintenant il est tard. Les Italiens vont tout faire pour défranciser les vallées. Ils sont malins et ils ont le temps devant eux. Les occasions perdues ne se rattrapent pas...» En vérité, cet intérêt du Général pour le Val d'Aoste avait pour origine une frustration qui confinait à l'humiliation. Alors Président du Gouvernement provisoire de la République, il avait dû, le 9

[9] Non pas les Suisses du Canton de Vaud, mais les habitants des vallées vaudoises du Piémont.

juin 1945, sous la pression militaire américaine et britannique, ordonner au général Doyen, commandant du «détachement d'armée des Alpes», d'évacuer le Val d'Aoste dont les habitants, exaspérés par l'oppression de l'Italie fasciste, souhaitaient massivement leur rattachement à la France. La reculade française «pour des raisons supérieures d'ordre national» laissera au chef de la France libre un profond sentiment d'amertume qui viendra allonger la liste de ses griefs antérieurs à l'égard des «Anglo-Saxons». Depuis la mort de De Gaulle, les choses ont cependant bougé en Vallée d'Aoste. Des patriotes valdôtains, comme les Présidents Caveri et Andrione ont courageusement lutté pour protéger l'identité francophone de la Vallée. Un hommage particulier doit être rendu à Mademoiselle Viglino, l'ancienne assesseur à l'éducation, qui a introduit dans l'enseignement la parité du français avec l'italien dès l'école maternelle. C'est aujourd'hui une junte, dominée par l'Union valdôtaine, le parti autonomiste, qui détient le pouvoir régional à Aoste et, devant la crise de l'État italien, certains jeunes rêvent du statut d'Andorre ou au moins d'autonomie renforcée, à l'image du Tyrol du Sud, voire d'indépendance. Instinctivement les Valdôtains semblent avoir retenu la leçon de De Gaulle selon laquelle «rien n'est jamais définitivement perdu dans la vie d'un peuple, si ses dirigeants ne s'abandonnent pas au fatalisme de l'histoire». Mais alors, joignant avec ses grands bras le geste à la parole, le Général ajoutait: «Il faut ramer!»

Parmi les «400 coups», il y en a encore un que je voudrais conter, car il était d'une nature différente et représentait un engagement pouvant aller jusqu'à la mort: je veux parler de ma décision de combattre avec les insurgés kurdes d'Irak. Ayant été chassé du Quai d'Orsay en 1963 par Eric de Carbonnel à cause du génocide kurde, et pensant que ma carrière était terminée au Quai d'Orsay, je ressentais la nécessité de «faire quelque chose» pour les

Kurdes dont je ne connaissais le sort tragique que par quelques articles et reportages du *Monde*. Grâce à Édouard Sablier, j'avais fait la connaissance, à Paris, d'un vieil homme admirable, l'Émir Kamuran Bedir Khan, qui était le représentant officieux du mouvement national kurde en France. D'une culture et d'une ouverture d'esprit étonnantes, alors qu'il était lui-même musulman sunnite, il avait épousé une polonaise catholique et son meilleur ami était l'ambassadeur d'Israël à Paris! Professeur bénévole à l'École des Langues orientales, il travaillait au premier dictionnaire français-kurde et recevait généreusement dans son très modeste appartement du Quartier latin. Bientôt nous lia une exceptionnelle amitié. Je fondai d'abord une association appelée assez pudiquement Comité d'Aide aux populations sinistrées du Kurdistan d'Irak. Sinistrées? Certainement pas par quelques tremblements de terre, pourtant fréquents dans ces régions, mais seulement par la sauvagerie du régime irakien. François Mauriac, André Maurois, les professeurs Guillien et Jankélévitch donnèrent parmi d'autres leur adhésion à ce comité qui commença à réunir des fonds versés à la Croix-Rouge française. Celle-ci s'efforçait de faire parvenir des médicaments aux zones libérées du Kurdistan d'Irak, largement coupées du reste du monde. Mais je rêvais de bien autre chose: mettre l'expérience militaire que j'avais pu acquérir comme sous-lieutenant en Algérie, en 1956 et 1957, à la disposition de la révolte kurde. Quand je réfléchis à cette impulsion, qui était alors presque irrésistible, je me rends compte que, pour moi, le Kurdistan, c'était en quelque sorte l'antidote de l'Algérie. En effet, en Algérie, je me battais contre des gens qui luttaient pour rester eux-mêmes, pour ne plus être dominés ou assimilés. Chargé du moral de ma demi-brigade de fusiliers de l'Air dans le Constantinois, j'avais eu du mal à expliquer aux jeunes rappelés du contingent le sens de leur combat. Au Kurdistan, c'était le contraire: j'allais cette fois me battre pour l'identité et la liberté.

Cependant, pour partir là-bas, il me fallait l'accord moral de mon nouveau ministre, Robert Galley, qui me le donna généreusement: «Allez-y, foncez. Si vous en revenez vivant, je vous reprends dans le cabinet.» Ce qu'il fit d'ailleurs. Ainsi, au début de juillet 1968, je partis pour la grande aventure et m'envolai vers Istanbul, où devait m'accueillir la sœur de l'Émir Bedir Khan, puis pour Bagdad où je fus dès lors entièrement pris en charge par les réseaux de résistance kurdes, nombreux et actifs dans la capitale de l'Irak. C'est là, dans une famille kurde, que je rencontrai deux jeunes femmes: l'une était journaliste et ethnologue et voulait faire un reportage sur la rébellion kurde; l'autre, médecin, transportait avec elles des antibiotiques pour les grands brûlés au napalm. Les deux voulaient comme moi passer au Kurdistan libre, ce qui paraissait, vu de Bagdad, une étrange aventure! L'idée était de nous faire passer la ligne de démarcation en voiture, revêtus du haïk noir des femmes arabes, sur la banquette arrière du véhicule. Nous apprîmes donc tous les trois et pendant plusieurs jours à nous voiler la tête et le corps, et même à marcher avec le haïk, au cas où on nous aurais fait descendre de voiture. Le seul problème, au moins pour moi, était la main, qui était visible pour pouvoir tenir le drapé. Heureusement, je n'ai pas des poignets d'hercule de foire et mon déguisement féminin avait des chances de passer. Cette mascarade devant une vaste armoire à glace avait quelque chose de risible mais aussi d'assez angoissant car, si nous étions pris... Finalement, je partis le premier, mais ma présence à Bagdad avait dû être connue des services de sécurité irakiens, car toutes les voitures étaient systématiquement contrôlées et fouillées. Le chauffeur n'eut que le temps de faire demi-tour pour regagner Bagdad en catastrophe et il me posa à l'aéroport où j'eus la chance de pouvoir prendre le premier vol à destination de Téhéran. Ayant réussi à expliquer aux autorités iraniennes que je cherchais à gagner le Kurdistan libre pour des raisons humanitaires, je reçus toute l'aide désirable de l'armée qui me transporta en avion militaire de Téhéran à Tabriz, puis en jeep jusqu'à Mehabad, et c'est finalement à dos de mulet que je franchis la frontière Iran-Irak où m'attendaient deux jeeps et un petit détachement de guerriers à l'uniforme kaki et aux turbans rouges et blancs, signe distinctif de la tribu Barzan. Parvenu à ce col d'où l'on voyait devant soi un immense paysage bleuté, je me soumis volontiers au rite qui veut que l'on embrasse la terre du Kurdistan libre...

Alors commence pour moi une vie étrange à ce qui tenait lieu d'état-major à Mollah Mustafa Barzani, le chef prestigieux de la rébellion kurde d'Irak, c'est-à-dire une simple tente kaki, sans cesse déplacée. Barzani recevait les informations et dictait ses ordres sur de petits bouts de papier qui, pliés, repartaient aux mains des estafettes. Il parlait de façon très conviviale à ses quelques lieutenants en fumant sans trêve au moyen d'un long fume-cigarette. Quant à nous, les combattants, nous dormions dehors sous des toits de branchages qu'il fallait changer souvent pour tromper l'aviation irakienne, car la végétation jaunie était systématiquement mitraillée. Nous faisions de frugaux repas composés de galettes de froment, de tomates, d'oignons crus et de truites pêchées – horreur biologique – à la grenade dans les torrents de montagne dont nous buvions l'eau claire. Les partisans kurdes assiégeaient alors la ville de Rawanduz, tenue par une division de montagne irakienne et une compagnie de *djachs* (ânes), miliciens recrutés par Bagdad pour combattre leurs frères kurdes et qui étaient d'autant plus redoutables qu'à la différence des irakiens ils connaissaient bien le terrain et les méthodes de combat de leurs adversaires. Pauvrement dotés en armement, les *Peshmergas*, c'est-à-dire «ceux qui défient la mort», suppléaient à ce terrible handicap par un courage étonnant. Retranchés sur des éminences, ils laissaient venir les assaillants attaquant à l'arme blanche jusqu'à portée utile en plaisantant et en curant leurs pipes! Leur solidarité était impressionnante. Cette anecdote en témoigne un jour un *Peshmerga* fut atteint par un tir de mitrailleuse et réussit en se traînant à se mettre sous la protection d'un rocher. Le commandant de la petite section à laquelle appartenait le blessé demande à des hommes lequel d'entre eux était volontaire pour aller le chercher. Tous levèrent le bras et il en choisit un au hasard qui s'élança en courant vers le rocher, mais fut atteint par les tirs de mitrailleuses et tué sur le coup. Le spectacle était horrible, car les *Djachs* continuaient à tirer et, à chaque rafale, le corps du malheureux était soulevé de terre! Comme je m'élevais contre la folie d'une telle tentative de secours, il me fut répondu: «Ce *Peshmerga* s'appelle X; il est du village de X. Nous sommes une armée populaire – un pour tous, tous pour un. Il faut aller le chercher!» Et quand le chef s'adressa à nouveau à ses hommes, tous de nouveau levèrent le bras! Alors il en choisit un, une sorte d'hercule, qui au lieu de s'élancer en ligne droite, gagna le rocher par une série de bonds, parvenant ainsi à éviter le tir. Il chargea le blessé sur son dos et, déjouant à nouveau par ses bonds le feu des mitrailleuses, le ramena sain et sauf parmi nous. Nous avions préparé une civière et comme, marchant à ses côtés, je demandai au miraculé s'il avait craint d'être abandonné à son sort, il me tint exactement le langage que j'avais entendu: «Je suis du village de X: nous sommes une armée populaire…, etc.»

Quant aux Irakiens, ils pratiquaient déjà, à l'inverse de Barzani, guerrier chevaleresque qui se refusait à avoir recours au terrorisme et à attaquer les zones pétrolières dans l'espoir naïf de se concilier les Occidentaux, une guerre absolument atroce à grand renfort de napalm. Le

Kurde chrétien François, qui avait été désigné pour m'accompagner et me servir d'interprète (il fut plus tard capturé et torturé à mort par les Irakiens), me montra un jour la carcasse d'un avion de Bagdad abattu. Sur le corps du pilote avait été trouvée une carte du Kurdistan d'Irak parfaitement quadrillée et dont chaque quadrilatère représentait la zone où toute vie humaine ou animale devait être détruite chaque semaine! Les blessés civils étaient allongés sur des couches de feuilles mortes et, malgré les terribles brûlures qui ne pouvaient être soulagées faute de médicaments et de médecins, ils se retournaient seulement d'un côté sur l'autre lorsque la douleur était trop forte. Des corps martyrisés des femmes et des enfants ne sortait aucun gémissement. C'était impressionnant... Dans la file des réfugiés se rendant à pied vers les cols de la frontière d'Iran, je me souviens avoir vu une jeune fille dont la face n'était qu'un morceau de chair vive. Mais ses yeux étaient intacts et, en me croisant, elle me jeta un regard de reproche que je n'oublierai jamais. En tant qu'Européen, je devais lui sembler un peu responsable de cette abomination.

Pour moi, les deux moments les plus forts de cette expérience kurde se résument à une charge de cavalerie et au dialogue avec un vieillard. Mon père, qui était officier et cavalier, m'avait souvent parlé d'une charge de cavalerie qui avait bercé mon enfance, celle des cuirassiers français de Reichshoffen, en août 1870, lors de la guerre franco-prussienne. Je ne pouvais imaginer que je participerais moi-même un jour à une charge de cavalerie. Nous étions une quarantaine de cavaliers au milieu desquels je me trouvais, vêtu comme eux. Nous nous étions mis en ligne face à la vallée de Rawanduz en prenant nos distances avec un bras tendu comme sous les préaux d'école. Au moment où, brandissant son sabre kurde, court et large, le chef de file donna le signal de la charge. Les sabres jaillirent des fourreaux et les chevaux prirent le galop tous ensemble au même rythme dans un bruit assourdissant sur la terre sèche de l'été kurde. Mon cheval partit avec les autres et même si je ne l'avais pas voulu, j'aurais été emporté dans cette tourmente de poussière et de fureur. J'éprouvai d'ailleurs une sensation extraordinaire: celle d'être une simple boule de neige dans une avalanche. Le galop était si serré que je me heurtais aux jambes des cavaliers voisins. Je ne ressentais aucune peur mais, au contraire, une grande quiétude jointe à une exaltation qui me donnait dans le dos de grands frissons presque comparables à ceux de l'amour! La batterie irakienne défendant Rawanduz fut enlevée en quelques minutes, sans qu'ait été tiré contre nous un seul coup de feu.

Alors que mon séjour touchait à sa fin, la petite formation dont je faisais partie fut prise en chasse par deux brigades irakiennes qui tentaient de nous prendre en tenaille alors que nous fuyions dans la montagne où les Kurdes marchent presque aussi vite qu'en plaine. Or, j'avais gardé mes souliers européens tailladés par les pierres coupantes qui avaient mis mes pieds en sang. Complètement épuisé, j'avais abandonné la montée et m'étais couché au soleil sur une large pierre plate, ne pouvant aller plus haut et attendant la mort, c'est-à-dire l'arrivée des poursuivants, qui ne faisaient guère de prisonniers. C'est alors qu'un *Peshmerga*, s'apercevant que je n'avais pas suivi, a redescendu la montagne au péril de sa vie pour me porter secours. Me chaussant de ses propres «chaussures peshmerga» tissées par les femmes et qui sont douces au pied, il me soutint en marchant pieds nus sur les roches jusqu'à ce que nous ayons rejoint le gros de la troupe. Je n'ai jamais su son nom mais lui dois la vie... Quand la nuit fut tombée je me retrouvais dans l'une des plus misérables bâtisses qu'habitait un très vieil homme. Les intérieurs kurdes sont pauvres mais ils ont quand même quelques commodités: un tapis, un lit, un coffre. Mon refuge n'avait rien de tel, seulement une paillasse à même le sol de terre battue. Au mur blanchi à la chaux, nul cadre, mais une grande photo en noir et blanc représentant un homme mort allongé sur le sol et entouré de villageois kurdes rassemblés. Bien que recru de fatigue, je passai la soirée à écouter le vieillard qui s'exprimait pour moi en arabe. La photo représentait son père, tué par la *Royal Air Force* au cours d'une des innombrables révoltes kurdes. L'homme mort avec sa barbiche blanche en pointe ressemblait à mon grand-père maternel et je le dis avec émotion à mon hôte qui m'avoua que cette photo était désormais, en lui rappelant les grandes chasses qu'il faisait à cheval dans sa jeunesse avec son père, son seul trésor, la seule chose qui le rattachait au monde des vivants. Il avait été riche, il avait eu une femme, des enfants; tous étaient morts: «Dieu m'avait tout donné, Dieu m'a tout repris. Que le nom de Dieu soit loué[10].» La phrase même de Job! Et quand, au petit jour, les *Peshmergas* vinrent me secouer sur ma paillasse pour fuir encore plus haut dans la montagne, le vieillard s'avança, tenant à la main la grande photo de son père. Il me la tendit en souriant mais de façon solennelle avec le beau geste antique de l'offrande. Comme, bouleversé par son geste, je faisais mine de la refuser, il prononça ces mots: «Prends-la! Tu vois, mes mains tremblent et je ne peux plus tenir un fusil. Sinon, j'aurais été dans la montagne avec les partisans. Je suis vieux et, si les Irakiens en entrant dans le village ne me tuent pas aujourd'hui, Dieu me fera mourir demain. Mais je peux faire encore une dernière chose pour le Kurdistan. Je te donne cette photo; tu parleras de la lutte de mon peuple dans ton pays!»

Voilà qui est fait!

J'acceptai la photo, qui fut volée avec bien d'autres choses dans mon déménagement d'Haïti.

---

[10] El hamdulillah!

Vive le Québec Libre!

«**M**on Général, vous avez payé la dette de Louis XV.» C'est ainsi que le directeur d'Amérique du Quai d'Orsay, Jean-Daniel Jurgensen, s'est adressé à de Gaulle au moment où celui-ci s'apprêtait à entrer dans l'avion qui le ramenait à Paris. J'aurais bien voulu avoir eu ce mot, mais c'est un autre qui l'a eu! Il concluait en tout cas ce voyage canadien qui s'achevait par un énorme scandale diplomatique: «Vive le Québec libre!»

Pour beaucoup, les raisons de cet éclat demeurent mystérieuses: de Gaulle s'était-il laissé emporter par l'enthousiasme de la foule rassemblée sous le balcon de l'Hôtel de Ville de Montréal? Avait-il commis une «gaffe» aux conséquences incalculables, ou au contraire avait-il prémédité un «coup» dont il attendait des retombées bénéfiques pour le Québec? Il n'est pas possible de répondre à ces questions sans raconter les faits tels qu'ils se sont déroulés. Or je le puis, m'étant trouvé un peu par hasard, au cours de cette année 1967, dans les «coulisses de l'exploit».

Conseiller diplomatique d'Alain Peyrefitte, alors ministre de l'Éducation nationale, je reçois en avril un appel de René de Saint-Légier, qui remplissait les mêmes fonctions à l'Élysée, auprès du Général. Mon camarade me priait de lui fournir chaque vendredi une note de synthèse sur tous les aspects, politiques, économiques, sociaux, culturels de la situation au Québec. Saint-Légier savait que j'avais passé trois années à Ottawa comme attaché d'ambassade en tout début de carrière et que mon ambassadeur m'avait justement chargé d'observer l'évolution du Québec où j'avais de nombreux amis susceptibles de me renseigner régulièrement. La note hebdomadaire était destinée au «dossier fin de semaine» du Général, dossier qu'il emportait à Colombey pour l'étudier dans le calme du domaine de la Boisserie. Ainsi, semaine après semaine, d'avril à juillet, de Gaulle a été tenu précisément informé de tous les événements saillants au Québec, et notamment de l'essor continu du nationalisme québécois depuis la Révolution tranquille de Jean Lesage, en 1960. De son côté, la Direction d'Amérique du Quai d'Orsay ne cessait pas de faire parvenir à l'Élysée des notes politiques signées de Jurgensen. Une première constatation s'impose dès lors: le voyage de 1967 n'avait rien d'improvisé, il avait été minutieusement préparé.

Or, au début du juin 1967, j'eus un nouvel appel téléphonique de René de Saint-Légier: le Général était furieux du projet de programme de voyage que lui avaient préparé les «services». Comme j'étais le seul, dans l'entourage proche ou lointain de De Gaulle qui connut les lieux, Saint-Légier me demandait de me rendre l'après-midi même à l'Élysée pour «en parler avec le Général». Jugez de mon émoi! En fait, je ne l'avais rencontré que peu de fois et jamais en tête à tête. La préparation du voyage au Québec et au Canada m'offrait l'occasion inespérée de mieux connaître un homme qui avait déjà de son vivant sa place dans l'Histoire...

Ainsi commencèrent les «séances» de préparation, presque toutes semblables. Un aide de camp m'introduisait dans le bureau présidentiel et s'effaçait aussitôt. Alors, le Général, s'appuyant de ses deux avant-bras, se levait pesamment de son fauteuil et, comme son buste était très grand, il semblait s'élever jusqu'au ciel! Puis il s'avançait vers moi la main tendue et me faisait asseoir sur une sorte de canapé. Évidemment, j'avais pris soin de préparer mon rôle afin de répondre à toute question aussi intelligemment que possible. Cependant la première, qu'il posait presque invariablement: «Dorin, et alors?» me laissait sans voix. J'avais beau m'y attendre, ce «et alors» m'inhibait complètement, me coupant tous mes effets. Il était gentil et commençait à parler, ce qui me permettait de reprendre peu à peu mes esprits. Je me trouvais presque en face de son bureau sur lequel ne se trouvait aucun dossier, mais seulement une rame de papier blanc et un grand encrier de forme ronde que surmontait un porte-plume noir. Je ne me souviens pas qu'il y eut de téléphone. On ne «sonnait» pas le Général. Les communications passaient par le truchement d'un aide de camp qui se penchait à son oreille, mais qu'il renvoyait souvent d'un geste excédé de la main.

La première de ces séances m'a laissé un grand souvenir. Ce fut la seule fois où je vis de Gaulle en colère. Il est vrai que le projet qu'on lui avait préparé pour le trajet entre Québec et Montréal était un vrai défi au bon sens. Ses brillants concepteurs lui faisaient remonter de nuit le Saint-Laurent sur le «Colbert», vaisseau de guerre par lequel il devait arriver, les gentes populations du Québec étant invitées à allumer sur les rives des «feux de joie» en l'honneur de l'illustre visiteur. On pensait sans doute à Paris que le Saint-Laurent est comme la Seine et qu'on peut se dire bonjour par geste d'une rive à l'autre! En admettant que le Général n'eut point dormi, ce qui de nuit, n'était pas vraiment naturel, il n'eut aperçu en fait de feux de joie, et encore à la jumelle, que de faibles lumignons. De Gaulle s'empara des feuillets du brillant projet et, les froissant rageusement, les qualifia, avec le langage de corps de garde qu'il affectionnait, de «torche-culs des Services»!

De sa voix grave et lente il me dit alors: «Je veux voir ces gens!» et ajouta «et de jour, ça va de soi». Pour ce faire, lui dis-je, vous avez le choix entre deux voies: la première, au sud du Saint-Laurent, est une route très droite, une plaine où vous verrez surtout des fermes. En revanche, sur la rive gauche, la route épouse la longue courbe du fleuve et c'est là que se concentrent les villages et que se trouve même une ville de cinquante mille habitants: Trois-Rivières. Le Général parut déjà intéressé mais, quand je lui eus dit «c'est la route que fit construire Louis XV», il s'écria: «C'est celle-là que je veux!» Il venait de décider d'emprunter le «Chemin du Roy»!

Or, ce choix eut une importance décisive sur la suite du voyage et je ne crois pas exagéré d'écrire qu'il a largement déterminé le «Vive le Québec libre!» du balcon de Montréal. En effet, dès le débarquement du Colbert à l'Anse-aux-Foulons, près de la ville de Québec, de Gaulle a été accueilli avec un enthousiasme extraordinaire qui croissait d'ailleurs de village en village, car il était amplifié par les nouvelles que les habitants recevaient sur leurs transistors. Aux côtés du Premier ministre Daniel Johnson, qu'il dépassait d'une bonne tête, tantôt debout et tantôt assis dans la voiture officielle découverte, de Gaulle était l'objet de véritables transports et d'ovations qui ponctuaient les points forts des allocutions qu'il prononçait à chaque étape sur cette «voie triomphale». Les gens arrachaient en souvenir de menus fragments de la frange dorée du pavillon français à l'avant-droit de la voiture, que d'autres cherchaient même à soulever, alors que des jeunes femmes donnaient leurs enfants à toucher! Et de Gaulle, imperturbable, touchait les bébés, un peu comme le roi Louis XV était censé guérir les écrouelles par l'imposition des mains! Dès lors, comment s'étonner qu'il ait fait part de son impression, qui a tellement choqué le Canada officiel, d'avoir éprouvé un sentiment lui rappelant, quelque vingt-trois années auparavant, la libération de la France. Bien avant l'arrivée à Montréal, la notion de liberté était donc déjà dans l'air de par cette extraordinaire communion entre un homme et un peuple qui n'était même pas tout à fait le sien. Et si de Gaulle a pris la décision de communier, ce qu'il ne faisait pour ainsi dire jamais, à Notre-Dame-de-Beaupré, ce fut beaucoup moins à mon sens pour des raisons religieuses que politiques et parce qu'il voulait marquer ainsi sa «communion» avec ce peuple qui lui réservait un aussi exceptionnel accueil. Mais l'enthousiasme avait un prix, ou plutôt une conséquence: celle de retarder considérablement la marche du convoi officiel. Lorsque de Gaulle parvint enfin devant l'Hôtel de Ville de Montréal, la foule des nationalistes qui se pressent à sa rencontre est déjà rentrée en effervescence.

Avant de poursuivre le récit, il convient de se reporter un jour en arrière, au moment où le maire de Montréal, Jean Drapeau, décide de faire, suivi d'un employé municipal, l'inspection de sa mairie afin de vérifier si tout est en ordre pour le «grand jour» du lendemain. Or, ce «grand jour» s'annonce houleux et le maire est inquiet. En effet, il s'est tenu au courant du déroulement des événements depuis le débarquement du «Colbert» et il a un pressentiment. Il confie à ses proches: «Quelque chose se prépare!» Il ne croit pas si bien dire...

Je tiens ce qui suit de la bouche même du maire Drapeau. Il arpente donc le bâtiment avec à sa suite son employé en bleu de chauffe. Passant devant le grand balcon central, qui n'était habituellement pas accessible, il aperçoit un micro: «Qu'est-ce que c'est que ça?» – «C'est un micro Monsieur le Maire» – «Je vois bien. Ôtez-moi ça tout de suite!» L'employé fait alors valoir qu'il appartient au corps A et que c'est aux agents des corps B ou C d'effectuer ce travail. Il accepte cependant de débrancher le micro, ce qu'il fait sur le champ. Le Maire pense qu'il aura tout le temps de faire retirer l'instrument intempestif et il poursuit sa tournée. Malheureusement pour lui, pris par d'autres tâches, il oublie complètement l'existence du micro. «Il m'est sorti de l'esprit», confiera-t-il plus tard à Alain Peyrefitte... Si bien que le lendemain le micro est toujours là.

Revenons à l'arrivée de De Gaulle au milieu d'une foule surexcitée, hérissée de drapeaux fleurdelisés et de pancartes aux slogans nationalistes du RIN, le Rassemblement pour l'indépendance nationale. De cette foule, qui attend déjà depuis plusieurs heures, émane une sorte de bourdonnement sourd et vibrant, un peu comparable à celui d'une ruche dérangée. Je me souviens n'avoir éprouvé cette sensation qu'une seule fois en 1954, avec les «youyous» des femmes dans Fez-el-Bali révoltée derrière ses murailles... En parfait contraste avec la foule du dehors, c'est dans le plus grand calme que les notables de la ville, que de Gaulle appelle les «notoires», attendent, un verre de whisky ou de rye à la main, l'arrivée du visiteur illustre à l'arrière de la mairie sur des planches de bois, comme à Deauville.

Descendu de la voiture officielle, flanqué de Daniel Johnson à sa gauche et de sa suite à distance, le Général gravit lentement le majestueux escalier d'honneur revêtu pour la circonstance d'un vaste tapis rouge. Parvenu à son fait, il se tourne légèrement vers la foule avant de s'engouffrer dans la mairie. C'est à ce moment précis que sa suite tente de le diriger vers la droite, c'est-à-dire vers les «notoires» devant lesquels son discours a été prévu. Le ministre Couve de Murville va même jusqu'à le pousser dans la direction voulue. Mais de Gaulle ne l'entend pas de cette oreille. Dégageant sa vareuse de la pression physique de Couve, il se tourne vers le maire: «Je veux leur dire quelque chose à ces gens!» Alors la scène devient franchement comique: à grandes enjambées de Gaulle se dirige vers la gauche, c'est-à-dire vers le balcon, suivi de Jean Drapeau, petit et rond, obligé de courir pour le rattraper! L'un et l'autre arrivent sur le balcon. Le maire: «C'est bien de valeur[11], mon Général, mais il n'y a point de micro!» De Gaulle, presque déjà aveugle à l'époque, pointe son doigt accusateur vers l'engin: «Et ça, Monsieur le maire, ce n'est pas un micro?» – «Si fait, mon Général, mais il est débranché.» Alors il faut croire à une force providentielle qui veille sur le destin des peuples, car le «bleu de chauffe» de la veille est à portée d'oreilles et avant que quiconque ait pu dire «ouf», il a plongé sur le micro et s'est écrié «Qu'à cela ne tienne, Monsieur le maire, je peux le rebrancher.» Joignant le geste à la parole, il revisse l'engin et, à partir de ce moment, aucune force du monde ne peut plus empêcher de Gaulle de dire à la foule ce qu'il a envie de lui dire, ce qu'il sent la nécessité de lui dire...

Le reste est bien connu: à la fin du discours, l'expression «Vive le Québec» provoque un tonnerre d'applaudissements. De Gaulle répète «Vive le Québec», attend une fraction de seconde et lâche le mot «libre» qui déclenche un cri de ventre, sorti non plus de la gorge mais des entrailles des gens. La bande sonore du film du voyage rend mal compte de l'aspect viscéral de ce qu'il faut bien appeler un fantastique défoulement. Pour le comprendre, il faut savoir qu'à l'époque, sept années pourtant après la Révolution tranquille, les Québécois, dans leur grand majorité, se sentent encore les «vaincus de 1763[12]», des

---

[11] C'est dommage!

[12] Date du Traité de Paris, qui abandonne le Canada aux Anglais avec ses 60 000 colons français.

citoyens de seconde zone, vivant dans un État, le Canada, entièrement dominé par «les Anglais», c'est-à-dire leurs compatriotes anglophones. Le mot «libre» agit comme un détonateur: d'un seul coup il libère en effet deux siècles de subordination!

Et le voyage s'achève dans la confusion. Le Premier ministre du Canada, Lester Pearson, juge inadmissible les propos du Général qui, de son côté, n'admet pas la réaction de son hôte canadien. Du coup, de Gaulle, ravi du scandale qu'il a provoqué, décide de rentrer en avion à Paris sans se rendre à Ottawa. Xavier Deniau, qui est du voyage, raconte que lors du dîner qu'il est bien obligé d'offrir à la délégation française, Jean Drapeau saute des feuillets entiers du volumineux discours qu'il a préparé! Et lorsque le Général arrive au salon d'honneur d'Orly, il trouve tous ses ministres (sauf Edgar Faure) rassemblés par Georges Pompidou qui a tenu ainsi à manifester la solidarité du gouvernement, bien qu'il réprouve en son for intérieur l'engouement québécois du Général – «une lubie»! Les ministres affichent des mines consternées mais de Gaulle, tout guilleret, paraît enchanté de son «coup», manifestation de l'«exercice solitaire du pouvoir», selon Valéry Giscard d'Estaing, qui trouve là l'occasion de prendre ses distances.

Mon dernier entretien avec de Gaulle m'a laissé un souvenir si intense que chacune de ses paroles s'est pour ainsi dire gravée dans ma mémoire. Comme je me faisais quelque peu l'avocat du diable en lui demandant pourquoi il était allé aussi loin dans l'appui à la souveraineté du Québec, de Gaulle me dit ceci: «J'ai vu une balance... Dans un de ses plateaux, il y avait les Anglo-Saxons. De toute façon, ils ne m'aiment pas» et il fit un geste du bras comme pour s'en débarrasser. «Dans le même plateau, il y avait les journalistes» et avec le même geste, il ajouta: «Tout ce qu'ils vont écrivailler, gribouiller, scribouiller, n'a pas d'importance: ce n'est pas de l'Histoire» (on pouvait sensiblement dénoter la présence du H majuscule dans ce dernier mot). Puis, me regardant bien dans les yeux, il s'écria: «Toujours dans le même plateau, il y avait les gens comme vous, les diplomates!» et il fit cette fois un très grand geste du bras, comme pour les évacuer de la surface de la terre, puis après un court instant de réflexion: «Je leur ai fait gagner dix ans!» (il s'agissait, bien entendu, des Québécois). Or lorsqu'en 1977, dix années plus tard, et sept après la mort du Général, nous sommes revenus au Québec, Alain Peyrefitte et moi-même, pour relancer la coopération en instituant le principe de la rencontre annuelle des deux Premiers ministres, je me suis dit que de Gaulle s'était trompé puisque le Québec n'était pas souverain, pas plus d'ailleurs qu'il ne l'est aujourd'hui en cette aube du XXIe siècle. Cependant, à la réflexion, je ne pense pas que le Général ait voulu signifier que le Québec serait indépendant dix ans après son discours du balcon, mais plutôt que, dans le long processus de la souveraineté, le scandale international qu'il avait fait découvrir au monde entier, c'est-à-dire la question du Québec, avait bel et bien fait gagner dix ans, et sans doute davantage, au peuple québécois. Les visionnaires finissent presque toujours par avoir raison...

Je crois en tout cas qu'il faut replacer le discours de Montréal dans la lignée des deux grands discours de politique étrangère qui l'ont précédé: celui de Brazzaville en 1945 et celui de Phnom-Penh en 1966. Dans le premier, de Gaulle annonce clairement que les colonies françaises d'Afrique noire ont vocation à l'indépendance. Dans le second, qui devait d'ailleurs initialement être prononcé à Pékin, ce qui lui aurait donné une bien plus grande résonance, il affirme que la domination occidentale sur les nations d'Asie n'a plus de sens et que celles-là doivent prendre en main leurs propres affaires. (Les Américains auraient certes été bien inspirés de suivre ce conseil!) À Montréal, de Gaulle ne dit pas autre chose: les Québécois ont le droit de décider de leur avenir en toute liberté. Ce n'est là que l'application de la plus célèbre des «idées françaises de 1789», soit le droit des peuples à disposer d'eux-mêmes, pour autant, bien entendu, qu'ils le veuillent vraiment! Dans les trois discours, il me semble qu'il y a, plus que l'idée de liberté, qui est un état, celle de libération qui est dynamique et suppose une action, une conquête.

Mais revenons à l'interrogation initiale: de Gaulle a-t-il sciemment lancé cet énorme pavé dans la mare du Canada fédéral ou s'est-il laissé emporter par l'enthousiasme qu'il provoquait? Après ce qui vient d'être dit, la réponse semble aller de soi: il s'agissait bien d'un acte délibéré. Il convient toutefois de nuancer en replaçant cet acte dans le contexte exceptionnel de juillet 1967. Ce n'était pas la première fois que de Gaulle se rendait au Québec. Or, la fois précédente, qui était encore assez proche des événements de l'occupation et de la libération, le Général y avait reçu un accueil poli, mais plutôt froid, en tout cas sans enthousiasme. Gageons que s'il avait reçu le même type d'accueil en 1967, de Gaulle ne se serait pas départi de la «langue de bois» diplomatique traditionnelle qu'il maniait également fort bien. Sur le balcon de l'Hôtel de Ville, il aurait dit quelque chose comme: «Je salue cette belle ville de Montréal, si proche de nous par la langue, la culture, etc.» et on en serait resté là. Cependant, de Gaulle avait le don extraordinaire de «saisir l'événement», plus exactement de s'en saisir à des fins depuis longtemps méditées. C'est le fantastique élan populaire du «Chemin du Roy» qui a décidé le Général à «dépasser la ligne jaune» dans la métropole, où son propos devait avoir le plus d'impact: Montréal. En vérité, il s'était exprimé de façon tout aussi provocante tout au long du trajet. «Vive le Québec libre!» était-il donc une provocation? Bien sûr, c'était une provocation. Mais n'est-ce pas ainsi que progresse l'histoire? Il est des provocations fécondes: le discours du balcon est sans nul doute de celles-là!

Ma dernière image de De Gaulle et le Québec est une image triste. À mes côtés se tient le jeune Claude Bachand, aujourd'hui brillant avocat à Montréal, porteur d'un grand drapeau fleurdelisé aux couleurs bleues et blanches du Québec et, au milieu d'une foule immense, nous remontons lentement les Champs Élysées vers l'Arc de Triomphe. Une petite pluie fine nous pénètre, à la fois d'humidité et de tristesse. En ce jour de novembre 1970, de Gaulle n'est plus. À ma droite, marche une vieille femme vêtue de noir. Ce n'est pas quelqu'un que le régime a comblé de faveurs. C'est une femme du peuple et je me souviens qu'elle porte une sorte de cabas. Elle pleure très silencieusement. Je le remarque au tressaillement de ses épaules. Me tournant vers elle, je lui dis assez sottement: «Pourquoi pleurez-vous?» En regardant le drapeau du Québec, elle répondit par ces seuls mots: «C'était la France!»

Haïti Chéri

«**H**aïti chéri, bel pays passé ou n'en point.» «Haïti chéri, il n'est pas de plus beau pays que toi...» Il n'en est pas non plus de plus misérable, devrait ajouter la chanson qui est sur les lèvres de tous les Haïtiens. Ni de plus tragique.

Cette ambassade de Port-au-Prince, je l'avais désirée passionnément. Pour tenter de changer la vie du pays le plus déshérité du monde. J'étais de loin le plus jeune ambassadeur français. J'avais 42 ans et comptais me donner corps et âme à mon nouveau métier.

Dès l'arrivée, la tragédie d'Haïti, et d'abord de sa sanglante histoire, me sauta au visage. Dans la montagne Pelée, à trois heures de cheval du petit port des Gonaïves, se dressent les ruines de ce qui avait dû être au XVIIIe siècle une luxueuse habitation de maître français, à en juger par les délicieux motifs de guirlandes florales sculptées sur les linteaux des cheminées. Brûlée et pillée au moment de la grande révolte des esclaves, elle était restée telle quelle, avec des ouvertures béantes et ses murs noircis. Dans le patio intérieur dallé, la vaisselle brisée, sans doute jetée des fenêtres, eut pu faire croire que le pillage avait eu lieu la veille! M'approchant, je ramassai avec émotion les fragments d'un plat typique de mon pays de Charente que l'on appelle «caillou de La Rochefoucauld», faïence aux motifs bleus et au-dessous «tête de nègre». Un peu plus loin gisait sur le sol une grosse vertèbre cervicale dont l'un des côtés était arasé et lisse. Comme notre guide détournait les yeux, je compris que ce fragment d'os devait avoir appartenu à l'un des habitants, peut-être au maître lui-même, victime, comme 15 000 autres colons blancs, de la terrible injonction de Dessalines: «Couper têtes, brûler cayes!» Bien alignées, les touches d'ivoire étaient tout ce qui restait d'un clavecin qui avait dû être apporté là à dos d'homme et qui portait témoignage du raffinement de la vie coloniale dans la «partie française de Saint-Domingue». Les fragments du plat ont retraversé l'Atlantique pour rejoindre les «cailloux» français dans le vaisselier charentais et me font toujours penser mélancoliquement à la «plantation des Goyaviers» et à mes compatriotes assassinés...

«Papa Doc et les Tontons Macoutes», voilà tout ce qui vient à l'esprit des gens quand ils entendent prononcer le mot «Haïti». Ça et rien d'autre. Le pays pourrait avoir connu la démocratie depuis un demi-siècle que l'on nous ressortirait la même ritournelle: «Papa Doc et les Tontons Macoutes!» Il y a ainsi des réputations qui collent à la peau des peuples et les brûlent comme la tunique de Nessus. N'est-il pas pourtant profondément injuste de faire supporter à tout un peuple l'opprobre de la turpitude éventuelle de ses dirigeants? Accablé de mille maux, Haïti n'avait certes pas besoin de cette image détestable que le talent sulfureux de Graham Greene a fortement contribué, dans son roman *Les Comédiens*, à pérenniser dans l'esprit des gens. Au cours de la première année de ma mission, un journaliste français fort connu vint à Port-au-Prince en compagnie d'une belle Algérienne pour écrire un «article incendiaire» sur Haïti avec «du sang dans le caniveau». Je lui offris l'aide d'une jeep et d'un chauffeur pour aller se rendre compte par lui-même des réalités du pays, mais il déclina l'offre, préférant le confort de sa chambre d'hôtel. Écrit dans ces conditions, l'article fut tel qu'on pouvait l'attendre: Duvalier père (Papa Doc) était décrit prenant son bain dans le sang de ses victimes, le chapeau haut de forme sur la tête! Quant à Duvalier fils (Baby Doc), son double menton lui tenait lieu de cravate! La réalité haïtienne est bien assez tragique sans qu'on y ajoute ces grotesques affabulations.

En vérité Haïti est, pour qui s'efforce de comprendre ou de simplement voir, un prodigieux champ d'expérience. Il faut cependant, pour l'expérimenter, laisser derrière soi tout préjugé, oublier même ce que l'on a pu lire ou entendre dire sur le pays. Alors la belle île caraïbe se livre toute nue, telle que Dieu la fit. Et, comme dans les *Sabots d'Hélène*, de Georges Brassens, on voit sa peine «bien récompensée». En vérité, Haïti se révèle être une école de compréhension, de dignité, de courage, d'humour, de culture et enfin, et peut-être surtout, de sagesse.

Premier producteur mondial de sucre, de café et d'indigo, et la plus riche de loin des colonies françaises du XVIIIe siècle sous le nom de «partie française de Saint-Domingue», Haïti est aujourd'hui le plus pauvre, ou l'un des trois plus pauvres pays du monde! Ce paradoxe demande une explication. Elle est simple: la richesse reposant essentiellement sur la culture de la canne à sucre, les riches terres alluviales de l'île étaient entièrement consacrées à cette culture alors que les collines étaient plantées de caféiers. Il ne restait donc aucune terre pour la nourriture des esclaves. Il était plus avantageux de faire venir celle-ci de France par barils, sous la forme de poissons séchés et salés. Cette agriculture d'exportation, que l'on pourrait qualifier de «pré-capitaliste», exigeait de gros moyens financiers fournis par les propriétaires français, souvent absents, mais qui confiaient l'exploitation à des gérants qualifiés. En effet, le creusement des canaux d'irrigation, la construction des sucreries, l'aménagement des voies d'accès et des installations portuaires n'eussent pas été possibles sans la conjonction entre l'apport de capitaux et la main-d'œuvre servile. C'est précisément ce système qui s'effondra d'un coup avec la grande révolte des esclaves. Une fois libérés, ceux-ci n'eurent rien de plus pressé, avec la «faim de la terre» qu'ils ressentaient, que de se partager les grands domaines en petits lopins individuels. Seulement voilà, il n'existait plus d'autorité unifiée pour entretenir les canaux et les installations. D'autre part et surtout, le blocus de fait imposé à la colonie révoltée empêchait l'exportation des riches denrées, comme le sucre et le café, vers les marchés européens. En outre, il fallait bien vivre et, comme les barils de nourriture n'arrivaient plus de France, les esclaves libérés se sont mis à cultiver le «pois France» et le «pois Congo» et à planter des manguiers et des «arbres à pain». Ainsi les cultures vivrières de subsistance remplaçaient partout les produits d'exportation et, presque d'une récolte à l'autre, l'économie agricole du pays a changé de nature. De ce traumatisme brutal, Haïti ne s'est jamais vraiment relevé!

C'est l'expérience d'un sous-développement exemplaire qu'offre ce pays malheureux. Quand je suis arrivé à Port-au-Prince en juillet 1972, on m'expliqua que le pays se mourait par manque de voies de communication, routes et pistes ayant disparu sous l'effet d'ouragans tropicaux. Ainsi, la région agricole de la péninsule du Sud ne pouvait plus exporter son café et ses bananes par le seul port encore équipé, celui de la capitale, Port-au-Prince. En effet, pour aller de Jacmel à Port-au-Prince, il fallait rouler sur des rochers et traverser à gué plus de cent fois le lit de la rivière! Même les «tap-tap», ces autocars bondés, colorés et brinquebalants, y rendaient l'âme! Comme un corps humain aux artères bouchées, Haïti s'asphyxiait. Je me suis donc convaincu que la priorité consistait à rétablir la circulation sur les routes et les pistes, ce que nous avons entrepris de faire grâce au Fonds d'Aide et de Coopération arraché de haute lutte aux autorités françaises. Las! J'avais compté sans la saison des pluies qui précipita les routes en terre dans les ravins. On m'expliqua alors que, par la faute du déboisement massif de l'île, la terre des collines et des montagnes n'était plus retenue par les racines mais emportée par les pluies lessivant les reliefs jusqu'à la roche-mère. Je me dis donc que j'avais attaqué le sous-développement par le mauvais angle et qu'il fallait d'abord et avant toute chose replanter des arbres qui retiendraient la terre, laquelle à son tour retiendrait les routes... mais la première chose que nous avons constatée était que les paysans coupaient systématiquement les arbres nouvellement plantés pour faire le charbon de bois indispensable à la cuisson des aliments! M'étant donc encore trompé, je résolus de fournir aux paysans un combustible de substitution, sous la forme de bonbonnes de gaz, qui leur éviterait de couper les arbres qui retiendraient la terre, qui retiendrait les routes, etc. Mais pour distribuer les réchauds et le gaz aux dizaines de milliers de foyers ruraux dispersés à travers tout le pays, il fallait... des routes et des pistes! Et le serpent du sous-développement se mord ainsi la queue!

Cette expérience semble montrer que, si l'on veut s'attaquer au sous-développement, il ne faut pas privilégier dans le temps l'une ou l'autre de ses manifestations, mais les attaquer de front toutes à la fois. Il faut l'étouffer, comme le géant Antée, en l'empêchant de reprendre vigueur en touchant terre.

Pour comprendre la société haïtienne, il est nécessaire de se reporter à l'époque de l'Indépendance, au tout début du siècle dernier, lorsque le départ ou l'élimination physique des colons blancs a permis à la classe mulâtre d'occuper leur place, notamment sur la scène politique, en accaparant la Présidence et tous les postes de direction. Cela était d'ailleurs inévitable puisque la masse des esclaves noirs libérés demeurait inculte. Cependant, le pouvoir des mulâtres sur les Noirs, souvent corrompu et oppressif, avait laissé de mauvais souvenirs, si bien que lorsque le médecin noir François Duvalier devint Président en 1957, puis «Président à vie» à partir de 1964, sa politique de répression apparut comme une sorte de revanche de la population noire. Cela explique l'échec de tous les débarquements d'opposants mulâtres sur les côtes haïtiennes. Croyant être accueillis en libérateurs, ils étaient au contraire pourchassés par les paysans noirs qui redoutaient davantage le retour du pouvoir mulâtre que la poursuite de la dictature duvalieriste.

Les Haïtiens peuvent d'ailleurs avoir une logique qui n'est pas la nôtre et qu'il est d'autant plus nécessaire de comprendre. Ainsi avions-nous prescrit à la «nounou» noire qui était en charge de nos deux bébés de faire bouillir l'eau des biberons, quitte à la refroidir ensuite. Elle trouvait quant à elle plus expédient d'utiliser l'eau tiède du robinet. Notre exigence lui semblait absurde et incompréhensible et elle la mettait sur le compte des idées bizarres des Blancs: «C'est bagaille Blanc[13]» avait-elle coutume de dire avec un haussement d'épaules amusé...

On peut se demander aussi pourquoi les Haïtiens ont en général des patronymes de prénoms et des prénoms de patronymes. Par exemple M. Guerrier (prénom) Paul (nom) ou M. Dubarry (prénom) Anatole (nom). L'explication est la suivante: au temps de l'esclavage domestique, les serviteurs noirs n'étaient connus que par leur prénom: «Paul, ba moin d'l'eau[14]», disait le maître en créole et, quand Paul se

[13] «C'est affaire de Blancs.»

[14] «Paul, apporte-moi de l'eau.»

mariait, sa femme devenait naturellement «Madame Paul» et ses enfants les petits Paul. Le patronyme était fixé. En revanche, pour honorer leur maître, les serviteurs donnaient souvent comme prénom à leurs enfants son nom patronymique. Et la coutume s'est perpétuée...

C'est aussi parfois notre ignorance qui nous conduit à l'incompréhension. Ne s'est-on pas assez gaussé en France des titres nobiliaires décernés par le roi Christophe aux dignitaires de sa cour: Duc de Pamplemousse, Marquis des Goyaves, Prince de Marmelade... mais ces noms étaient justement le nom des domaines qu'ils recevaient en fiefs avec leur titre. Il était donc naturel qu'ils prissent les noms. Ceux de la noblesse française ne s'étaient pas formés autrement! Le mépris n'est trop souvent que le refus de la compréhension.

Haïti est aussi une magnifique école de dignité qui pourrait être le maître-mot de ce peuple fier pour lequel elle est d'autant plus indispensable qu'il tire son origine de l'abominable système de la traite des Noirs. Sortant à peine de la nuit de l'esclavage, quelle fierté légitime a dû éprouver Toussaint Louverture en intitulant en 1801 sa première lettre au Consul Bonaparte «Le Premier des Noirs au Premier des Blancs!» C'est qu'en effet son peuple avait été abreuvé d'humiliations dont certaines séquelles subsistent jusqu'à aujourd'hui. Ainsi, les serviteurs noirs vous serrent la main le bras droit collé au corps comme on avait appris à le faire à leurs ancêtres pour contenir les effluves des aisselles censées incommoder les maîtres!

Spectaculaire monument de la dignité d'Haïti, la fameuse «citadelle Laferrière» domine la ville et le port du Cap Haïtien, l'ancien Cap Français. Construite en principe pour prévenir un éventuel retour en force du colonisateur français, cette magnifique forteresse pourrait être appelée «citadelle de l'inutile», car elle n'a jamais servi à rien. En l'édifiant cependant, le Roi Christophe escomptait sans doute, même au prix de milliers de morts, galvaniser son peuple et lui donner le sentiment d'une fierté reconquise.

En vérité, les Haïtiens font leur la belle réplique du plénipotentiaire du Président Boyer selon laquelle «la dignité est sans prix» et l'appliquent jusqu'aux plus petites choses de la vie. Ainsi le port de la chemise, symbole de l'homme libre par opposition à l'esclave qui devait travailler le torse nu. Il n'est pas rare de voir, dans les quartiers misérables de Port-au-Prince, comme ceux de la Saline ou de Fort National, des hommes dont la chemise, au dernier degré de l'usure, n'est plus faite que de lambeaux et de filaments. Mais ils continuent à la porter, affirmant ainsi leur dignité d'hommes libres. À propos de chemises, j'eus l'amusement de recevoir un jour la photographie d'un panneau à l'entrée d'un restaurant de Jacmel auquel son propriétaire a donné mon nom (!). On pouvait lire sur ce panneau: «Ici on doit porter au moins une chemise...» Comme si le reste avait finalement moins d'importance! Il est d'ailleurs frappant de constater à quel point les Haïtiens, et surtout les Haïtiennes, attachent de l'importance à leur habillement. Cela aussi est une manifestation de dignité. Point ici de détresse vestimentaire que l'on constate dans tant de pays du Tiers-Monde. Même dans les villages les plus misérables, les femmes s'arrangent pour arborer des robes pimpantes aux couleurs vives qui donnent une agréable impression de netteté. De même, lors de notre fête nationale, où sont invités par voie de presse, non seulement les Français, mais aussi les «amis de la France» (qui en compte beaucoup ce jour-là), on voit monter des ravines vers la résidence de France une foule d'hommes et de femmes endimanchés pour la circonstance, certains hommes s'étant même confectionnés des sortes de «smokings» assez ressemblants. Et la foule, agglutinée autour des buffets, se fait un point d'honneur de ne pas toucher le moindre canapé avant d'avoir entendu le dernier mot du discours de l'ambassadeur! Après, c'est évidemment la ruée...

Il m'est arrivé parfois d'être surpris à cheval par une ondée tropicale et de chercher refuge dans une «caye[15]» d'humbles paysans noirs. C'est alors que l'on prend sans doute le plus conscience de cette soif insatiable de dignité que ressentent les Haïtiens et qui se traduit par une touchante hospitalité. L'hôtesse déplie pour vous nappes et serviettes brodées et on a toutes les peines du monde à l'empêcher de préparer pour vous quelque «grillot de porc» ou fricassée de poulet au «riz doin-doin», quitte à endetter la famille pour le reste du mois.

Mais c'est encore à l'histoire qu'il faut revenir pour mesurer chez le peuple haïtien cette quête de dignité. Déporté par les Français, le vrai père de l'indépendance haïtienne, Toussaint Louverture, mourut au fort de Joux en 1803, de faim et de froid. Son cadavre fut inhumé dans les alentours du fort au fond d'une fosse dont personne ne connaît l'emplacement. Or les Haïtiens réclamaient avec insistance le «retour des cendres» de leur plus grand héros national. Je me refusai évidemment à la supercherie qui eut consisté à déterrer n'importe quel squelette (le fort de Joux n'en manque pas!) et à le faire passer pour la dépouille de Toussaint Louverture. Au risque de décevoir, je résolus donc de transporter seulement en Haïti une jarre contenant de la terre du fort de Joux, c'est-à-dire celle-là même dans laquelle repose Toussaint, l'homme qui avait réussi à redonner à son peuple le bien le plus précieux: sa fierté.

Il n'est pas nécessaire de faire de nouveau appel à l'Histoire pour montrer qu'Haïti peut être aussi une école de courage. Pourtant, à la bataille de Vertières, le corps expéditionnaire français fut battu en rase campagne par

---

[15] Maison.

des régiments noirs qui avaient appris de leurs adversaires la manière de se battre et de gagner. Évidemment, l'orgueil français s'accommode mal à l'idée qu'un corps expéditionnaire français ait pu être battu par une armée d'esclaves noirs révoltés. Aussi a-t-on mis en avant, pour expliquer la défaite, l'épidémie de fièvre jaune qui aurait décimé les rangs français. Certes, la fièvre jaune sévissait, mais dans les deux camps, et ne saurait à elle seule expliquer Vertières, qui a été gagnée par les poitrines noires.

Plus près de nous, la révolte «caco» de Charlemagne Peralte contre l'occupation américaine qui dura 19 ans, de 1915 à 1934, montre que les patriotes courageux n'hésitaient pas à mettre leur vie en jeu pour libérer leur pays des forces d'occupation d'un État qui comptait déjà parmi les toutes premières puissances du monde.

Mais c'est dans la vie de tous les jours que se révèle vraiment le courage des Haïtiens. Qui a vécu à Port-au-Prince conserve certainement la vision de ces hommes de peine tirant et poussant comme des bêtes de somme sur les rues en pente de la capitale d'énormes charrettes remplies de charbon. De même peut-on croiser sur les pistes de montagne des femmes qui avaient marché toute la nuit sans discontinuer pour apporter «au mérché de fer» de Port-au-Prince les fruits et légumes portés sur la tête dans de gros baluchons. Ne faut-il pas également aux pêcheurs beaucoup de courage pour s'aventurer en «bois fouillé[16]» dans la baie de Port-au-Prince, secouée parfois par de brusques tempêtes, alors qu'ils ne savent généralement pas nager? Ils y sont certes poussés par la nécessité, comme d'ailleurs ces «naufragés de la mer» qui tentent, sur des embarcations de fortune, de gagner les côtes des Bahamas ou de Floride.

[16] Pirogue faite d'un tronc d'arbre évidé.

Mais le plus bouleversant exemple de courage qu'il m'ait été donné de constater en Haïti est celui d'un père, le jardinier de mon Premier conseiller, qui, en l'espace d'une semaine, avait vu mourir ses sept enfants vraisemblablement empoisonnés, sans qu'on ait pu jamais en apporter la preuve. Cet homme continuait à travailler au jardin. Il me dit un matin: «Bon Dieu bailler ti moune; Bon Dieu quimber ti moune; Bon Dieu bon![17]» Il pleurait très silencieusement, sans un sanglot, et il me fit penser à l'esclave de *Salammbô* qui venait de laisser sacrifier son fils et dont les larmes tombaient dans les plats...

Pourtant, en dépit de la misère, Haïti est aussi une école d'humour, souvent doublement noir! Alors que je parcourais le vaste plateau central entièrement déboisé, on m'invita à visiter la «seule forêt d'Haïti». Il s'agissait de la piste du petit aérodrome de Hinche. Pour éviter l'atterrissage éventuel d'opposants réfugiés en République Dominicaine, Duvalier avait fait planter à intervalle régulier des pieux. Et ces pieux étaient devenus des arbres!

Quand vous entrez dans un village, même le plus pauvre, vous êtes salué par des cris joyeux et des «bonjour Blanc!» En effet, dans un pays où tout le monde est noir, le mot «nègre» signifie «homme[18]» et le Blanc fait figure d'espèce particulière. Aussi, si vous répondez à votre tour «bonjour Blanc», vous aurez droit à des rires sans fin...

À propos de «Blanc», il me revient en mémoire une anecdote savoureuse montrant bien toute la finesse psychologique de l'homme du peuple haïtien. Un grand propriétaire créole nous avait aimablement invités sur une plage privée à un repas de langoustes grillées et se livrait avec le pêcheur à un rude marchandage sur le prix de

---

[17] «Le Bon Dieu m'avait donné des petits. Le Bon Dieu me les a repris. Le Bon Dieu est bon.»

[18] Pour une Haïtienne, «Neg moi» veut dire «mon homme» ou «mon amour.»

chaque langouste. Ce que voyant, le pêcheur eut l'idée astucieuse de l'appeler «Blanc». Aussitôt le marché fut conclu, et au prix du vendeur! Il est vrai qu'en Haïti la position sociale compte autant que la couleur de la peau: «Neg riche, c'est Mulat'; Mulat' pauv' c'est Neg[19].»

C'est par les proverbes que s'exprime le mieux l'humour des Haïtiens. Ils sont innombrables et presque toujours drôles. Ainsi, quand un homme très corpulent mais très gentil épouse une petite femme fluette, on dit: «Foumi pas jam mouri en bas barriq sic[20].» Lorsque tout va de travers on dira alors: «Jou pas gain chance, même lait caillé capab' casser tête[21].» Un autre dicton est un chef-d'œuvre de concision: «Ti couri, quimber tété; grand couri, larguer tété[22].» Un autre vient tout droit de la période coloniale: «Fille est bien sotte qui pas savoir faire payer Blanc.» Une chanson aussi, composée par les Jacméliens, se moque d'un président qui, après avoir voulu châtier la ville rebelle, a été renversé à son tour dans la capitale: «En sortant la ville Jacmel, panamam tombé...[23].» L'humour haïtien va se nicher jusque dans les devises en lettres fleuries qui ornent les tap-tap. L'un d'eux, brinquebalant à souhait, et qui menaçait de verser à chaque tour de roue, avait choisi pour devise: «Jusqu'à Versailles point aller!»

Mais j'aime surtout l'histoire du bois mort. Peu après mon arrivée à la résidence de France, le «Manoir des Lauriers», les jardiniers vinrent me trouver pour me demander s'ils pouvaient disposer du bois mort du vaste

---

[19] «Un Nègre riche, c'est un mulâtre; un mulâtre pauvre, c'est un Nègre.»

[20] «Une fourmi n'est jamais morte en dessous d'une barrique de sucre.»

[21] «Un jour où l'on n'a pas de chance, même le lait caillé est susceptible de vous casser la tête.»

[22] «Quand une femme court gentiment, elle tient ses seins dans ses mains; quand elle court en panique, elle les largue!»

[23] «En quittant la ville de Jacmel, mon panama est tombé...»

parc entourant la demeure. Ne voyant là aucune malice mais une requête bien naturelle, je m'empressai d'accorder l'autorisation. Je m'aperçus bientôt cependant que de grands arbres du parc dépérissaient à vue d'œil et sans raison apparente. Intrigué, je m'approchai d'un flamboyant dont la base du tronc était ceinturée de traces de braises! Je compris alors que mes jardiniers «fabriquaient» du bois mort et, comme j'en faisais le reproche à l'un d'eux, j'eus droit à cette réponse souriante: «Pemission moin ramasser bois mort. Ou pas dire comment bois pa mouri[24]!»

Quant à la culture haïtienne, elle s'exprime de trois façons: par la langue, le créole, par la religion, le vaudou, et par l'art, essentiellement la peinture dite «naïve».

Le processus de formation du créole haïtien est un phénomène intéressant à analyser. Supposons que vous soyez un grand planteur de canne à sucre dans la plaine du «Cap Français», aujourd'hui «Cap Haïtien». Vous avez besoin d'augmenter la main-d'œuvre servile de la plantation. Avec l'affreux système de la traite, vous n'avez d'autre solution que de vous rendre au marché des esclaves du Cap Français pour acheter, lors de la prochaine arrivée, quelques lots dont chacun se compose généralement de trois ou quatre hommes en âge de travailler, de quelques femmes avec parfois un enfant au sein et de deux ou trois vieillards qu'il faut bien «caser». Or, les cargaisons des négriers sont presque toujours mono-ethniques. C'est dire que le négrier n'a fait qu'une escale sur la côte africaine en remplissant ses cales de Noirs appartenant à une seule ethnie. Supposons qu'au marché une cargaison d'Ibos débarque. Vous ne pouvez donc acheter que des lots d'Ibos que vous emmenez sur la plantation. Bien entendu, les

[24] «J'avais la permission de ramasser du bois mort, mais vous ne m'avez pas dit comment le bois allait mourir!»

Ibos vont pouvoir communiquer entre eux mais, les langues africaines étant incommunicables, ils seront incapables de converser avec les Ouolofs, les Kras, les Fons, les Yoroubas, les Bacongos déjà installés. Pour que tous puissent se comprendre, il n'y a qu'une solution: adopter la langue du maître, le français, quitte à la déformer, par exemple en élidant les r ou en transformant le u français en i. Et cela va donner peu à peu le créole français qui, à condition qu'il soit écrit, étymologiquement et non phonétiquement, devient la petite fille du latin. Ne sommes-nous pas nous-mêmes des créolisants? Notons d'ailleurs que si l'une des ethnies, celle des Bacongos par exemple, avait été très majoritaire, elle aurait imposé aux autres sa langue, mais ce n'était las le cas aux Antilles et c'est donc le créole français qui l'a emporté.

J'ai été, à la différence de mes prédécesseurs dans ce poste, un chaleureux partisan du créole. La persécution larvée dont il est l'objet encore aujourd'hui dans les Antilles françaises est une sottise et une faute. On ne prive pas une population de sa langue maternelle, celle par laquelle elle exprime le mieux la profondeur et la variété de ses sentiments. Langue riche, imagée et souvent truculente, le créole a droit à ses lettres de noblesse que seule cependant peut lui conférer sa transcription étymologique française.

Mais c'est sans doute dans les pratiques du vaudou qu'il faut rechercher l'essence même de la culture haïtienne. Le vaudou n'est pas ce culte mystérieux et effrayant qu'imaginent volontiers ceux qui ne le connaissent pas. C'est avant tout un syncrétisme religieux qui, à partir d'une base animiste africaine, a incorporé certaines pratiques du catholicisme, voire de la sorcellerie de nos provinces de l'Ouest. J'ai eu la chance d'assister, dans toutes les régions d'Haïti, mais surtout dans la plaine du Cul-de-sac, près de Port-au-Prince, à des dizaines de «cérémonies», du crépuscule à l'aube du jour suivant, sans jamais en voir deux semblables. Il s'agit toujours cependant d'évoquer les «loas» ou «esprits» à des fins généralement propitiatoires. Ainsi, «Papa Zaca» sera évoqué pour une bonne récolte, «Erzulie Freda» pour l'amour, «Dambala», le loa serpent, pour la protection, «Papa Lengba», le loa des carrefours, pour les grands tournants de la vie, «Ogoun ferraille», pour la guerre et la violence, etc. Pour ce faire, le *houngan* (prêtre) ou la mambo (prêtresse) danse au son du tambour «assotor» sur le «vévé», dessin exécuté sur le sol de terre battue avec de la farine de maïs et dont le graphisme est adapté au loa que l'on souhaite faire surgir du sol. Cette danse rythmique se termine par une transe très impressionnante qui peut se communiquer aux assistants. On dit alors que la personne en transe «gain choual» est «chevauchée» par le loa qui la dirige à sa volonté et lui fait faire parfois des choses extraordinaires.

Les cérémonies de «parler mort» au cours desquelles les morts sont censés parler une dernière fois avant de retourner *nan Guinée*, le lointain pays des origines, sont particulièrement impressionnantes, car la famille du mort est persuadée qu'il parle. Je me souviens d'une de ces cérémonies où les âmes de six pêcheurs noyés dans la baie de Port-au-Prince étaient supposées se trouver dans des jarres que les *houmsis* (sortes de vestales du temple), couchées à plat ventre et recouvertes de grands draps blancs, tenaient entre leurs seins. Un étrange dialogue s'est alors instauré entre le premier mort et sa famille présente dans le *houmfort*[25] dont toutes les bougies avaient été éteintes. Le pêcheur mort «parlait» d'une voix nasillarde, censée être celle des morts et, d'après ce que je comprenais, l'existence dans l'au-delà n'était guère réjouissante: il se plaignait avec véhémence de ses enfants qui l'avaient

[25] Temple vaudou.

oublié, de son épouse qui l'avait trompé... glissant sur ce dernier point, celle-ci lui demanda où il avait caché le magot qu'elle n'avait pas retrouvé bien qu'elle eut fouillé la *caye* et le jardin. Je n'ai pas bien compris la réponse du mort, qui devait être prudente, car les assistants étaient tout ouïe! Puis, au bout d'un moment, la voix du mort a faibli alors que toute sa famille se dressait en criant «ou point pati[26]» pour disparaître tout à fait en route vers la Guinée. Et commença le dialogue avec le second mort... et cela jusqu'au matin. Le vaudou «arada», d'origine dahoméenne, et le vaudou «congo» sont les deux formes africaines de la religion. Le vaudou «petro» est en revanche né en Haïti et c'est le seul qui comporte des sacrifices d'animaux. À cet égard, la castration d'un taureau, qui éclaboussait de son sang l'assistance de *houmfort*, m'a laissé un souvenir d'horreur...

Si le vaudou ne fait pas trop mauvais ménage avec l'église catholique, il est fortement combattu par les confessions protestantes qui, avec l'aide financière américaine, font de grands progrès en Haïti. Toutefois, le vaudou demeure la référence essentielle et, en dépit de la politique du Président Aristide visant à le «déchouquer[27]», motif pris qu'il avait partie liée avec le duvalierisme, on peut estimer que presque tout le monde en Haïti, du portefaix au ministre est plus ou moins vaudouisant.

À propos de ministre vaudouisant, me revient à l'esprit une anecdote qui concerne justement le jeune titulaire du ministère des Finances de l'époque qui était plus ou moins secrètement un *houngan*, un prêtre vaudou. Tous les vendredis (*Veneris dies*: le jour de Vénus), il était introuvable, car il s'enfermait dans sa villa, tous volets fermés, pour y honorer la déesse de l'amour, le loa Erzulie! Je

---

[26] «Ne t'en va pas.»

[27] L'éradiquer.

suppose qu'une belle mortelle se substituait à la déesse pour un rite qui ne devait pas manquer d'agrément. Or un jour «Papa Doc» fit venir son jeune ministre au Palais présidentiel et lui annonça qu'il allait lui faire une «grande faveur». Les faveurs de Duvalier étant, par nature, fort inquiétantes, le pauvre ministre devait être passablement angoissé. En effet, «Papa Doc» lui déclara tout de go qu'il lui offrait une de ses filles en mariage. Hélas! la fille en question, énorme et moustachue, était un vrai remède contre l'amour. Consterné, notre jeune homme se rendit compte qu'un refus pouvait signifier la mort sans phrase. D'autre part, l'acceptation lui paraissait au-dessus de ses forces. C'est alors qu'il eut recours à un stratagème qui lui sauva doublement la vie.

«Président, vous me faites une grande joie et un immense honneur, mais je ne puis accepter! C'était là l'instant crucial.

– Et pourquoi donc? s'écrie Duvalier soudainement rembruni.

– Comme vous ne l'ignorez pas, je suis déjà marié!

– Comment cela?

– Oui, marié mystiquement à Erzulie et, si j'épousais votre fille, le loa se déchaînerait sur elle. Sa jalousie et sa vengeance seraient terribles!»

Il n'est pas certain que le vieux père Duvalier ait pris cette excuse pour argent comptant mais, bon joueur, il n'insista pas et, de mariage, il n'en fut plus question. Erzulie avait sauvé notre ami et, du même coup, les finances d'Haïti!

Même un prêtre breton, installé il est vrai depuis quarante ans dans la péninsule du sud, me dit un jour: «Vous savez, on parle beaucoup des "loas", mais la plupart d'entre eux sont imaginaires!» Il laissait entendre par là que certains pouvaient bien ne pas l'être!

Quant à la peinture, elle est à l'origine directement issue du vaudou. Il s'agit de représenter les loas et les premiers peintres «naïfs» étaient d'abord, comme le génial Hector Hippolyte, des Houngans. Un peintre comme André Pierre jetait sur la toile le schéma de son tableau alors qu'il était en transe. Revenu à l'état normal, il a tout le temps de fignoler la vision qui lui était apparue dans un état second. Ainsi y a-t-il une différence fondamentale entre la peinture occidentale, essentiellement «décorative», et la peinture haïtienne, d'essence religieuse. Certes l'origine vaudoue s'est estompée avec le temps et, comme la peinture naïve est l'une des rares ressources du pays, tout le monde s'est mis à barbouiller peu ou prou, ce qui donne cette navrante «peinture d'aéroport» que les touristes achètent pour décorer les chambres d'enfants! Pourtant que de grands noms! Outre Hippolyte, sans doute le plus grand, Philomée Obin, Préfète Duffaut, Philippe Auguste, Casimir, Laurent et bien d'autres... En vérité, la peinture dite «naïve» est la peinture du bonheur dans la mesure où le simple fait de la regarder vous rend heureux. Elle est souvent le fait de gens âgés qui ont toute leur vie essayé de «dire quelque chose» et qui y parviennent enfin par le canal de la peinture. Aussi les tout premiers tableaux de ces peintres sont-ils particulièrement précieux, car ils contiennent une sorte de message de vérité. Ensuite, hélas, et surtout s'il a du succès, le peintre a tendance, son inspiration tarie, à se recopier lui-même, indéfiniment.

Ayant eu la chance, avec un peintre de talent, Maud Robart, l'épouse haïtienne d'un professeur français coopérant, d'assister à la naissance de l'École de Saint-Soleil, j'ai pu mesurer à quel point Haïti est un fantastique réservoir de talents artistiques encore inexprimés.

Enfin Haïti peut nous dispenser une merveilleuse leçon de sagesse, cette sagesse que l'écrivain haïtien Roumain met dans la bouche de sa vieille héroïne, Délira

Délivrance. C'est d'abord une équanimité, une grande sérénité devant la mort. Il est vrai qu'on meurt beaucoup en Haïti, notamment dans les hôpitaux souvent dépourvus du nécessaire. Mais on meurt en paix, sans vaine récrimination, et pour ainsi dire discrètement. Avec le «Baron samedi» et les *loas guédé* ou loas de la mort, celle-ci est présente, jusque dans la vie quotidienne et la peur en est ainsi comme émoussée. Peut-être l'espoir d'un ultime contact avec ses proches lors d'un «parler morts» et la perspective d'un retour en Guinée adoucissent-ils les derniers moments? Toujours est-il que le paysan haïtien ne se révolte pas contre son destin et accepte avec résignation ce qu'il ne peut éviter. L'épidémie de sida est d'ailleurs venue renforcer le sentiment qu'ont toujours eu les Haïtiens de la précarité de la vie humaine.

Sagesse également des épouses haïtiennes qui tolèrent généralement de leurs maris des écarts qui, sous d'autres cieux, conduisent à des séparations ou aux drames. La nature humaine étant ainsi faite, mieux vaut récupérer son homme («neg moin») que de le perdre tout à fait. En outre, le système du «plaçage» ne laisse guère de champ à la jalousie féminine.

L'entraide paysanne, qui est une réalité en Haïti, constitue une autre marque de bons sens, chacun sachant qu'il pourra profiter à son tour de la solidarité qu'il manifeste. Ainsi, les récoltes se font en commun, comme la réparation des «cayes» après le passage des ouragans.

Les Haïtiens ont d'ailleurs tendance à fréquenter aussi bien l'église que le «houmfort» et à demander au Dieu des chrétiens ce que n'ont pas accordé les «loas» et vice-versa. C'est en somme une quête de l'efficacité poursuivie sans préjugés superflus et en toute bonne conscience, conformément à l'adage qui veut que deux précautions valent mieux qu'une!

Une «mambo» m'a conté qu'elle s'était adressé un jour à un vieux «houngan» réputé pour ses pouvoirs et sa grande sagesse: «Papa, lui avait-elle dit, j'ai trop d'ennemis. Enseigne-moi donc la magie noire, la magie à tuer.» Le vieil homme n'avait rien répondu, mais les jours suivants, comme elle insistait, il l'avait regardée bien en face et lui avait dit: «Tu ne sais pas encore comment faire le bien, et tu voudrais apprendre à faire le mal!» Elle a pensé qu'il voulait dire par là qu'au-delà d'un certain degré de connaissances les notions de bien et de mal prennent une autre signification, mais que tant que l'on demeure en deçà, ce sont les valeurs de la société qui commandent le respect.

La sagesse est aussi bien dans cette chanson qu'apprennent tous les petits Haïtiens:

La pli tomber
Maï pousser
Tout'li moun qui grand goût
Praler manger
Merci mon Dieu, merci (bis)

Quoi de plus simple? La pluie tombe, le maïs va pousser. Et tous les gens qui ont grand faim pourront aller manger. Enfin l'action de grâce: Merci, mon Dieu. Tout est dit!

Comment la France n'a-t-elle pas vu qu'elle avait à l'égard d'Haïti une responsabilité particulière? Première colonie à s'être émancipée de la métropole, certes par la violence, en méritait-elle pas autant d'attention que les entités africaines décolonisées un siècle et demi plus tard? C'est bien là la thèse que je plaidai auprès du Président Pompidou afin d'obtenir pour Haïti le bénéfice d'Aide et de Coopération qui permit la réfection des petits aérodromes de province, la création d'une école de techniciens supérieurs, d'un «Institut pédagogique national» et surtout la construction de la route de Jacmel. Les Haïtiens insistaient pour donner mon nom à cette route goudronnée de 75 kilomètres entre la capitale et la mer des Caraïbes. J'ai préféré lui donner le nom de «route de l'amitié», car les ambassadeurs passent mais l'amitié doit demeurer. En vérité, on aurait aussi bien pu l'appeler «route des crocodiles», car le parlementaire qui bloquait l'octroi des crédits au sein de l'organisme du FAC ne leva son opposition qu'après avoir tué, à mon invitation et sur le tracé de la future route, une bonne demi-douzaine de crocodiles dont il emmena en France les dépouilles opimes!

Plus encore qu'un devoir, Haïti représentait pour la France un extraordinaire «banc d'essai» pour la mise au point de sa politique de développement: arrêter l'érosion des sols, rétablir les communications, tenter de contrôler la natalité, développer l'instruction, améliorer la santé publique, permettre une industrialisation non polluante, favoriser l'instauration de la Démocratie: tout cela dans un pays qui ne comptait alors, sur une superficie égale à celle de la Bretagne, que cinq millions d'habitants, étant parfaitement à la portée de la France. Encore eut-il fallu qu'existât une volonté politique de ne pas abandonner aux Américains ce qui avait été au XVIIIe siècle la «perle des Antilles» et à laquelle des villes comme Bordeaux et Nantes ont dû leur prospérité. On sait ce qu'il en est advenu depuis le débarquement des «Marines» en 1994. Au train où vont les choses, l'influence politique et culturelle de la France aura disparu avant une dizaine d'années au profit de celle des États-Unis. Est-ce vraiment cela que nous voulions? Ce sera pourtant l'inéluctable résultat de la frilosité de notre politique que l'on est bien forcé d'assimiler à une démission.

Pourtant, il doit encore exister, non seulement chez les élites, mais au sein même du peuple haïtien, une volonté de se tourner vers nous que je ressens comme un appel. Au moment où je quittais la commune de Saint-Soleil, l'un des villageois vint m'offrir en cadeau le portrait de «Saint-Louis Roi». Bien qu'il n'ait certainement jamais vu de représentation de Saint-Louis, on ne pouvait s'y tromper: c'était bien le saint roi. Comme je lui demandai pourquoi il avait choisi de m'offrir la figure couronnée de Saint-Louis, il me répondit: «Tout'moune praller mouri. Saint-Louis capab sauver pays moin!»

Pour lui, bien sûr, Saint-Louis, c'était la France!

Mais la dernière image que je voudrais donner d'Haïti est celle du buste en marbre blanc d'une jeune femme qui se dressait – je ne sais s'il s'y trouve encore – dans le parc entourant les ruines du château de «Sans souci» près de la ville du Cap Haïtien. Le nez a été cassé au cours de quelque pillage ou de quelque combat, mais le visage, bien que défiguré, a conservé, avec toute la grâce du XVIIIe siècle, une surprenante et fascinante beauté. Il m'est apparu comme la représentation même de ce pays d'Haïti, également superbe, et mutilé.

Ce pays en noir et Blanc

«**A**vez-vous lu la Bible?» Avant même de me faire asseoir, c'est l'étrange question que m'asséna P.W. Botha, à qui je venais rendre ma visite d'arrivée en Afrique du Sud. «Certes, répondis-je au Premier ministre, mais sans doute moins bien que vous!» (je savais qu'il appartenait à la *Nederlandse Kerk*, la principale église protestante du pays). «Alors, poursuivit-il, vous connaissez l'histoire de Jéricho.» Oui, Jéricho, les trompettes, les murailles qui s'écroulent, cela me disait quelque chose. «Eh bien, vous savez alors que les Hébreux ont appelé la ville "Jéricho" et en ont ainsi pris possession "au nom de Dieu"... Nous, les Afrikaners, qui sommes les Hébreux de l'Afrique, nous avons fait la même chose: *Orange Rivier*, la rivière Orange, *Kaapstad*, la ville du Cap, *Drakensberg*, la montagne du Dragon. C'est mandatés par Dieu que nous leur avons donné ces noms. Et, selon les Écritures, le nom emporte la possession. C'est Dieu lui-même qui nous a envoyés pour civiliser l'Afrique du Sud. Aussi, abandonner ce pays, ce serait non seulement trahir notre peuple, ce serait aussi trahir Dieu!» Alors, me regardant droit dans les yeux, Pieter Willem Botha me dit: «Peut-on trahir Dieu?» Que répondre à cela?

À quelques jours de là, je rendais visite au Prince Buthelezi, le chef charismatique du peuple zoulou. Il me reçut dans sa petite capitale, Ulundi. Nous étions l'un et l'autre assis sur une estrade dominant la plaine poussiéreuse sur laquelle étaient accroupis plusieurs centaines de guerriers zoulous ceints d'un pagne en peau de léopard, le bouclier en peau d'hippopotame au bras gauche et la sagaie à la main. À nos côtés, une sorte de barde chantait une mélopée à la gloire de Buthelezi et, à la fin de chaque couplet, l'ensemble des guerriers se dressait comme un seul homme en brandissant les sagaies et en poussant un long cri guttural, d'un effet épouvantable. Alors Buthelezi, emporté par la jubilation, me tapait sur la cuisse en criant d'une voix rauque: «*My country, my people, my country, my people!*»

Ainsi laissaient libre cours à leur passion le chef de la «nation blanche» d'Afrique du Sud et le chef de l'une des «nations noires». Chacun d'eux était convaincu profondément que son peuple était le premier et le seul légitime possesseur du pays. En fait, ils avaient tous les deux tort, car Hottentots et Bochimans occupaient le pays, de façon éparse il est vrai, bien avant la venue des Bantous et des Afrikaners. Mais ils avaient aussi tous les deux raisons, Blancs et Noirs étant arrivés à peu près à la même époque dans le cône sud du continent africain. Pour s'en convaincre, il suffit de se reporter à l'histoire, du moins à ce que l'on en connaît.

En ce qui concerne les Noirs, on pense généralement qu'une première vague de migrants a quitté la zone d'éclatement des peuples bantous, soit la région des Grands Lacs, dès le XIVe siècle, pour se diriger vers le sud-est puis vers le sud, le long de la côte de l'océan Indien. Ces

Bantous étaient des agriculteurs qui pratiquaient la culture sur brûlis en abandonnant la terre quand elle était épuisée pour aller un peu plus loin. Leur progression était donc extrêmement lente et ce n'est pas avant le XVIe siècle qu'ils parviendront sur le territoire de ce qui est aujourd'hui l'Afrique du Sud. Les premiers à se fixer seront les Swazis, peuplant l'actuel Swaziland et la zone périphérique. Allant plus loin, toujours le long de l'océan Indien, les Zoulous s'établiront au Natal (aujourd'hui Kwazulu-Natal). Encore plus loin, les Xhosas ne s'arrêteront que lorsque leurs avant-gardes se heurteront aux Boers qui, partant du cap de Bonne-Espérance, progressaient le long de la côte dans le sens opposé. Ce premier contact hostile entre deux mondes que tout opposait sur la *Vis Rivier*, la rivière des Poissons, devait être suivi au XVIIIe siècle d'une série de heurts sanglants, appelés «guerres cafres», du nom adopté par les Blancs pour désigner l'ensemble des Bantous[28]. Les trois peuples Swazi, Zoulou et Xhosa ont donc des liens d'étroite parenté bien que leurs langues aient suffisamment divergé pour empêcher la communication orale d'un groupe à l'autre. Ils forment à eux trois le principal ensemble noir d'Afrique du Sud.

Plus tardivement, d'autres Bantous, venant eux aussi de la région des Grands Lacs, commencèrent une grande migration vers le sud. Ceux-là n'étaient pas des agriculteurs, mais essentiellement des pasteurs qui poussaient leurs troupeaux devant eux. Leur progression était donc beaucoup plus rapide et, au lieu d'emprunter la voie côtière de l'océan Indien, ils piquèrent droit vers le sud en traversant les zones arides du Kalahari. Ils arrivèrent ainsi en Afrique du Sud par le nord et sensiblement en même temps que leurs cousins bantous partis deux siècles plus

---

[28] Du mot arabe «Kafir», signifiant «infidèle, idolâtre».

tôt. Ce furent les Tswanas qui s'établirent dans ce qui est aujourd'hui le Botswana et, plus au sud, dans l'ancien *homeland* du Bophuthatswana. Poussant encore plus au sud, les Sotos occupèrent la plus grande partie de ce qui est aujourd'hui l'État libre d'Orange et le Lesotho, sorte de citadelle montagneuse au cœur de la chaîne du Drakensberg. Tswanas et Sotos parlent des langues apparentées et forment à eux deux le second grand ensemble noir d'Afrique du Sud. Au Transvaal, d'autres ethnies noires, comme les Vendas ou les N'Debélé (apparentés aux Zoulous) viennent encore compliquer une carte ethnique déjà passablement complexe.

L'arrivée des Européens en Afrique australe n'est pas moins intéressante à observer, même si elle obéit à des ressorts différents. Les Portugais avaient découvert le cap de Bonne-Espérance dès le XVIe siècle, mais ne s'y étaient pas fixés. Il fallut attendre le milieu du siècle suivant pour que leurs successeurs sur la route des Indes, les Hollandais, établissent autour de la ville du Cap, fondée en 1652, une colonie de peuplement. Il s'agissait essentiellement de mettre à profit le climat très favorable de cette extrémité de l'Afrique pour assurer le ravitaillement en eau douce, en viande et en légumes frais des navires engagés dans le commerce des épices. Ces Bataves, auxquels s'étaient joints des paysans souabes et saxons furent rejoints, après la révocation de l'Édit de Nantes, par quelques centaines de Huguenots français dont la Hollande ne savait que faire sur son territoire et qui s'établirent dans la région du Cap, à la limite des terres explorées, à Franshoek, le «coin des Français».

Mais ce sont les guerres napoléoniennes qui vont constituer le grand tournant dans le peuplement blanc de l'Afrique du Sud. En effet, les Anglais prirent prétexte de l'inclusion de la Hollande dans l'Empire français pour occuper les colonies hollandaises, dont celle du Cap, qu'ils se garderont, conscients de sa valeur stratégique sur la route maritime des Indes, de rendre à la Hollande au traité de Paris en 1814. Va ainsi commencer une coexistence difficile entre l'administration coloniale anglaise et les «Boers» (paysans) qui n'acceptent pas la domination britannique et qui vont décider d'émigrer en masse avec leurs chariots vers l'intérieur de l'Afrique australe. C'est cette extraordinaire migration de tout un peuple, le «Grand Trek», tout à fait comparable à la «Conquête de l'Ouest» américaine, qui va changer le destin de l'Afrique du Sud en projetant un peuple blanc au milieu des nations noires.

En effet, le «Grand Trek» emprunta trois directions: du Cap vers le nord en longeant la côte de l'Atlantique Sud, les migrants parvinrent jusqu'au fleuve Orange mais n'allèrent guère plus loin, car ils avançaient sur une terre de plus en plus aride et inhospitalière débouchant sur le désert Namib. Ceux qui empruntèrent la voie de l'est, le long de l'océan Indien, se trouvèrent arrêtés, comme on l'a vu, par les guerriers xhosas. Aussi ne restait-il plus qu'un seul grand axe de pénétration, celui du nord-est, que choisit la grande majorité des Trekkers. Au prix de difficultés inouïes, car n'existaient ni routes ni pistes, ils franchirent par des cols la chaîne du Drakensberg avec leurs chariots pour fonder, après la victoire de Bloed Rivier (Rivière du sang) sur l'armée zouloue, la première République boer du Natal. D'autres, encore plus hardis, préfèrent continuer tout droit vers le nord-est en traversant le grand plateau central sur toute sa longueur, ce qui les mena jusqu'au fleuve Limpopo qui constitue aujourd'hui la frontière entre l'Afrique du Sud et le Zimbabwe. Un simple coup d'œil sur la carte suffit à montrer que la migration des Boers vers le Natal coupait l'axe de descente vers le sud-ouest du groupe Swazi-Zoulou-Khosa et que, pareillement, la progression des Blancs vers le Limpopo coupait l'axe de descente vers le sud du groupe Tswana-Soto. Et c'est justement ce qui explique la déroutante imbrication des populations blanches et noires dans ce cône du continent africain.

Or, l'Afrique du Sud était un pays qui «marchait». Il n'est pas nécessaire d'insister sur ses trois atouts principaux qui sont bien connus. Le premier est évidemment son extraordinaire richesse minière fondée sur l'or, bien sûr, bien que l'extraction connaisse aujourd'hui des difficultés, sur le diamant de joaillerie, avec la célèbre firme De Beers, et aussi sur la houille, exploitée parfois à ciel ouvert avec la technique de la «longue taille» qui rendait le charbon sud-africain parvenu sur les quais de Dunkerque moins cher que celui qui était alors produit en France et en Wallonie, à quelques dizaines de kilomètres de là! En outre, à l'époque de la Guerre froide, l'existence dans le sous-sol sud-africain de «métaux rares» entrant dans la composition des fusées stratégiques n'était certes pas à négliger, et d'autant moins que l'URSS était alors à peu près le seul autre État à en disposer.

Le second atout est la position stratégique exceptionnelle de l'Afrique du Sud. En effet, malgré l'ouverture du canal de Suez, une grande partie du trafic maritime entre le Moyen-Orient et l'Europe occidentale d'une part et les États-Unis de l'autre, passe au ras des côtes sud-africaines pour éviter autant que possible l'océan furieux des «Quarantièmes rugissants[29]». C'est en particulier le cas des grands pétroliers qui ne peuvent emprunter le canal de Suez et sont difficilement manœuvrables par grosse mer. Cette particularité facilitait d'ailleurs la violation de l'embargo par l'Afrique du Sud qui se fournissait clandestinement auprès des pétroliers passant en vue de ses côtes.

Enfin, et sans doute surtout, la prospérité de l'économie sud-africaine tenait à la haute qualification de son

[29] «Roaring Forties.»

management, qui s'appuyait au surplus sur l'existence d'une main-d'œuvre noire bon marché. Les services publics, les transports terrestres et aériens, l'infrastructure étaient remarquables et, détail incroyable en Afrique, on pouvait remplir avec l'eau du robinet les biberons des nouveau-nés!

Cependant, l'Afrique du Sud avait et a toujours une grande faiblesse qui réside dans le caractère fondamentalement hétérogène de sa population, non seulement du fait de la coexistence des Blancs et des Noirs, auxquels il convient d'ajouter les «Cape coloured» ou «Métis du Cap» et les Asiatiques du Natal, Indiens ou Chinois, mais aussi parce que les Blancs et les Noirs sont eux-mêmes profondément divisés. Ce point est tellement fondamental pour la compréhension de l'Afrique du Sud qu'il mérite qu'on s'y arrête assez longuement.

Les Noirs d'abord: au nombre d'environ 30 millions, ils se répartissent, comme nous l'avons vu, entre cinq grandes nations bantoues et plusieurs autres plus petites. Or, la nation zouloue se singularise en s'opposant dans une certaine mesure à toutes les autres. Cette singularité tient tant aux qualités propres du peuple zoulou qu'à son histoire qui, à la différence des autres groupes, lui a conféré une forte conscience nationale. Au début du siècle dernier, l'empereur zoulou Chaka, contemporain de Napoléon, va unifier son peuple à la manière de Gengis Khan, c'est-à-dire en exterminant ou en chassant les factions zouloues (comme les N'Debelés) qui résistaient à son autorité. Il se tourne ensuite contre les Sotos qu'il pourchasse jusque dans leur réduit du Drakensberg. Il construit surtout un véritable État avec ses finances, sa justice, son administration territoriale et surtout son armée, la redoutable «Impi» zouloue. Si l'on consulte d'ailleurs un dictionnaire du XIXe siècle, on trouvera à la rubrique «Zoulou» la mention suivante: «Les plus farouches de tous les Cafres!» De cette glorieuse période de Chaka, les Zoulous ont conservé à la fois la fierté et la nostalgie. Je me souviens m'être promené, conduit par le chef Buthelezi, alors Premier ministre du *homeland* kwazulu, sur l'emplacement même du Kraal[30] de l'Empereur Chaka dominant la plaine d'Ulundi. C'était au coucher du soleil et, sur l'emplacement des huttes rasées jusqu'à terre, une jeune femme vêtue d'une sorte de longue houppelande mauve s'est mise à chanter ce que mon hôte me traduisit ainsi: «Le seigneur de la terre (Chaka) est mort, le seigneur de la terre nous a quittés...», et ce chant était d'une tristesse si poignante que cette femme semblait porter encore le deuil de Chaka!

L'orgueil des Zoulous devait d'ailleurs trouver en 1878 un nouvel et puissant aliment lorsque l'Impi zoulou écrasa à Isandlwana une petite armée coloniale anglaise qui, venant de la colonie du Natal, avait imprudemment pénétré en territoire zoulou. Croyant l'Impi à plusieurs jours de marche, elle avait tranquillement installé ses tentes blanches sur une sorte d'*oppidum*, oubliant seulement que les guerriers zoulous ne marchent pas, mais qu'ils courent et presque sans repos! C'est pour venger cette humiliation que la reine Victoria envoya l'année suivante en pays zoulou une puissante armée dotée de canons à tir rapide qui eut raison de la résistance zouloue. C'est d'ailleurs au cours de cette campagne que le fils de Napoléon III trouva la mort sous l'uniforme britannique.

Pourtant ces «Prussiens de l'Afrique du Sud», comme on les appelle parfois, qui se voyaient volontiers en rassembleurs et dominateurs de tous les peuples bantous d'Afrique du Sud, connaissent aujourd'hui une situation difficile dans la mesure où ils semblent avoir fait contre eux l'unanimité des autres nations noires, menées essentielle-

[30] Village zoulou dont les huttes sont disposées en rond.

ment par les Xhosas. Or, avec quelque neuf à dix millions d'individus, les Zoulous représentent moins du tiers de la population noire et surtout ne disposent pas du pouvoir d'État qui a échu à leurs adversaires de l'African National Congress (ANC), dont l'un des fondateurs, l'ancien Président de la République Nelson Mandela, était un Xhosa et l'actuel Président de la République, M'beki, un autre Xhosa. Groupés autour de Buthelezi au sein du mouvement *Inkhata* (la «flèche» en zoulou), les Zoulous cherchent désormais surtout à obtenir une large autonomie pour leur territoire, le Kwazulu-Natal, mais rien n'indique qu'ils puissent y parvenir dans le cadre de la nouvelle constitution. Il est à noter que l'opposition entre l'ANC et l'*Inkhata* recouvre beaucoup moins une différence d'option politique qu'une rivalité d'ordre ethnique. Quoi qu'il en soit, l'hostilité qui sépare maintenant les Zoulous des autres peuples noirs d'Afrique du Sud constitue certainement l'un des plus grands risques qui pèsent sur la stabilité de ce pays.

Quant à la population blanche d'origine européenne, elle est encore plus composite que la noire. Représentant au total un peu plus de cinq millions d'individus, elle se divise d'abord entre deux grands groupes: les Afrikaners d'une part, qui parlent l'afrikaans, un néerlandais créolisé, et les anglophones de l'autre. Or, chacun de ces deux groupes, surtout le second, est lui-même hétérogène.

Les Afrikaners, qui forment 60 pour cent du peuplement blanc, donc environ trois millions de personnes, sont certes, dans leur grande majorité, les descendants des premiers colons hollandais. Se sont cependant mêlés à eux, nous l'avons vu, des paysans allemands venus de Saxe et de Souabe ainsi que, plus tardivement, des huguenots français. Ces derniers ont abandonné leur langue dès la seconde génération et, avec le zèle des néophytes, ce sont même eux qui ont été à Paarl à l'origine de la codification et de la renaissance de la langue afrikaans. Ils ont en revanche conservé leurs patronymes français et, grâce à leur exceptionnelle fécondité, ont sans doute aujourd'hui entre trois et quatre cent mille descendants. Cependant, même si, à l'origine, le peuple afrikaner n'a pas une souche unique, le protestantisme et la langue afrikaans constituent pour lui un ciment extrêmement fort qui en fait un groupe soudé aux réactions souvent «claniques».

Il n'en va pas de même des anglophones qui, avec 40 pour cent de la population blanche, ont des origines extrêmement diverses. Ce sont d'abord les descendants des administrateurs civils et militaires anglais de la première moitié du XIXe siècle, bientôt rejoints par des immigrants en provenance des îles britanniques. Ce sont surtout les descendants des fameux *uitlanders*[31], accourus de tous les points du monde anglo-saxon, d'Angleterre, d'Australie, du Canada, des États-Unis, pour participer à la «ruée vers l'or» découvert au Transvaal dans le dernier tiers du XIXe siècle et qui seront largement à l'origine des deux guerres anglo-boers. En outre, les deux conflits mondiaux en Europe ont poussé vers l'Afrique du Sud un grand nombre de «personnes déplacées» qui tentaient d'y implanter de nouvelles racines. Enfin, l'indépendance de l'Angola et du Mozambique, après de sanglants conflits, a provoqué l'arrivée de plusieurs dizaines de milliers de colons portugais venus chercher refuge à proximité des deux anciennes «provinces d'Outre-Mer». Or il est remarquable de constater que les nouveaux arrivants, qu'ils soient slaves, allemands, grecs, libanais, juifs, italiens ou portugais, ne se sont pas agrégés au peuple afrikaner, sans doute trop replié sur son identité propre, mais ont rejoint l'ensemble anglophone considéré comme plus ouvert sur le monde extérieur. C'est là un phénomène comparable à celui que l'on peut observer

[31] «Étrangers» en afrikaans.

au Québec, où les nouveaux immigrants passent très majoritairement à l'anglais. Ainsi les anglophones ne forment-ils pas, à proprement parler, un peuple, mais plutôt un agrégat de strates successives à l'image d'un millefeuille dont le seul point commun est l'usage de la langue anglaise.

On considérait généralement que, devant la menace potentielle que constituait la masse noire, *the rising tide of colour*, la population blanche avait tendance à se «serrer les coudes», à affirmer sa solidarité. En réalité, de profondes divergences séparaient et séparent toujours le peuple afrikaner des anglophones. Ces divergences ne sont pas seulement politiques, les anglophones ayant la réputation d'être plus libéraux. Elles trouvent leur origine dans l'Histoire et sont en quelque sorte «viscérales». En effet, la seconde guerre anglo-boer a pris un caractère atroce lorsque, pour venir à bout de la résistance boer au Transvaal et dans l'État libre d'Orange, les Britanniques ont eu recours à la politique de la terre brûlée et à la déportation en masse des populations civiles. Ce fut les premiers camps de concentration d'un XXe siècle qui devait, hélas, en connaître bien d'autres. Leurs fermes brûlées, leur bétail abattu, leurs femmes et leurs enfants mourant de malnutrition et du typhus dans les camps, les combattants boers n'avaient d'autre choix que de déposer les armes, ce qu'ils firent en 1902 à la paix de Pretoria. Cependant, l'atrocité même du conflit a laissé des cicatrices non refermées au sein de la communauté afrikaner, comme le montre cette anecdote: je m'entretenais un jour avec un très vieil homme, membre du «Broerderbond» (l'Alliance des frères), mouvement internationaliste afrikaner, qui me dit ceci: «J'ai été déporté à cinq ans dans un camp de concentration au sud-est de Johannesburg avec ma mère et deux de mes frères. Nous mourions de faim. Un soir, mon frère aîné dit à ma mère: "Regarde, en mettant mon doigt sur la poitrine, j'arrive à toucher mes vertèbres."

Le lendemain, il était mort!» Il est certain que de tels traumatismes, indéfiniment racontés aux enfants et petits-enfants, marquent la conscience collective d'un peuple et ne s'oublient pas.

Il convient enfin de ne pas omettre l'existence des trois millions et demi de «métis du Cap» dont l'origine est également composite puisqu'ils sont les descendants des malais musulmans de l'Atjeh, au nord de Sumatra, déportés par les Hollandais (d'où la présence des mosquées dans la région du Cap), mais surtout le produit des unions libres entre les premiers colons hollandais et les femmes hottentotes. Il est d'ailleurs assez piquant de constater que le peuple qui a «inventé» l'apartheid est aussi celui qui, à l'origine, a le plus mêlé son sang à celui des femmes indigènes!

Si l'on ajoute encore un peu plus d'un million d'Asiatiques, Chinois mais surtout Indiens amenés au Natal par les Anglais au XIXe siècle pour y couper la canne à sucre, on s'aperçoit que l'Afrique du Sud constitue une extraordinaire mosaïque ethnique, une sorte d'habit d'Arlequin dans lequel les populations se côtoient sans se mêler en renforçant leur identité de l'étalage de leurs différences. C'est précisément cette situation ethnique très particulière qui fournit l'une des clefs permettant d'expliquer l'apartheid, pratique aujourd'hui heureusement abolie, mais qui mérite que l'on se penche quelque peu sur elle.

Expression hybride formée du français «à part» et de la désinence néerlandaise *heid*, l'apartheid avait été pudiquement remplacée par le pouvoir afrikaner par la locution «développement séparé». Il s'agissait cependant en fait d'une ségrégation raciale généralisée. Cette ségrégation s'appuyait sur un ensemble de lois dont les trois principales concernaient les zones d'habitation séparées, l'accès aux postes de responsabilité dans le monde du travail et la prohibition du mariage et des relations sexuelles entre personnes de races différentes. Cette dernière législation, appelée hypocritement *Immorality Act* poussait d'ailleurs les Blancs amateurs de femmes africaines à assouvir leurs désirs dans les petits États enclavés voisins du Lesotho et du Swaziland!

L'explication la plus commune de la politique d'apartheid est la peur, peur irréfléchie d'être finalement noyés dans la masse noire, six fois plus nombreuse, et de disparaître en tant qu'entité distincte. S'ajoutait à cela un évident complexe de supériorité raciale qui persuadait les Afrikaners, et les Blancs en général, que les Bantous n'étaient bons qu'à fournir une main-d'œuvre à bon marché, mais qu'ils étaient totalement incapables de diriger et de gérer un État aux structures complexes comme l'Afrique du Sud. À cet égard, les références à Idi Amin Dada, à Mengistu, à Macias N'Guema ou à Bokassa faisaient facilement office de repoussoir. Paradoxalement, le pouvoir afrikaner avait permis, ce que n'avaient pas fait les Belges au Congo, la création d'universités noires, où certes la ségrégation était de mise, mais qui ont formé une notable partie des dirigeants noirs d'aujourd'hui.

Or, pour justifier cette pratique injustifiable de la ségrégation, la communauté blanche avait parfois recours à d'étranges explications. Ainsi le Président Banmeyer, l'un des principaux notables de la colonie française d'alors, m'affirma un jour que si l'on avait été obligé de prévoir des autobus ou des wagons séparés pour les Blancs et les Noirs, c'est parce que ces derniers, en particulier les Xhosas de la région du Cap, portaient de grandes houppelandes dans lesquelles nichaient des boisseaux de puces! En vérité, le système de l'apartheid était non seulement odieux, mais absurde: je me souviens que, traversant de nuit en voiture l'État libre d'Orange, je constatai que mon chauffeur noir, abruti de sommeil, zigzaguait dangereusement sur la route. Nous nous sommes donc arrêtés à la première auberge pour qu'il puisse boire un café fort. Las!

C'était une auberge réservée aux Blancs: je pouvais consommer, moi qui n'en avais nul besoin, autant de cafés que je voulais, mais pas mon chauffeur qui risquait de nous tuer en sommeillant au volant! J'eus beau tempêter, rien n'y fit, le gérant de l'auberge se retranchant derrière la loi. Je n'eus pour seule ressource que de laisser dormir le chauffeur à l'arrière de la voiture et prendre moi-même le volant jusqu'à Pretoria!

Une autre anecdote montre à quel point le préjugé ségrégationniste influence l'inconscient des Blancs, et pas seulement des Blancs d'Afrique du Sud. Nous recevions à Pretoria une amie parisienne assez «Marie-Chantal» qui, pendant tout le dîner, n'avait cessé de dénoncer véhémentement les méfaits de l'apartheid. «Les panneaux *White only*, les entrées séparées dans les gares, dans les autobus, voilà qui est h-o-r-r-i-b-l-e!» disait-elle. Puis, après un moment d'hésitation: «Ah! les toilettes, là je comprends!»

En fait le pouvoir afrikaner, en charge de l'État sans discontinuer depuis la formation du gouvernement nationaliste du Dr Malan en 1948, a toujours buté devant le problème de la majorité noire, qu'il n'a pas su résoudre, ce qui l'a conduit à sa disparition précipitée sous le Premier ministre De Klerk. Je me souviens avoir eu de longues discussions de 1978 à 1981 avec les dirigeants afrikaners et, plus particulièrement, avec «Pik» Botha, le ministre des Affaires étrangères[32] et Brand Fourie, le Secrétaire Général de ce ministère, qui était vraiment la mémoire vivante de la diplomatie sud-africaine. Assez curieusement, ils acceptaient qu'on leur dise dans leur langue, l'afrikaans, ce qu'ils n'eussent pas toléré en langue anglaise. Or, je leur répétais inlassablement qu'ils n'avaient que deux possibilités pour tenter de résoudre le seul mais immense problème auquel

---

[32] À ne pas confondre avec le Premier ministre, P.W. Botha, son homonyme.

ils étaient confrontés, le problème de la place en Afrique du Sud de la majorité noire.

Il fallait, soit procéder à une partition du pays en accordant aux différents peuples bantous non pas des *homelands* restreints et dispersés mais des territoires cohérents sur lesquels ils étaient largement majoritaires, par exemple le Natal aux Zoulous, le sud-est de la province du Cap aux Xhosas, une partie de l'État libre d'Orange aux Sotos, etc. Quitte à se réserver la plus grande partie de la province du Cap, où Blancs et Métis étaient majoritaires. L'ensemble aurait constitué une confédération lâche d'États au sein desquels la règle démocratique «un homme, une voix» aurait pu être restaurée sans que soient pour autant affectées l'unicité et la prospérité de l'économie.

Ou encore fallait-il associer dès à présent et progressivement les Noirs au pouvoir d'État afin de partager avec eux la responsabilité de la gestion du pays.

Hélas! Ces avis, qui venaient d'un diplomate étranger, furent dispensés en vain. Pourtant, les nouveaux venus discernent parfois mieux la solution des problèmes que ceux qui les vivent depuis toujours. En fait, le pouvoir afrikaner ne s'engagea ni dans une voie ni dans l'autre, ou plutôt si timidement dans l'une et l'autre que l'ensemble du système demeura bloqué. C'est ainsi que Pretoria s'entêta dans la politique des *homelands* ou «bantoustans» qui ne résolvait rien car ces «États en confettis» composés souvent, comme le Kwazulu ou le Bophuthatswana, de multiples morceaux n'étaient pas viables, aussi bien politiquement qu'économiquement, et le fait d'accorder à certain d'entre eux «l'indépendance» ne pouvait évidemment rien arranger. Si l'on prend l'exemple du Kwazulu, les plateaux stériles étaient inclus dans le *homeland* mais non les vallées fertiles laissées aux fermes de colonisation blanche. Dans ces conditions, le «homeland-dortoir» avait toutes les caractéristiques d'une simple réserve d'indigènes. Le système, qui s'est effondré avec l'arrivée au pouvoir de l'ANC était de toute façon condamné tôt ou tard à disparaître.

De même Pretoria, dans les dernières années de l'apartheid, se préoccupa bien d'associer au pouvoir central des non-Blancs, mais les bénéficiaires des nouvelles institutions, d'ailleurs séparés, en étaient les Métis et les Asiatiques qui ne posaient aucun problème au pouvoir blanc et non les trente millions de Noirs qui constituaient eux, tout le problème! Trop peu, trop tard! Pour avoir maintenu trop longtemps le couvercle sur la chaudière, le pouvoir afrikaner l'a finalement fait exploser en provoquant du même coup sa propre disparition.

Que va-t-il maintenant advenir de l'Afrique du Sud? Telle est la question que tout le monde se pose et à laquelle il est difficile de répondre avec assurance. Autrefois, la survie du régime blanc dépendait en partie du plus ou moins grand engagement de l'Union soviétique en Afrique. Aujourd'hui que ce paramètre a disparu, les prévisions ne sont guère plus aisées. *Grosso modo*, trois scénarios sont envisageables.

Dans le premier, que j'appellerai le «scénario catastrophe», on assiste à une dégradation générale et brutale de la situation. Elle est due tant à l'immense frustration de la masse noire, qui n'a pas vu s'améliorer sensiblement son niveau de vie, qu'à la rivalité entre nations noires tournant à l'affrontement armé généralisé entre les Zoulous et les autres peuples noirs, au Natal comme dans les grandes cités-dortoirs du Transvaal du type Soweto *(South West Township)*. Cette guerre entre les nations noires provoque un effondrement de l'économie et un exode massif des Blancs, surtout des Anglophones dont un grand nombre possède des passeports britanniques. En quelques jours ou quelques semaines, le pays se vide de ses cadres d'origine européenne et le chaos s'installe, comme au Liberia ou en Somalie. «Pleure, ô pays bien aimé!»

Dans le second scénario, dit «scénario séraphique», c'est juste le contraire qui advient: la masse supporte patiemment les privations en matière de logement, d'électrification, d'enseignement, et l'on assiste à un retour progressif à la paix civile et à la sécurité dans les grands centres urbains. Les Blancs collaborent activement au redémarrage de l'économie avec l'aide de la communauté internationale. Les capitaux en provenance de l'étranger, tant des États que des organismes mondiaux, affluent et, en dépit de la croissance continue de la population noire, le développement économique s'accélère alors que la démocratie de type parlementaire s'affirme grâce à l'existence de rapports harmonieux entre la majorité et l'opposition.

Quant au troisième scénario, que je juge pour ma part le plus probable, il s'inscrit à mi-chemin des deux autres, sans doute pourtant plus près du second que du premier. La frustration de la population noire ne se traduit pas par une explosion violente et les différents peuples noirs coexistent pacifiquement même si la «petite fièvre» ethnique actuelle, qui fait quand même plusieurs dizaines de morts par semaine, se poursuit dans les banlieues noires de Johannesburg et de Durban. On assiste, non pas à un exode brusqué mais à une lente hémorragie de la population blanche, comparable à celle qui a affecté la Rhodésie du Sud, devenue Zimbabwe. Malgré tout, le système démocratique subsiste et l'Afrique du Sud continue d'être un pôle d'attraction pour les États d'Afrique australe et centrale beaucoup moins favorisés.

Malheureusement, quoiqu'il arrive, cela sera désormais sans la France, qui n'a pas mis à profit la position hostile de l'apartheid de ses gouvernements successifs pour agrandir ses parts de marché où elle est aujourd'hui largement dépassée, non seulement par les États-Unis, l'Allemagne et le Japon, mais aussi par des pays comme la Grande-Bretagne, l'Italie, la Suisse, Israël et les Pays-Bas!

La France, qui se targue d'avoir une politique africaine, n'a pas davantage réussi à former chez elle, en français, une élite noire sud-africaine. Je voudrais évoquer à cet égard la plus grande frustration de toute ma carrière. Dès 1979, j'avais proposé à mon ministre de promouvoir une grande politique de formation grâce à des bourses d'études, d'une partie de l'élite noire d'Afrique du Sud. Dans mes télégrammes répétés, l'argumentaire était simple et consistait en ceci: «Tôt ou tard la population noire, très largement majoritaire, accédera au pouvoir d'État, soit partiellement, soit même totalement. Dans ces conditions, la France a un immense intérêt à former sur son sol, à sa langue et à ses méthodes, une élite noire qui n'a de choix qu'entre les universités ségrégationnistes d'Afrique du Sud ou... l'Université Lumumba de Moscou. Si nous réussissons, nous pourrons exercer une influence certaine sur le pays le plus développé du continent, que l'apartheid coupe aujourd'hui des autres États africains dont il est cependant appelé dans l'avenir à prendre la tête.» Bien qu'approuvées alors, tant par le Président de la République, Valéry Giscard d'Estaing, que par le ministre des Affaires étrangères, Jean François-Poncet, ces propositions n'ont eu aucune suite tant étaient grande l'inertie et la routine des services, bloquant tout redéploiement des crédits au profit d'un inefficace «saupoudrage». Cette merveilleuse occasion perdue conduit d'ailleurs à relativiser le rôle des ambassadeurs dans la détermination de la politique nationale!

Il reste pourtant pour la France une chance à saisir, à laquelle personne ne pense: on estime généralement que la population afrikaner ne possède pas, à la différence de l'anglophone, de «terre de refuge» en cas de malheur. Or, il existe actuellement en Afrique du Sud des dizaines de milliers de personnes qui peuvent se rattacher directement à des ancêtres huguenots français. Leur présence est le résultat d'une grave injustice du passé: la révocation de l'Édit de Nantes. Pourquoi ne pas tenter de réparer en partie cette injustice en offrant d'accueillir en France, en vertu d'une sorte de «loi du retour» les Sud-Africains d'origine française désireux de quitter leur pays d'adoption? Avec leurs capitaux, leur courage et leurs talents, ils constitueraient une immigration aussi utile et profitable à notre pays qu'a pu l'être celle des rapatriés français d'Afrique du Nord. Pour réaliser ce projet, il faudrait cependant une vision et une volonté politique que nous souhaiterions voir poindre à l'horizon...

En définitive, lorsque l'on considère la situation de l'Afrique du Sud, un fait donne à réfléchir: dans le monde entier, la proportion des Blancs par rapport aux non-Blancs est à peu de choses près la même que celle des Sud-Africains blancs par rapport à leurs compatriotes de couleur. Or, si les Blancs n'ont plus dans le monde le monopole de la richesse depuis le réveil de l'Asie, ils n'en accaparent pas moins encore la plus grande part face aux masses démunies du Tiers-Monde. Pareillement en Afrique du Sud la minorité blanche, même si elle a perdu le pouvoir politique après l'avoir accaparé puis brièvement partagé avec la majorité noire, conserve un niveau de revenus plus de dix fois supérieur à celui de la masse noire. Sans trop pousser le parallèle, pourtant frappant, entre les deux situations, on pourrait presque proclamer, nous Européens, Américains, Russes: «Nous sommes tous des Sud-Africains blancs!» Et la façon dont se régleront les rapports entre Blancs et non Blancs en Afrique du Sud peut être une sorte de préfiguration du sort qui nous attend au siècle prochain. C'est la raison pour laquelle il est si passionnant, et important, de suivre avec attention la façon dont vont évoluer les événements dans l'extrémité sud du continent noir.

Et si j'ai tant insisté sur le facteur humain en Afrique du Sud, c'est que les événements qui vont s'y dérouler seront le fait, non pas de prétendus déterminismes économiques, mais bien des hommes, de leurs passions, de leur résignation ou de leurs emportements, de leur folie ou de leur sagesse. L'humain est déterminant.

Le maréchal Staline ne disait-il pas: «L'homme est le capital le plus précieux.»? Et il en savait quelque chose, lui qui en avait fait tuer des millions!

«Le géant Gulliver»

«Cocher, à la forêt vierge!»: ce fut, dit-on, l'ordre donné par Sarah Bernhardt fraîchement débarquée sur les quais du port de Rio! Il en dit long sur notre ignorance et notre vision folklorique du Brésil. La forêt vierge existe bien, mais à quelque 1800 kilomètres de là et le pauvre cocher eut été fort en peine d'y mener la grande Sarah!

Huit millions cinq cent mille kilomètres carrés, trois mille quatre cents kilomètres du Nord au Sud, de la Guyane à l'Uruguay et, avec trois fuseaux horaires, trois mille deux cents kilomètres de l'Est à l'Ouest, de Natal au Pérou, le Brésil est bien un géant, à vrai dire un demi-continent à lui tout seul. La France tiendrait cinq fois dans la seule Amazonie et les marais du Pantanal sont plus vastes que la Belgique et la Hollande réunies! Tout est, au sens propre, démesuré. Lorsqu'on survole l'immense sylve amazonienne, *la Selva*, les cimes des arbres forment une sorte de tapis vert grumeleux qui s'étend à l'infini et que seuls viennent sillonner de temps à autre les rubans sinueux de grands cours d'eau limoneux. À Manaus, le Rio Negro, couleur de

Coca-Cola, et le Rio Solimoes, couleur de café au lait, se joignent pour former le monstrueux Amazone, qui est tellement puissant qu'il pousse ses eaux douces à trente kilomètres dans l'océan. Son bassin représente à lui seul le cinquième de l'eau douce existante à la surface de la terre et les navires transatlantiques peuvent remonter jusqu'à Iquitos, au Pérou, à près de trois mille kilomètres de l'embouchure. J'ai eu la chance d'être incité à descendre l'Amazone, de Manaus à Belem, sur le navire de guerre français Duguay-Trouin pendant trois jours et trois nuits. Durant la journée, on se serait cru dans un bras de mer, la rive n'apparaissant que comme un liseré vert et, la nuit, une vigie manœuvrait un faisceau lumineux destiné à faire éviter les troncs d'arbres dérivants qui venaient cependant parfois frapper l'hélice, ébranlant avec un bruit sourd l'ensemble du bâtiment. Le troisième jour au soir, le chenal devenant plus étroit près de l'embouchure, j'assistai à ce spectacle: un trois-mâts posé sur la cime des arbres dont les voiles déchirées battaient au vent! Drossé sans doute par quelque tempête au moment de la crue de l'Amazone, il s'était déposé debout sur le faîte des arbres lorsque le fleuve avait regagné son lit! Les différences de niveau de l'eau sont d'ailleurs si considérables que les maisons de bois flottantes des *caboclos* sont obligées de s'arrimer avec des cordages à de grands arbres de la rive pour monter ou descendre avec le fleuve. On voit de très jeunes enfants jouer sur les seuils de planches que ne protège aucun garde-fou! Combien doivent être emportés par le courant....

À quelque deux mille kilomètres plus au sud, notre petit monomoteur s'est perdu un soir au-dessus du Pantanal, immense marécage vert où la piste en herbe de la *Fazenda* sur laquelle nous devions atterrir était également verte, donc très difficile à voir. Comme le niveau de carburant baissait dangereusement, la perspective de devoir atterrir en catastrophe au milieu des «jacarés[33]», que le Pantanal renferme par millions et dont les peaux font d'ailleurs l'objet d'une fructueuse contrebande avec la Bolivie, n'avait rien de réjouissant... heureusement la piste apparut soudain et l'avion évita de justesse un troupeau de *capivaras*, gros rongeurs domestiques de la taille d'un jeune veau!

Un pays aussi vaste que le Brésil est nécessairement multiple et, effectivement, des plateaux frais des «gauchos» du Rio Grande do Sul à l'extrême Sud jusqu'à la silve amazonienne équatoriale du Nord en passant par les forêts-galeries du plateau central et les zones arides du Nordeste, on rencontre tous les climats, toutes les végétations, tous les paysages, mais ce qu'il est intéressant d'observer, c'est l'opposition entre un Brésil développé, le Centre-Sud et le Sud, et un Brésil demeuré tragiquement en arrière: tout le reste du pays, mais surtout le «Nordeste». Tancredo Neves, premier Président élu démocratiquement après le régime militaire, m'a donné une explication de son pays que je voudrais rapporter ici. C'était un homme qui ne payait guère de mine. Il avait le teint plombé et était si petit qu'assis dans un fauteuil du salon de la Présidence de Brasilia, ses pieds avaient peine à toucher terre, mais ses yeux brillaient d'intelligence et de vivacité. «Imaginez, me dit-il, qu'à l'intérieur des frontières d'un même État, vous ayez à la fois la Suède et le Mali. Eh bien, vous avez le Brésil!» Il avait raison: l'État de São Paulo, qui représente à lui seul plus du tiers du produit intérieur brut du Brésil, a atteint un niveau de développement économique comparable à celui de l'Italie du Nord ou de la Catalogne, alors que les petits États du Nord-Est brésilien ressemblent plutôt à ceux du Sahel! Or, il existe un cercle vicieux du sous-développement, poursuivit Tancredo Neves: comme l'État de São Paulo et les

[33] Caïmans.

États du Sud ont à la fois des cadres mieux formés, une main-d'œuvre plus qualifiée et une infrastructure plus complète et plus moderne, ce sont vers eux seuls qu'affluent les investissements, car ils y sont plus rentables. L'argent attire l'argent. Les États déjà riches le deviennent toujours davantage alors que les régions défavorisées s'appauvrissent jusqu'à devenir misérables. «Je compte bien briser cette fatalité, m'affirma le Président du Brésil et, pour ce faire, il n'y a que l'État.» Dans l'esprit du Président Neves, il s'agissait d'organiser une véritable redistribution des richesses et des moyens financiers entre États riches et États pauvres, seul moyen à ses yeux d'assurer la pérennité et l'unité du Brésil. Une mort prématurée ne lui en laissa pas le temps. C'est d'autant plus regrettable qu'il était le seul à l'époque à jouir d'un prestige et d'une autorité suffisants pour imposer des sacrifices répugnant à l'égoïsme naturel des États développés de la Fédération. Il est assez surprenant dans ces conditions que, lorsque l'Amérique portugaise eut gagné, d'ailleurs tout à fait pacifiquement, son indépendance en 1822 avec Don Pedro I, le fils du roi du Portugal, le Brésil n'ait pas éclaté en États souverains comme le fit l'Amérique espagnole et qu'il se soit accommodé d'une formule fédérale à partir de 1889. Ce maintien de l'unité est d'ailleurs moins inexplicable par le tempérament supposé conciliant des Brésiliens, car plusieurs guerres civiles ont affecté au XIXe siècle le nord-est, le centre et le sud du pays, que par la conscience d'une communauté de destin.

Après le gigantisme, c'est le métissage généralisé, l'incroyable mélange des sangs qui me paraît définir le Brésil. Le premier peuplement de l'Amérique est une question passionnante dont, justement, les dernières découvertes faites au Brésil semblent bouleverser les données. En effet, jusqu'à une époque récente, on pensait que les premiers hommes à pénétrer sur le continent américain venaient d'Asie par le détroit de Béring. On pouvait alors le traverser à pied sec du fait de la baisse du niveau des océans, due à la dernière glaciation il y a environ trente à quarante mille ans. En effet, aucun reste humain retrouvé n'était antérieur à cette période. Or, une chercheuse franco-brésilienne, Niède Guidon, ainsi qu'une universitaire brésilienne ont découvert dans l'ouest de l'État de Bahia, non des restes, mais des foyers humains qui, datés au carbone 14, remonteraient à... plusieurs centaines de milliers d'années! J'ai parcouru moi-même ces sites en compagnie de ma femme et de deux célèbres paléontologues français et suis convaincu, même si de nouvelles découvertes sont nécessaires pour confirmer les précédentes, que l'histoire du premier peuplement de l'Amérique est à revoir entièrement. À cet égard, un jeune explorateur français apporte un précieux témoignage de terrain. Si l'on admet en effet que les premiers humains ont pénétré au Brésil par l'Ouest, c'est-à-dire à partir de la région andine, il pose comme postulat qu'ils ont dû, pour régler leur marche, prendre comme points de repère les accidents de terrain, buttes ou falaises. Partant de là, il en a déduit que l'on devait retrouver sur chacun de ces points de repère des traces de leur passage au nord de l'Amazonie, le long du massif des Guyanes, et au nord du Pantanal dans le Masso Grosso. Et en effet, il trouva partout où il les attendait les gravures et les peintures rupestres de ces premiers découvreurs du continent. La reconnaissance des lieux se fit en partie en ballons libres et j'aurais donné beaucoup pour y participer si les affaires de l'ambassade ne m'avaient retenu à Brasilia...

Quoi qu'il en soit du peuplement initial du Brésil, ce qui compte, ce sont les grandes migrations humaines venues d'Europe, puis d'Afrique. Après quelques tentatives avortées des Hollandais et des Français, ce sont les colons portugais qui, par vagues successives, ont commencé à occuper les régions côtières du Brésil, puis se sont enfoncés dans l'intérieur du pays. Or les cultures tropicales, surtout la canne à sucre, exigeaient une main-d'œuvre robuste et nombreuse. Comme ailleurs, du Sud des États-Unis actuels aux Caraïbes, les Portugais vont avoir recours à la main-d'œuvre servile, c'est-à-dire à l'importation des esclaves en provenance d'Afrique. Ainsi, au fond initial amérindien vont s'ajouter des populations blanches et noires et les trois grands groupes commenceront dès l'origine à se mélanger dans un fantastique brassage de races qui aboutira, au bout de quelques générations, à un métissage généralisé; avec «des dominantes» régionales, noire sur la côte du Nord-Est, blanche dans les États du Sud, indienne dans la *Selva*. Comme en Haïti, chaque type de mélange racial avec ses proportions donne lieu à une appellation particulière: *mulato*, mélange de blanc et de noir, *caboclo*, mélange de blanc et d'indien, *zombo*, mélange d'Indien et de Noir, etc. Quant aux proportions, elles peuvent varier à l'infini. Or, ce brassage donne souvent de somptueux résultats: il n'est qu'à voir les splendides *mulatas* de la plage d'Ipanema à Rio portant le «fil dentaire» («*string*») entre les fesses ou les filles nues juchées sur les chars des écoles de samba pour s'en persuader. La sève est montée dans une race nouvelle, lui donnant vigueur et beauté. Il ne faudrait pourtant pas en déduire pour autant qu'aucune forme de discrimination ou de racisme n'existe au Brésil, principalement à l'égard de la masse noire, qui représente plus du tiers de la population mais qui, pendant mon séjour, n'avait qu'un seul représentant au parlement de Brasilia! L'anecdote qui va suivre paraît illustrer la permanence d'un racisme qui, pour être subtil et largement inconscient, n'en imprègne pas moins profondément certaines mentalités. Peu de jours après mon arrivée dans le pays, j'eus à présider à Rio un déjeuner de l'association des dignitaires brésiliens de l'Ordre de la Légion d'Honneur. Leur Président, qui était à mes côtés, me posa la question classique sur le pays où j'avais servi la fois précédente. Quand il apprit que c'était l'Afrique du Sud, pays de la discrimination raciale, il poussa les hauts cris: «Vous allez voir, me dit-il, ici au Brésil, c'est juste le contraire. Ainsi, moi qui vous parle – et vous savez de quelle famille je suis issu – on m'aura vu à plusieurs reprises en ville prendre le café avec des Noirs!» Puis, après un moment de réflexion: «Certes, je ne les conviais pas à ma résidence, pas plus qu'à ma *fazenda*. Vous comprenez: j'ai des filles!» Pour l'aristocratie et la haute bourgeoisie blanche le *convivium*? Oui, un peu... Le *connubium*? Vous n'y pensez pas! Quant à ceux des Indiens, peu nombreux, qui sont restés en tribus dans la *Selva*, notamment les Yanomanis aux confins du Venezuela, ils subissent le paternalisme de la FUNAL, l'organisme censé les protéger contre les incursions brutales des chercheurs d'or.

Au métissage racial correspond tout naturellement le métissage culturel qui donne au pays sa merveilleuse diversité. Si le tupi-guarani n'est pas, comme au Paraguay, la seconde langue officielle du Brésil, il influence fortement toute la toponymie du pays. Des milliers de noms de lieux débutent par «ITA» qui veut dire «pierre», à commencer par le nom du ministère des Affaires étrangères: l'Itamarati alors qu'*iguaçu* veut dire «grande eau» en Guarani, ce qui est tout à fait justifié par les impressionnantes chutes de cet affluent du Parana au point de jonction du Brésil, du Paraguay et de l'Argentine. En pleine Amazonie, l'étrange fête des Parintins offre le spectacle d'une culture amérindienne très vivante.

Quant aux Portugais, ils ont édifié aux XVIIe et XVIIIe siècles, principalement dans le Minas Gerais et l'État de Bahia, des églises et des couvents de style baroque où l'or à profusion s'allie au bleu des faïences murales justement nommées «azulejos». Bien que le protestantisme et les sectes fassent, comme dans toute l'Amérique latine, des adeptes de plus en plus nombreux, le catholicisme demeure de très loin la religion dominante, faisant même du Brésil le premier pays catholique du monde. Dans les campagnes, et surtout sur la côte, où la population noire est la plus importante, la pratique catholique se mêle quelque peu à celles des religions animistes venues d'Afrique, comme le Candomblé et la Macumba. Les rites africains sont très comparables à ceux que j'avais pu observer en Haïti et, assistant à des cérémonies dans la campagne de Bahia, j'avais l'impression étrange de revivre les sensations éprouvées quinze ans auparavant dans la grande île des Caraïbes. Les «esprits» yorubas ou fons ont d'ailleurs souvent exactement les mêmes noms: ainsi le «loa» de la violence et de la guerre s'appelle «Ogoun ferraille» en Haïti et «Ogù ferajo» au Brésil. J'ai souvent eu la chance de discuter de ces similitudes avec un homme remarquable par sa culture et son ouverture d'esprit, le Père François, qui était un grand initié de ces cultes africains. Il vivait dans une modeste maison des faubourgs de Bahia en compagnie d'une belle et grande jeune femme noire qui le soignait avec dévouement. J'avais fait la connaissance du Père en venant lui porter des antalgiques français introuvables au Brésil, car il souffrait horriblement d'un cancer des vertèbres. Je me souviens de notre dernière rencontre: il était allongé, ne pouvait presque plus parler et je lui tenais la main... Au Brésil se sont métissées jusqu'aux religions!

Un autre trait à retenir du Brésil, c'est son fantastique élan vital. Les gens sont, au plein sens du mot, vivants. Et pas seulement les enfants qui font du Brésil l'un des pays les plus jeunes du monde, mais aussi les adultes dont la foule bruyante et colorée, mais dépourvue de vulgarité, parcourent les artères des grandes cités. La joie de vivre, la bonne humeur, l'extrême décontraction sont partout palpables. Dans quelle grande métropole autre que Rio verrait-on des hommes et des femmes marcher dans les rues du centre-ville en maillots de bain? Mais ce sont surtout la convivialité, la chaleur humaine, la gentillesse des gens qui surprennent l'étranger. Des amitiés éphémères se créent autour d'une *caïpirinha*, alcool de canne blanc au citron vert, puis crèvent comme bulle de savon mais on se sent toujours écouté, compris, aimé et cela fait chaud au cœur. Ajoutons la sexualité ambiante. Elle profite au Brésil d'une grande permissivité et s'affiche au grand jour. Provocantes dans leur tenue, leurs atours, leur marche, leurs œillades, leur sourire et leur déhanchement, les Brésiliennes se jettent littéralement dans vos bras et les enlacer alors, par exemple lorsqu'elles viennent dîner à la résidence, est un plaisir délicat où tous les sens ont leur part. En février, le carnaval donne lieu à de tels débordements que les officines d'adoption savent qu'elles auront, neuf mois plus tard, une pléthore de bébés! S'il n'y avait pas le sida, dont le Brésil est, hélas, l'une des terres d'élection, on serait tenté de dire: «Quelle belle santé!»

Mais autant que l'élan vital, c'est la beauté qui caractérise le Brésil et l'adjectif «éblouissante» est celui qui convient à cette beauté. Elle est d'abord le fait de la nature: les célèbres grandes baies de sable de Rio, dominées par des cônes noirs de lave en forme de pains de sucre, font de ce site urbain l'un des plus fabuleux du monde. À Rio, dans la résidence secondaire de l'ambassade, qui se trouve au 16e étage d'un immeuble donnant sur la baie de Batafogo en face du pain de sucre et dont l'arrière s'ouvre sur le Christ de Corcavado, j'avais coutume de me réveiller particulièrement tôt pour voir le disque solaire s'élever lentement sur un paysage dont les «sept mers» s'éclairent peu à peu et qui est d'une beauté presque irréelle. La route de Rio à Santo longe des baies de sable blanc au centre desquelles s'éparpille une multitude de petites îles rocheuses couvertes de végétation luxuriante. C'est le cas de la baie d'Angra dos Reis où le chirurgien esthétique Pitanguy a aménagé une île de rêve, Ilha dos Porcos, et de celle de Sepetiba où l'île des Carvalho, qu'ils avaient mise quelques jours à notre disposition, offre un séjour délicieux. Je tombai d'ailleurs amoureux, dans cette même baie de Sepetiba, d'une toute petite île d'un hectare, Ilha da Carapuça, couverte de «pau Brésil», ce bois rouge de braise qui a donné son nom au Brésil, et me mis en peine d'en négocier l'achat au Ministère de la Marine auquel elle appartenait. Las! mon départ au Japon ne me permit pas d'achever la négociation et je garde de cette île un lancinant regret. D'après le Coran: «Chaque homme a une petite plage dans le ciel vers laquelle il se tourne en priant...»

Les chutes de l'Iguaçu, la *Serra do mar*, qu'un petit chemin de fer traverse de Curitiba à la mer, les grandes dunes marines du Ceara sont d'autres magnificences de la nature brésilienne, mais la beauté est aussi le fait des hommes. Je pense à la ville dont le nom développé résonne déjà dans notre imaginaire: Sao Salvador da Bahia dos todos os santos et sa centaine d'églises baroques dont celle de Sao Francisco avec son couvent à deux étages d'azulejos. Je pense à Congonhas do campo et aux statues du chemin de croix de l'Alejadinho (le «petit estropié»). Je pense à Ouro preto, ville de l'«or noir», c'est-à-dire de l'or pur, inchangée depuis deux siècles et entourée d'une demi-douzaine de villes d'art moins fameuses mais aussi touchantes et belles, orgueil du Minas Gerais. Je pense à l'émouvant petit opéra de Manaus construit au cœur de l'Amazonie à l'époque de l'essor du caoutchouc de cueillettes. Je pense même à Brasilia. Lorsque François Mitterrand décida de venir en visite officielle au Brésil, le Quai d'Orsay me demanda de préparer son discours sur Brasilia. J'évoquai donc pour lui «cette ville minérale où les ciels sont plus grands qu'ailleurs», ce qui est parfaitement vrai. Ce lyrisme ne dut certainement pas plaire, car le Président ne souffla mot de mon projet! La nuit, si vous marchez seul dans la ville endormie et silencieuse sur l'esplanade du parlement, le dôme rond et lumineux de la chambre basse apparaît sous les étoiles comme une planète émergeant d'un monde sidéral... À propos de Brasilia, je décidai un jour de «vendre» au gouverneur du district fédéral deux idées qui venaient de mon séjour en Afrique du Sud. La première consistait à planter dans la ville dépourvue de végétation des milliers de jacarandas dont les fleurs mauves, sur le tapis desquelles on marche à l'automne austral, font le charme de Pretoria. L'idée paraissait d'autant plus justifiée que le jacaranda est un arbre originaire... du Brésil! La seconde idée était, je le reconnais, beaucoup plus extravagante. Partant du fait que la faune du haut plateau de Brasilia est piètre ou inexistante mais qu'en revanche la végétation de steppe arbustive ressemble tout à fait à celle de l'Afrique australe, je proposai au gouverneur de faire clôturer plusieurs milliers d'hectares de savane et d'y introduire la magnifique faune de l'Afrique: buffles, rhinos phacochères, éléphants, gazelles, girafes, lions... Le gouverneur me regarda avec des yeux ronds et ne dit rien, mais je vis dans son regard qu'il pensait: «Cet ambassadeur est complètement fou!» Ce projet en resta là. C'est dommage, car un tel parc d'animaux sauvages africains eut attiré des touristes de tout le continent américain vers cette ville qui est une demi-réussite et un demi-échec, réussite dans la mesure où, avec son million d'habitants (y compris les «cités dortoirs»), elle est irréversiblement la capitale administrative du pays, échec parce que corps étranger sur le plateau central brésilien, elle n'a pas su accomplir le dessein de son fondateur, Juscelino Kubitschek, qui était de décongestionner la côte en attirant massivement la population à l'intérieur du pays.

Cependant, pour l'intérêt et la beauté, c'est encore le Nordeste qui est, de toutes les régions du Brésil, la plus attachante. La sécheresse qui y sévit et qui force périodiquement la population à partir vers les grandes villes du

Sud, notamment Sãn Paolo, a créé une civilisation originale que décrivent les romans de Jorge Amado et mettent en scène les films de Glauber Rocha, comme *Deus e o diablo na terra do sol* («Dieu noir et diable blond»). C'est la terre des *cangaceiros*, ces bandits à cheval au chapeau et aux jambières de cuir pour se protéger des griffes des épineux qui revivent dans le merveilleux film *O cangaceiro*, inspiré de l'aventure réelle du «capitao Limpiao» et de sa maîtresse «Maria Bonita». Ceux-ci trouvèrent la mort en 1937 sous les balles de la garde nationale après avoir terrorisé pendant des années les grands propriétaires du *Sertao*. Mais leur légende demeure vivace, comme d'ailleurs celle du «conselheiro», ce mage inspiré qui, au XIXe siècle, avait fondé la première cité communiste du monde Canudos, dans la boucle du Rio Sao Francisco (État de Bahia). Il fallut plusieurs expéditions de l'armée fédérale pour venir à bout de ce visionnaire et de ses disciples fanatisés auxquels il annonçait la fin des temps: *O sertao sera o mar o mar sera o sertao*, c'est-à-dire: «Le sertao sera la mer et la mer sera le sertao», montrant par là que toutes les réalités d'aujourd'hui se trouveront bouleversées cul par-dessus tête! Un verset du Coran dit à peu près la même chose: «Le jour du jugement, les montagnes flotteront dans l'air comme des petits flocons de laine bleue!» C'est l'épopée de Canudos que le prix Nobel de littérature colombien fait revivre dans son beau livre *La Guerre de la fin du monde*. Dans la brousse à cactées du Sertao, l'air est pur et lumineux, d'une légèreté extrême et le désir vous prend de pousser à fond votre cheval vers les montagnes bleues qui ferment l'horizon à l'ouest. C'est aussi, hélas, la région la plus misérable du Brésil, *O triango da fome*, «le triangle de la faim», qui apparaît comme une zone d'ombre dans le panorama économique du pays.

«Le Brésil n'est pas un pays sérieux», ai-je entendu dans la bouche des Brésiliens, avec l'accent d'un reproche secret, ce jugement attribué à de Gaulle? Je doute d'ailleurs que le Général ait prononcé une telle phrase en public. Il était, pour ce faire, beaucoup trop conscient de la susceptibilité brésilienne. Mais, qu'il l'ait ou non prononcée, la phrase a fait mouche et elle est toujours aussi péniblement ressentie par les Brésiliens. En tout ca, même s'il avait pu être justifié dans le passé, le jugement ne serait plus aujourd'hui de mise. Le Brésil a engendré une classe d'industriels et d'hommes d'affaires non seulement sérieux, mais foncièrement travailleurs et particulièrement avertis des aspects modernes de l'économie. De même, alors que j'avais connu au milieu des années quatre-vingt des hauts fonctionnaires parfois verbeux et peu efficaces, j'ai trouvé dix ans plus tard, notamment au ministère des Finances, de jeunes agents remarquablement au fait de leurs dossiers. Le malheur est que, formés aux États-Unis, ils ne pouvaient plus, comme le faisaient leurs aînés, s'exprimer en français. Par eux s'expliquent en partie les remarquables succès du Brésil devenu la dixième puissance économique du monde et un grand exportateur de produits industriels, notamment vers les pays du Tiers-Monde. En effet, les produits brésiliens, souvent moins chers, plus robustes car moins sophistiqués que les européens ou les américains, se révèlent plus adaptés aux besoins de l'Afrique ou du reste de l'Amérique latine. Ainsi s'explique par exemple le succès du char «Cascavel» ou de l'avion d'entraînement. Mais surtout, après une économie évoluant par cycles successifs donnant la priorité à une seule production; cycles du «pau Brésil», de la canne à sucre, du caoutchouc, du café, du coton, etc., le Brésil a construit une économie équilibrée entre une agriculture qui, à l'inverse de celle du Mexique, n'a pas été sacrifiée, et une industrie en plein essor. En dépit de turbulences assez récentes, imputables d'ailleurs au Brésil, le MERCOSUR, sorte de marché commun groupant, outre le Brésil, l'Argentine, l'Uruguay et le Paraguay, est venu renforcer le dynamisme du commerce extérieur. Avec le Président Fernando Henrique Cardoso (qui me rappelait récemment que je lui avais remis la Légion d'honneur à Brasilia quand il était ministre de la Culture), le Plan real, du nom de la nouvelle monnaie se substituant au «cruzeiro» puis au «cruzado», rompait avec la désastreuse pratique d'inflation galopante qui avait tendance à faire passer le Brésil d'une économie de production à une économie de pure spéculation. En 1985, les prix pouvaient changer plusieurs fois par jour à l'étal des supermarchés et l'intendant, qui faisait les provisions pour l'ambassade, devait remplir de billets de banque le coffre de sa voiture! Aujourd'hui, et cela semble inouï, un «real» vaut presque un dollar américain! Rien ne symbolise mieux le retour en force économique du Brésil.

Le pays a pourtant ses plaies, et elles sont béantes. En fait, les maux sont à l'échelle du pays: gigantesques. Le premier de tous est la pauvreté, on devrait dire la misère, qui n'est pas cantonnée dans le Nordeste ou les banlieues des grandes villes, mais affecte plus ou moins le pays tout entier. Plus du tiers des Brésiliens vivent au-dessous de ce qu'il est convenu d'appeler le «seuil de pauvreté» et il n'est qu'à marcher dans les rues des villages ou les faubourgs des villes pour s'en convaincre. L'eau, l'électricité sont des luxes dans les zones reculées où les enfants ont faim. La misère rurale a provoqué l'émigration massive vers les faubourgs des grandes cités où les migrants se sont établis. C'est là l'origine des *favelas*, bidonvilles juchés sur les montagnes dominant Rio, lieu où le phénomène a débuté avant de concerner toutes les autres villes du pays. À Rio, vues de loin, les favelas ont un aspect presque pimpant avec leurs cabanes blanchies à la chaux ou peintes de couleurs vives. Cependant, lorsqu'on pénètre dans la favela elle-même, la misère saute au visage: précarité, promiscuité, immondices, odeurs fétides et aussi ambiance de peur. C'est que la favela, où les bandes organisées font la loi et où le trafic de la drogue est généralisé, les exactions des racketteurs, et parfois même de la police, font vivre la population dans un état d'insécurité permanent. Les litiges se règlent à coup d'armes automatiques et, en 1997, le lycée français, situé trop près d'une favela a même reçu une grêle de balles perdues. À São Paulo, où j'avais remis en 1986 au Cardinal Arns, le grand défenseur des déshérités, la commanderie de la légion d'honneur, la situation est encore pire. Contrairement aux favelas de Rio, qui sont au moins à l'air sur les hauteurs, les quartiers misérables de São Paulo se trouvent dans les bas-fonds, de véritables puits où des sentes humides donnent accès à des pièces sans air. Elles sont garnies de paillasses où des hommes prennent leur repos alternativement. Il est difficile de trouver conditions de vie plus abominables sur le continent américain. Évidemment, de telles conditions engendrent une délinquance et une criminalité très élevées. En arrivant assez récemment à Rio, j'appris par les journaux que durant la nuit précédente, on n'avait pas compté moins de quatorze homicides, ce qui constituait, me dit-on, une «nuit ordinaire»! Je fus moi-même l'objet en 1987, au cours d'un séjour à Rio, d'une tentative de meurtre ou d'enlèvement qui tourna court. Les hommes armés qui avaient coupé la route à la voiture officielle s'étant aperçus que je n'étais pas dans cette voiture, s'enfuirent sans inquiéter davantage mon Consul général, Paul-Henri Manière, qui lui, s'y trouvait! Le long des plages, les voitures ne s'arrêtent plus aux feux rouges de crainte de voir surgir de la chaussée un malfaiteur armé qui réclamera portefeuilles, montres et bijoux... Lorsque vers six heures du soir les jeunes des favelas descendent sur les plages de Copacabana, Ipanema ou Leblond, on assiste au départ précipité des baigneurs qui préfèrent laisser la place aux nouveaux arrivants. Le chiffre de cinq millions d'enfants abandonnés dans tout le Brésil, c'est-à-dire d'enfants n'ayant plus aucun rattachement familial, est probablement exagéré, mais il est certain qu'à Rio, par exemple, plusieurs dizaines de milliers de ceux-là vivent et dorment dans la rue n'ayant que le recours à la délinquance pour assurer leur survie. Ils sont alors la proie des fameux «escadrons de la mort», composés souvent d'anciens militaires ou policiers qui, pour combattre la criminalité, ont recours eux-mêmes au meurtre. C'est ainsi qu'en 1996, plusieurs enfants abandonnés qui dormaient sur le parvis de l'élégante église perchée de la Gloria ont été sauvagement assassinés à l'arme automatique par des cagoulards qui n'ont pas été retrouvés ni, par conséquent, inquiétés.

Autre grande plaie du Brésil, les maladies épidémiques récurrentes qui affectent de larges couches de la population, les plus pauvres évidemment. Si l'on met de côté le sida et la tuberculose qui sont pourtant dans les villes les principales causes de mortalité, le Brésil connaît, essentiellement sur les côtes et dans le bassin amazonien, l'ensemble des maladies tropicales reconnues, du paludisme, qui est de loin la plus meurtrière, à la bilharziose qui s'attrape par le contact des pieds nus avec l'eau contaminée, en passant par les vers filières et la lechmaniose qui a comme vecteur le chien. Je voudrais insister sur deux maladies affectant particulièrement le Brésil: la lèpre et la maladie de Chagas. La première des deux pourrait être éradiquée du Brésil, ce que tente de faire l'Ordre de Malte dans sa grande léproserie de Macapa dans le territoire de l'Amapa en Amazonie. En effet, on peut maintenant parfaitement guérir la lèpre avec les antibiotiques appropriés, mais ceux-ci coûtent cher et ne sont donc pas généralisés. La lèpre est ainsi fille de la pauvreté. J'eus à Belem une expérience désagréable. Alors que, sur les quais du port, je glissais un billet à un vieux mendiant, celui-ci, avec un rire qui me parut sardonique, me griffa jusqu'au sang la paume de la main au moment où je m'aperçus qu'il était lépreux!

Cette mésaventure me fait encore frissonner! Quant à la maladie de Chagas, elle prend en écharpe le plateau brésilien, depuis la Bolivie jusqu'à Ceara et affecte de douze à quinze millions de Brésiliens. Transmise par une punaise qui vit dans les crevasses des murs de torchis et dans les toits de chaume ou de feuillage, elle se traduit, soit par un lupus dont les effets sont comparables à la lèpre faciale, soit, de façon plus grave, par un boursouflement du cœur qui tend à occuper, aux dépens des poumons, toute la cage thoracique, provoquant, au terme de six à sept ans, la mort du malade par étouffement. J'ai essayé avec passion, mais en vain, d'intéresser des équipes de jeunes médecins français à cette maladie terrible que nul ne sait guérir, ni même combattre. Mais, à la différence du sida, qui mobilise talents et moyens dans la mesure où il affecte des milieux riches et influents, la maladie de Chagas n'intéresse personne. Pensez donc! Quelques millions de paysans pauvres... Comme la lèpre, la maladie de Chagas est fille de la misère. Il me fut d'ailleurs donné d'avoir l'impression désagréable de l'approcher. Des religieuses françaises de Goïas m'avaient offert l'hospitalité dans leur pauvre maison de torchis. Comme je m'apprêtais à m'étendre dans le hamac tendu au travers de la pièce, je projetai sur le mur crevassé le faisceau lumineux de ma lampe électrique: ce mur grouillait de punaises! Inutile de préciser que je passai une mauvaise nuit! Normalement, les punaises tombent sur la barbe des dormeurs, d'où leur nom populaire de «barbeiros»...

Enfin, les très grandes inégalités sociales, héritées de l'époque coloniale, qui caractérisent la société brésilienne, font d'elle une société malade qu'agitent de perpétuels soubresauts. L'oligarchie terrienne, celle dite des *coroneis*, caciques locaux, aux tendances despotiques, continue d'exploiter la masse paysanne qui réagit de temps à autre par des sursauts de violence. Cette violence suscite à son tour celle des propriétaires terriens qui paient des mercenaires (*jagonços*) pour terroriser les paysans pauvres. Je puis porter personnellement témoignage de la terreur qui sévissait il y a une quinzaine d'années dans le Nord de l'État de Goias (aujourd'hui État du Tocantins) dans une région qu'en raison de sa forme sur la carte, on appelle le Bico do paragaio, le «Bec de perroquet». Le Père Henri Burin des Roziers, neveu du plus proche collaborateur du Général, m'avait alerté sur la situation qui régnait dans le Bico, où résidaient deux sœurs françaises menacées de mort par les *jagunços* en raison du soutien moral qu'elles apportaient aux paysans pauvres. Lorsque le Père Henri m'apprit que la toiture de chaume des sœurs avaient été incendiée pendant la nuit, je décidai de me rendre aussitôt sur place en voiture, fanion déployé, afin de signifier aux mercenaires, et indirectement aux grands *fazendeiros*, qu'il ne s'en prendraient pas impunément à nos compatriotes. Cette manœuvre d'intimidation eut d'ailleurs le résultat escompté, car nos sœurs ne furent plus inquiétées. En revanche, un jeune prêtre catholique, le Père José, qui était, avec son collègue français, le Père Henri, le grand défenseur des paysans, fut assassiné de plusieurs balles dans le dos dans la petite ville voisine d'Imperatriz. Ce voyage dans le Bico me permit de constater les violences exercées à l'encontre des paysans. À la suite d'une embuscade contre la jeep d'un grand propriétaire, au moins trois villages furent incendiés et entièrement détruits après qu'on eut donné aux habitants une demi-heure pour quitter les lieux. Je pus visiter les trois sites, marcher dans les cendres encore chaudes et prendre des photos des charpentes carbonisées. Dans les villes, l'existence d'une bourgeoisie tournée vers le commerce et les activités industrielles rend les écarts sociaux sans doute moins choquants, même s'ils perdurent. L'Atamaraty par exemple, le ministère des Affaires étrangères brésilien, qui est d'ailleurs remarquable de compétence et d'efficacité, tend depuis toujours à recruter ses membres par cooptation au sein des plus grandes familles du pays. Bien entendu, les inégalités sociales criantes et les atteintes aux droits de l'Homme créent une situation explosive que le «Parti des travailleurs» de Lula n'a pas jusqu'ici réussi à exploiter à des fins révolutionnaires. La masse est, il est vrai, largement analphabète et le plus souvent passive. Je me souviens parfaitement d'une conversation que j'ai eue à la Havane, en 1983, avant ma nomination au Brésil, avec Carlos Rodriguez, un marxiste pur et dur, très proche conseiller de Fidel Castro. «Le sort de l'Amérique latine dépend du comportement du prolétariat brésilien. S'il demeure passif, rien n'est possible comme l'a montré l'échec du Che en Bolivie. En revanche s'il se soulève, c'est tout le continent qui s'embrasera», disait-il. Notons que, depuis peu, c'est une belle jeune femme, d'origine bourgeoise, mais du «PT» de Lula, qui est de São Paulo, la grande métropole du pays. Comme le géant Gulliver, le géant Brésil est bien maintenu au sol, non par les entraves des Lilliputiens, mais par ses propres maux.

Et la France dans tout cela? C'est la question que se pose forcément l'ambassadeur dès qu'il a fait le tour des immenses problèmes du pays. Or, le Brésil est un des rares pays au monde où la France peut avoir une place exceptionnelle et cela, pourrait-on dire, par défaut. En effet, la «surpuissance» des États-Unis, ressentie sans doute avec moins d'hostilité que dans les pays hispanophones du Continent, fait quand même un peu peur. Quant à l'ancienne mère-patrie, le Portugal d'où le Brésil a tiré sa langue et sa culture originelles, elle est beaucoup trop réduite et économiquement modeste, malgré les progrès récents dus à l'intégration européenne, pour constituer un véritable centre d'attraction. Mon collègue portugais à Brasilia ne se faisait aucune illusion à cet égard quand il disait: «Mon pays est une toute petite femme qui a accouché d'un colosse!» Comme partout ailleurs en Amérique latine, la Grande-Bretagne ne joue qu'un rôle effacé alors que l'Allemagne ne s'intéresse guère qu'à l'économie en dépit de la présence de prospères colonies allemandes dans les États du Sud, surtout le Santa Catarina et le Panana. Le Japon a une position identique malgré la présence d'un million de Japonais émigrés au tournant du siècle. L'Italie, quant à elle, n'a pas au Brésil la présence humaine massive qu'elle a en Argentine et l'Espagne regarde surtout vers ses anciennes colonies hispanophones. Que reste-t-il? La France, justement, pour laquelle le Brésil éprouve toujours une attirance très puissante. Notre influence culturelle, qui était presque «monopolistique» au XIXe siècle, est encore assez forte pour faire de l'Alliance française du Brésil la première du monde, tant en nombre d'Alliances qu'en nombre d'inscrits alors que deux excellents lycées français, l'un à Rio, l'autre à São Paulo, accueillent un très fort pourcentage de jeunes Brésiliens. Jusqu'à une époque récente, la pratique courante du français était obligatoire pour entrer dans la carrière diplomatique brésilienne et, aujourd'hui encore, le fait de parler français est considéré comme une marque distinctive d'éducation et de culture dans la société brésilienne. On peut seulement regretter que cet engouement se limite, par la force des choses, à la bourgeoisie du pays. Il s'explique d'ailleurs en grande partie par des «affinités électives» dues à une proximité de civilisation et d'idéaux. Ainsi l'universalisme, qui s'exprime symboliquement par le globe terrestre du drapeau brésilien, est une valeur partagée par les deux pays. Quant à la devise du Brésil, qui figure également sur le drapeau: *Ordem e progresso*, elle n'est autre que la traduction en portugais de la devise comtiste «Ordre et progrès». Auguste Comte et le Positivisme ont profondément influencé, au siècle dernier, le Brésil, qui est le seul pays au monde où existent encore des églises comtistes. Le Maréchal Rondon, qui a donné son nom à l'État de Guaporé, aujourd'hui Rondonia, était lui-même un disciple d'Auguste Comte. Jusqu'à la Seconde Guerre mondiale, les grands *fazendeiros* venaient dépenser leur fortune à Paris qui exerçait sur eux, par ses plaisirs vrais ou supposés, une véritable fascination: «Je suis Brésilien, j'ai de l'or», n'est-il pas l'un des refrains d'une célèbre opérette? Et quand en 1889, l'Empereur Don Pedro II est renversé par l'armée qui proclame la République, il se réfugie tout naturellement à Paris. Il ne lui serait même pas venu à l'idée de choisir quelque autre lieu pour vivre un exil qui n'en était pas tout à fait un. D'autres hommes politiques brésiliens prendront plus tard le même chemin, mais par la voie aérienne en décollant du premier aéroport de Rio, appelé «Santos Dumont» du nom du célèbre aviateur franco-brésilien qui avait réussi en son sein la symbiose des deux cultures. Le couple France-Brésil est donc, au moins dans le domaine de la culture, un ménage heureux.

Pour un ambassadeur français, cette extraordinaire proximité est à la fois un grand avantage et une grande responsabilité car, plus qu'ailleurs, il ne saurait être question de décevoir. au vrai sens du mot, elle oblige. Il faut reconnaître que, de son arrivée à son départ, un véritable tapis rouge se déroule sous les pieds de l'ambassadeur accueilli à Rio, à Brasilia et dans tous ses déplacements avec une chaleur et un faste tout à fait inhabituels. Chaque État de la Fédération se considérant un peu comme un État à part entière, la visite de l'ambassadeur français donne partout lieu à un déploiement de moyens surprenant. C'est ainsi qu'il est invité à passer en revue la Garde de l'État, qui est la superbe Garde républicaine à cheval quand il s'agit de l'État de São Paulo, alors que le gouverneur met généralement son avion privé à sa disposition pour découvrir les villes ou régions intéressantes de l'État. J'eus ainsi la grande chance de visiter officiellement 22 États (sur 23) et un territoire fédéral, celui des îles Fernando de Noronha en plein Atlantique, à quelque quatre cents kilomètres de la côte du Brésil. En vérité, la seule grande difficulté que rencontre le représentant de la France est la rivalité américaine pour l'obtention des contrats. Elle est acharnée et exige une vigilance de tous les instants. J'en veux pour exemple ce que l'on peut appeler «l'affaire des hélicoptères». Avant mon arrivée au poste, le ministre des Finances brésilien, Delfim Neto, avait souscrit, pour un montant considérable, des contrats d'achat d'hélicoptères français. Au moment du changement de régime, les Américains ont commencé à exercer une pression intense sur les décideurs brésiliens pour les amener à dénoncer les contrats français et les remplacer par des contrats d'achat d'hélicoptères américains «Sikorsky». Un jour, le chef de l'État me pria de le rencontrer dans son bureau de Brasilia pour me dire en riant: «Seul le Président des États-Unis n'est pas intervenu pour nous enjoindre d'acheter des Sikorsky.» Eh bien, il avait tort car, quarante-huit heures plus tard, le Président Reagan appelait directement au téléphone le Président Sarney! Finalement, les Brésiliens ont tenu bon et moyennant quelques modifications dans les catégories d'hélicoptères commandés, mais, à prix global maintenu, nous avons sauvé ce gros contrat...

«Le Brésil est un pays d'avenir, bien fait pour le rester toujours.» Ce jugement sarcastique souvent émis sur le Brésil contient certes une part de vérité dans la mesure où ce pays est loin d'avoir encore développé toutes ses potentialités. Je préfère dire pour ma part que les Brésil est l'avenir du monde ou, plus exactement, vit aujourd'hui le type de société qui sera la nôtre demain. Connaissez-vous une société où les races se côtoient et se mêlent au point de constituer peu à peu un type physique métissé dominant, où les sectes et les croyances irrationnelles se développent aux dépens des religions révélées traditionnelles, où la violence dans les agglomérations urbaines atteint un niveau incontrôlable, où les maladies épidémiques se généralisent, où les médias (en l'occurrence la télévision «Globo») ont une influence déterminante sur les choix et la vie des individus, où l'exode rural gonfle les cités qui deviennent tentaculaires, où le lien familial se desserre ou disparaît complètement, où le divorce devient la règle et l'union conjugale l'exception, où les différences sociales s'accentuent entre les possédants et les exclus, où les tabous disparaissent au profit d'une liberté sexuelle débridée, où les jeux d'équipe comme le football soulèvent des passions sectaires, où la musique, de préférence la plus syncopée, l'emporte sur toutes les autres formes d'art, où l'anglais progresse aux dépens de toutes les autres langues étrangères, surtout du français? Ne cherchez pas: c'est le Brésil. Oui, c'est le Brésil, mais cette énumération ne vous rappelle-t-elle pas quelque chose, quelque chose qui nous est de plus en plus familier? Car il est très précisément le type de société vers lequel nous nous dirigeons. Tout ce qui nous attend, le Brésil le connaît déjà. Il vit à plein le XXIe siècle, parfois même dans le XIXe! Et si le tableau paraît sombre, c'est que, pas plus que nous plus tard, les Brésiliens ne sont en mesure de dominer aujourd'hui les immenses problèmes de la vie contemporaine. Et à cet égard, le gigantisme du Brésil ne lui sert à rien. Comme l'albatros de Baudelaire, «ses ailes de géant l'empêchent de marcher»!

La cigale et les Fourmis

« Des fourmis jaunes...» «Le Japon, voilà l'ennemi!» «Ils gagnent parce qu'ils trichent...» Dans leurs déclarations publiques sur le Japon, il semble que personnages politiques et grands patrons français de l'industrie aient fait assaut d'inepties. Déclarations non seulement ineptes mais dévastatrices pour nos relations politiques et commerciales avec le Japon. Elles traduisent bien, en tout cas, notre méconnaissance fondamentale de la réalité japonaise actuelle. Il est d'ailleurs amusant de constater que les rares mots japonais passés dans la langue française, ou n'ont jamais existé ou ne sont plus employés depuis des lustres! Ainsi *Hara-kiri*, littéralement «coupe-ventre», fait rire les Japonais qui appellent *Seppuku* ce suicide rituel. De même, le *Fuji Yama* se nomme au Japon *Fuji San* et l'empereur, *Tenno*, fils du ciel, n'est plus appelé *Mikado* depuis quatre siècles! Quant à la *Mousmé*, ce n'est pas une danseuse du ventre arabe, mais bien une «jeune fille». C'est d'ailleurs le seul mot qu'avaient retenu les marins de Pierre Loti car, dans les ports japonais, il était fort utile!

En vérité, le grand danger c'est d'aborder le Japon avec des idées toutes faites, que l'on s'est forgées une fois pour toutes et que l'on veut conserver contre toute réalité. «Vous qui entrez, laissez là, non pas toute espérance, mais tout préjugé!» telle devrait être la maxime de ceux qui souhaitent comprendre quelque chose à ce pays.

Et Dieu sait que ce n'est pas chose facile pour nous: Lafcadio Hearn, cet Irlando-Grec naturalisé japonais et qui avait une épouse japonaise, a pu écrire: «Voilà quarante ans que je vis au Japon et j'ai enfin compris quelque chose: que je n'avais encore rien compris à ce pays!» C'est que nous avons tendance à juger les comportements japonais à l'aune de nos propres conceptions.

Pour nous, tenants de la géométrie dite euclidienne, le plus court chemin pour aller d'un point à un autre est la ligne droite. Il n'en est pas forcément de même pour les Japonais, qui peuvent agir en «non-euclidiens». Bien entendu, c'est là une source majeure d'incompréhension.

Un jour, je reçois un dignitaire qui me vante à loisir l'exquise douceur du comportement japonais. Quelque peu agacé, je ne puis m'empêcher de lui dire que nos officiers de Langson ne s'en étaient guère aperçu, le 9 mars 1945, lorsqu'on leur avait tranché la tête après le déjeuner! Sincèrement étonné, il rétorque: «Mais ils avaient capitulé! Ils avaient donc perdu l'honneur! En les décapitant en guerriers, nous leur avons rendu l'honneur.» Certes, c'est une façon de voir les choses, qui n'est pas la nôtre en tout cas...

Au Japon, je me suis considéré comme une éponge, heureux de me gorger d'impressions nouvelles. Quelle joie de «dépouiller le vieil homme», libérant l'esprit de toutes les conceptions ancrées, de toutes les certitudes acquises pour s'ouvrir à ce que l'on voit, à ce que l'on sent! Quand on a largement dépassé le temps de la jeunesse, n'est-il pas stimulant d'apprendre chaque jour au moins une chose entièrement nouvelle, qui vient d'ailleurs souvent contredire celle qu'on a apprise la veille? Le Japon vous force ainsi à une incessante remise en question. C'est que sa réalité est multiforme et que le contraste est partout.

Habituellement, lorsqu'un ambassadeur arrive dans un nouveau poste, il attend trois mois pour se faire une première idée du pays de sa résidence, puis il écrit au Quai d'Orsay un beau télégramme disant: «Le pays est ceci, le pays est cela.» C'est ce que j'ai eu l'imprudence, ou plutôt l'impudence de faire après quelques mois de séjour au Japon. Or quel n'a pas été mon trouble en constatant que si l'une de mes affirmations était éventuellement juste, l'affirmation contraire ne l'était pas moins! Ainsi on peut considérer que le Japon est un grand pays démocratique, mais cette démocratie s'est plaquée sur une vieille structure féodale et clientéliste qui est partout sous-jacente. Ainsi le Japon est l'un des pays les plus riches du monde, mais il existe dans la population urbaine et rurale de larges poches de pauvreté. Mon collègue italien disait d'ailleurs plaisamment à ce propos que l'Italie est un pays pauvre où les gens vivent comme des riches et le Japon un pays riche où les gens vivent comme des pauvres! Ainsi les Japonais vivent à l'occidentale pendant la journée, mais reprennent, dès qu'ils sont chez eux, le mode de vie traditionnel. Ainsi la petite délinquance n'existe pratiquement pas dans les grandes villes, ce qui n'empêche pas les mafias (*Yakusas*) et les sectes de disposer d'une formidable puissance. Ainsi le peuple japonais est le plus raffiné du monde, dans ses gestes, sa politesse exquise, ses attentions délicates, mais c'est le même peuple dont les soldats ont pu perpétrer le «viol de Nankin»! Ces contradictions nous déchireraient et nous ne pourrions pas les surmonter. Les Japonais au contraire les vivent sans problème, apparemment comme les galets sur lesquels l'eau glisse...

Mais le plus fantastique paradoxe du Japon, le voici: ce pays n'a rien, ni houille, ni fer, ni diamant, ni or, ni pétrole et son agriculture produit un riz trois fois plus cher que son cours mondial. Or, le Japon est devenu la seconde économie mondiale après les États-Unis et probablement la première puissance industrielle du monde en pourcentage d'industrie de pointe, car ce n'est pas la même chose de fabriquer des briques au Texas ou des composants électroniques à Nagoya! Quand on pense à l'économie russe en déconfiture malgré ses immenses richesses naturelles, on arrive à cette conclusion: ce qui fait la prospérité d'une nation, c'est bien l'homme, seulement l'homme.

Comment donc expliquer les fantastiques succès du Japon?

Nous venons de le voir: ce sont d'abord les qualités de l'*homo japonicus*. On a mis en avant son énorme puissance de travail: elle est réelle mais il faudrait nuancer: si les heures de présence au bureau et à l'usine sont considérables, le rythme du travail n'est pas toujours soutenu. On a surtout mis l'accent sur la discipline des travailleurs, leur malléabilité, leur patriotisme d'entreprise qui tend d'ailleurs à s'atténuer. On a aussi vanté leur sobriété qui faisait dire à Hearn cette formule intraduisible: *Asia can underlive Europe*. Tout cela est vrai mais sans doute en partie compensé par un certain manque d'initiative individuelle, d'adaptabilité à très court terme.

Alors, pour moi, quatre traits essentiels peuvent rendre compte du «miracle japonais»: d'abord le perfectionnisme à tous les échelons de la société. Une sorte d'angoisse étreint le Japonais quand il n'est pas au bon moment à la place où il doit être. Ainsi, une véritable panique s'emparait de mon chauffeur s'il était en retard de quelques minutes au rendez-vous convenu ou s'il n'avait pas mis sa main au-dessus de la portière pour protéger ma précieuse tête! Il s'agit d'ailleurs pour le Japonais d'être performant dans son propre domaine, dans l'alvéole sociale où le destin l'a placé. Ce même chauffeur à qui je conseillais d'entrer à l'université, car il était fort intelligent, me répondit ceci que je médite encore: «Je préfère être un bon chauffeur qu'un mauvais étudiant!»

Le second trait est indiscutablement l'honnêteté foncière, le respect de la parole donnée, le sens de l'honneur, pour tout dire l'aspiration à la vertu qui a corseté la société depuis l'apparition au Japon du bouddhisme et de la morale confucéenne venus de Chine. Cette puissance de la vertu conduit à des situations impensables dans un quelconque autre pays: par exemple, des malfaiteurs français avaient volé cinq tableaux de Corot appartenant au Louvre dans le musée de Semur-en-Auxois. Revendus plusieurs fois au Japon, quatre de ces tableaux avaient été finalement acquis par des collectionneurs de bonne foi. Or, la législation japonaise stipule qu'un tel acquéreur devient propriétaire après une année, sauf si la mauvaise foi peut être prouvée, ce qui est évidemment impossible. Les tableaux ayant fait surface plus d'un an après leur acquisition, j'ai rendu visite à chaque propriétaire en lui tenant le langage suivant: «Ce tableau vous appartient selon la loi de votre pays, mais, maintenant que vous savez qu'il a été volé dans un musée français, si vous le gardez, vous agissez contre la vertu.» Cette évocation de la vertu eut déclenché partout ailleurs des éclats de rire, en tout cas des fins de non-recevoir. Eh bien, au Japon, la vertu a opéré ce miracle: les quatre tableaux, dont chacun valait entre 20 et 60 millions de yens, ont été restitués, certes devant les caméras de télévision (la vertu a quand même ses limites) et, dans sa grande générosité, le Louvre n'a pas versé un sou de dédommagement!

Autre trait marquant: le patriotisme qu'il ne faut pas confondre avec le nationalisme exacerbé qui a poussé les militaires japonais à se lancer dans la Guerre du Pacifique. Il n'est d'ailleurs guère étonnant qu'un pays qui a connu près de trois siècles d'isolement total, de la bataille de

Sekigahara en 1600 à l'ouverture du Japon par l'Amiral Perry, et s'est hissé au tout premier rang des nations, puisse en éprouver de la fierté. Comme je félicitais le vieux président Honda d'avoir, dans le courant d'une seule vie humaine, bâti son fantastique empire automobile, il me répondit: «Ce n'est qu'une brique de plus que j'ai posée sur le mur du grand Japon!» L'humiliation de la défaite de 1945 s'est trouvée en quelque sorte effacée par les succès, non plus des armes, mais de la production.

Enfin et peut-être surtout, c'est la parfaite adaptation des Japonais aux conditions économiques et technologiques de notre temps qui peut le mieux rendre compte du miracle. Tout se passe comme si le Japonais s'était coulé dans son époque pour en épouser exactement les contours. Ce peuple est ainsi devenu excellent dans l'excellence des autres: pour les pales des hélices de sous-marins, Toshiba bat les États-Unis qui sont surclassés jusque dans leurs voitures! Les chefs japonais tendent à égaler leurs collègues français dans le domaine de la haute cuisine! Les divas et les instrumentistes japonais excellent dans la musique occidentale. Quant aux grands couturiers, comme Isse Myake ou Hanae Mori, ils semblent bien qu'ils aient découvert la flamme de la création!

Mais les succès japonais ne s'expliquent pas uniquement par la qualité des hommes. Les méthodes sont aussi responsables pour une grande part.

On peut ainsi constater que le Japon a mis cul par-dessus tête les deux systèmes sur lesquels s'était fondé le capitalisme classique de l'Occident: le système de Taylor et le système de Ford.

Dans le taylorisme, le geste du travailleur est de plus en plus simplifié jusqu'à devenir l'automatisme de maniement d'une manette à la manière du Charlot des *Temps modernes*. Or ce genre de geste, le robot peut le faire, plus régulièrement et mieux que l'homme. Aussi, l'entreprise japonaise préfère-t-elle conscientiser le travail humain, par exemple sur une chaîne de fabrication automobile, en demandant à l'ouvrier, non seulement d'effectuer un travail diversifié, mais également de pouvoir remplacer haut le pied son collègue en amont ou en aval de la chaîne. Le poste de travail est en outre fréquemment changé pour faire renaître l'intérêt. Ainsi, à mi-chemin du «tout robotique» de certaines usines américaines, fragile et difficile à amortir, et du «tout manuel» du Tiers-Monde, qui ne fonctionne pas mieux, l'entreprise japonaise robotise exactement ce qu'il est économique de robotiser et s'efforce, pour le reste, de rendre le travail plus humain. Le résultat en coût et en qualité de production est excellent.

L'autre système mis à mal par les Japonais est celui de Ford au nom duquel il fallait d'abord produire et ensuite seulement tâcher d'écouler sa production. À cela s'oppose le «JIT» *(Just In Time)* qui revient à ne produire que ce que l'on est à peu près sûr de vendre, ce qui permet de grosses économies en diminuant les stocks en amont et les produits entreposés en aval. Ce n'est pas au Japon que l'on pourrait voir ces parcs immenses de voitures neuves dont la peinture s'écaille au soleil de Galveston!

Mais c'est surtout par un système totalement original que s'impose le Japon: je serai tenté de l'appeler le «système du chef». Dans nos pays, ordres et directives descendent naturellement du sommet vers la base. J'interrogeai un jour dans le jardin de la résidence de Tokyo l'un des grands patrons de l'industrie automobile française sur la façon dont se prenaient, dans sa firme, les décisions.

«Euh, me dit-il, je consulte, je prends les avis de mes conseillers, puis je tranche et les décisions sont exécutoires pour tous. – Et ça marche? – Peuh... il y a bien des frottements de ci, de là...» Alors, je lui exposai la méthode japonaise: à la base, les ouvriers se concertent longuement afin de trouver des améliorations de productivité, par exemple sur la chaîne de montage. Lorsqu'ils ont trouvé, ils s'en vont «vendre» leur découverte aux contremaîtres qui en discutent à leur tour et la présentent ensuite aux ingénieurs et ainsi de suite jusqu'au sommet de la hiérarchie industrielle qui n'est pas le Président directeur général, mais le *Chairman* (qu'on appelle parfois en Occident «Président du Conseil d'administration»), une personne âgée et vénérable, souvent fondatrice de l'entreprise, qui ne la gère plus au jour le jour mais sans l'accord duquel aucune décision grave n'est prise. On apporte donc à ce *Chairman* la solution toute emballée et ficelée comme un paquet-cadeau et il n'a plus qu'à dire «oui». Au stade ultime où l'on est parvenu, il serait impensable de dire «non». Qu'on ne s'y trompe pas cependant. Ce «oui» est essentiel, car il appose en quelque sorte le sceau, la caution de l'autorité suprême à l'action proposée. Une fois la décision ainsi prise, elle redescend jusqu'à la base de façon d'autant plus «huilée» et consensuelle qu'elle a déjà été adoptée à tous les échelons. Évidemment, c'est un système qui demande du temps mais, tout compte fait, n'en fait-il pas gagner dans l'exécution?

Si, par analogie, on considère que ce système s'est appliqué, ce que je crois, à l'Empereur Hiro-Hito lui-même, on ne peut pas plus l'accuser de l'agression du 7 décembre 1941 contre la flotte américaine basée à Pearl Harbor que le créditer d'avoir mis fin aux hostilités par son discours d'août 1945. Dans les deux cas, il semble bien qu'il n'ait eu qu'à «dire le Droit» à la demande de ceux qui avaient besoin de sa caution suprême. Et ce fut sans doute le coup de génie du général Douglas MacArthur de comprendre que l'Empereur n'était pas «responsable», au sens démocratique et occidental du mot, et qu'à la ruche japonaise, il était indispensable, sous peine de voir la nation se disperser, de conserver la «reine des abeilles»!

Outre l'homme, outre la méthode, il faut aussi pour rendre compte du Japon actuel, faire intervenir l'argent. Lorsque j'étais en poste à Tokyo, l'épargne journalière du Japon était d'un milliard cinq cents millions de dollars, le tiers du fait des entreprises, les deux tiers du fait des particuliers! Quant à eux, les banquiers de la seule place de Tokyo devaient placer quelque part, chaque matin de jour ouvrable, quelque huit cents millions de dollars! Alors le Japon achetait tout, sans toujours beaucoup de discernement. Ce qui est certain, c'est que l'achat massif des «bons d'État» américains, en équilibrant la balance des comptes des États-Unis, permettait à ceux-ci de vivre largement au-dessus de leurs moyens. L'énorme excédent commercial japonais faisait pendant à l'énorme déficit américain créant pour l'univers un déséquilibre presque aussi dangereux que celui qui existe entre les pays riches et les pays pauvres.

Les Japonais ont commencé à acheter à l'étranger des terrains de golf, des immeubles, des vignobles, puis ils se sont mis à acheter des entreprises entières et leurs disponibilités leur permettant d'acquérir les plus productives, c'est-à-dire celles qui rapportent le plus d'argent, le système fait boule de neige et n'a plus guère de raisons de s'enrayer. Les services financiers de l'ambassade avaient calculé qu'à ce rythme le Japon pourrait en quinze ans orienter, sinon dominer, l'économie mondiale en achetant des parts majoritaires dans les plus grandes entreprises industrielles et commerciales de l'Occident. Certes, depuis lors, une crise économique et financière sévère a affecté le pays et les prévisions d'alors doivent être largement révisées. Il n'en est pas moins vrai que, même ralenti, le phénomène subsiste et reprendra une fois la crise surmontée. En effet, demeurent les causes qui l'ont provoqué: l'exceptionnelle capacité d'exportation de l'industrie japonaise, facilitée par la pratique qui consiste à faire payer plus cher le consommateur japonais pour abaisser les prix à l'exportation, ainsi que la mentalité foncièrement protectionniste héritée de la période où le pays devait protéger sa naissante industrie.

Or, pour essayer de «renverser la vapeur», comment les États-Unis s'y prennent-ils? En utilisant principalement le «remède monétaire» qui consiste, sur longue période, à laisser filer le dollar à la baisse par rapport au yen. Le calcul est tout simple: un dollar dévalué permet aux produits américains (ou euro-américains car, dans ce domaine, nous sommes dans le même panier) d'être meilleur marché, donc de s'exporter mieux. Parallèlement les produits japonais, plus chers, devraient perdre des parts de marché et l'on tendrait ainsi peu à peu à rééquilibrer les balances commerciales. C'est compter sans le sens japonais de la compétitivité. Normalement, la baisse constante du dollar devrait étrangler les exportations japonaises et mettre des dizaines de milliers de travailleurs sur le pavé. À cela les Japonais ne peuvent se résoudre et réagissent de deux manières: en améliorant la qualité et en abaissant le prix des produits, quitte à écraser les nombreux sous-traitants condamnés à livrer, à qualité constante, à des prix plus bas. Si bien qu'au bout du compte on est revenu au point de départ, c'est-à-dire au stade où le produit euro-américain n'est pas compétitif par rapport au produit japonais et où il devient nécessaire de faire plonger à nouveau le dollar! Le remède monétaire apparaît donc comme un moyen catastrophique de répondre au défi commercial japonais. Il accentue sans cesse la compétitivité du Japon que l'Occident poussa ainsi à l'excellence!

C'est enfin la maîtrise de la technologie qui contribue à expliquer la réussite du Japon. À cet égard, on doit distinguer trois grandes phases historiques dont la dernière débute sous nos yeux. Dans la première, qui part de Meiji en 1868 – car avant Meiji le Japon ne comptait aucune industrie moderne – pour aller jusqu'à la Seconde Guerre mondiale, le pays se jette dans l'industrialisation à outrance où il connaît ses premiers succès d'exportation grâce à une main-d'œuvre encore très bon marché. L'effort porte tant sur l'industrie traditionnelle, métallurgie, textile, construction navale, que sur les biens de consommation comme les montres, qui se vendent au kilo et marchent quelques heures! L'Occident se gausse alors avec condescendance de la «camelote japonaise». Il a tort, car déjà les produits japonais envahissent les marchés d'Asie et pénètrent en Amérique et en Europe. Après 1945, la seconde phase commence et elle s'est poursuivie presque jusqu'à aujourd'hui. L'aviation américaine a rasé les usines qui sont, grâce à l'aide américaine, reconstruites à neuf en bénéficiant du dernier état de la technologie. Le Japon continue alors à imiter la production occidentale mais il l'améliore en profitant de l'expérience acquise par les autres, d'où ses extraordinaires succès dans les domaines de l'automobile, des cycles, de l'électronique, etc. Nous sommes maintenant à l'aube de la troisième phase: le Japon n'a plus besoin de copier car, dans plusieurs domaines comme les biotechnologies, la locomotion à grande vitesse, la télévision haute définition, l'électronique de pointe, l'intelligence artificielle, il se trouve à la tête du progrès et ce sont ses concurrents qui doivent «ramer» pour le rattraper! C'est là une situation entièrement nouvelle que le Japon n'a pas encore appris à gérer mais qui va progressivement le faire passer du rôle d'élève à celui de modèle.

En tout cas, ce qui frappe lorsque l'on parcourt le pays, c'est sa modernisation, même si de larges zones rurales demeurent encore traditionnelles. Aujourd'hui, dans les plus modestes villes de province, des hôtels neufs et luxueux accueillent le visiteur qui ne peut s'empêcher de penser avec envie aux pitoyables «hôtels Terminus» sur les places de nos gares de province!

C'est que le Japon a pu accomplir en douceur sa «révolution technologique». Il s'est ainsi progressivement et partiellement déchargé sur les «petits dragons» d'Asie de quelques-unes de ses principales industries lourdes, de ses textiles, de ses industries mécaniques et chimiques, de sa construction navale pour concentrer ses efforts sur les industries de pointe et les nouvelles technologies. Il faudrait d'ailleurs nuancer cette constatation, car le Japon entend conserver certaines des bases industrielles qui ont fait jusqu'à présent sa prospérité. Ainsi, en 1989, la Corée du Sud avait dépassé le Japon dans le domaine de la construction navale mais, dès l'année suivante, le Japon retrouvait sa première place.

Cet effort en direction des technologies nouvelles s'accompagne maintenant d'un énorme effort de recherche qui contraste avec la négligence du passé. En effet, le Japon s'était longtemps contenté de collecter, dans l'ensemble des pays occidentaux, des renseignements «ouverts» et n'avait pas toujours dédaigné les procédés d'espionnage économique afin d'alléger ses coûts de production. Une telle attitude avait sa logique dans la mesure où le Japon demeurait à l'école de l'Occident. Il n'en est plus de même aujourd'hui et les sommes considérables qu'il consacre, tant à la recherche fondamentale qu'à la recherche appliquée, reflètent bien le nouveau rôle qui lui incombe désormais.

Pour mettre en œuvre cette politique technologique, le Japon a eu recours à un procédé qui s'est révélé très profitable: les *technopolis* ou technopoles. L'idée n'est pas nouvelle et les technopoles japonaises issues de la «cité des sciences» des environs de Tokyo ne diffèrent guère de leurs homologues occidentales, associant également les universités, les centres de recherche, les entreprises et les services. Ce qui les en distingue peut-être, c'est l'effort spécial qui a été consenti en faveur de l'habitat et du paysage, notamment dans celle de Hiroshima, dans le but d'attirer et de retenir les cadres de l'université et de l'industrie.

C'est l'État qui, par une politique délibérée, a fait surgir les technopoles qui s'étendent maintenant, telle une gigantesque «Silicon Valley», du nord de la grande île de Honshu jusqu'à l'île méridionale de Kiu-shu en formant de long de l'axe du *Shinkansen* les ganglions où sont actuellement inventés les deux tiers des nouveaux produits destinés à être utilisés au cours de ce nouveau siècle. Centre géographique du dispositif, à la jonction des départements d'Osaka, de Kyoto et de Nara, s'est édifiée la «technopole mère», dont la fonction est d'être l'organe régulateur de toutes les autres.

Et déjà, cette fièvre de techniques nouvelles s'inscrit dans le paysage du Japon: l'aéroport du Kansai, construit dans la baie en face d'Osaka, est le plus moderne du monde, mais sera un jour dépassé par celui que les Japonais projettent d'édifier, pour remplacer le lointain Narita, dans la baie même de Tokyo, en face de l'immense cité. Quant au train à traction électromagnétique, dont le projet est déjà très avancé, il reliera en une heure seulement, à la vitesse de 500 km/heure, les centres des deux plus grandes métropoles du pays, Tokyo et Osaka, ce qui signifie que l'on pourra habiter Osaka et travailler à Tokyo et vice-versa. Ainsi les deux agglomérations ne formeront plus qu'une seule et même mégalopole peuplée de près de cinquante millions d'êtres humains! Et que penser du projet fou consistant à bâtir dans la baie de Tokyo, sur un sol instable et dans une zone destinée à subir le tremblement de terre du siècle – le fameux «Big one» – un immeuble d'une hauteur démesurée devant abriter plus de cent mille personnes!

Mais c'est dans le secteur de la «science du XXIe siècle», la biologie, que les Japonais ont décidé de «mettre le paquet» en créant l'Organisation *Human frontiers*, dont nous avons obtenu in extremis que l'organe exécutif soit implanté à Strasbourg. Il s'agit pour les Japonais de rassembler sous leur égide l'ensemble des chercheurs et des spécialistes mondiaux dans le domaine de la biologie. Les projections sont déjà surprenantes puisque l'on escompte produire des bœufs d'une tonne et des rendements de huit cents quintaux de céréales à l'hectare, de quoi faire une seconde «révolution verte»! Et ce n'est sans doute pas un hasard que l'étude du cerveau humain a été prise comme l'un des premiers thèmes d'études de *Human frontiers*. Il s'agit évidemment de progresser dans le domaine de l'intelligence artificielle pour lequel la science japonaise talonne déjà la recherche américaine. Jusqu'alors en effet, si le robot pouvait calculer plus précisément et surtout plus vite que l'homme, il ne «recrachait» en quelque sorte que les données qui lui avaient été fournies. Or les Japonais travaillent maintenant sur une robotique plus «intelligente» que l'homme, c'est-à-dire plus apte à la prévision, et même à la conception que le cerveau humain. Ce qui ouvre d'ailleurs des aperçus angoissants...

Alors, comment peut-on expliquer, en 2001, la crise économique, et d'abord financière, dont le Japon paraît avoir toutes les peines du monde à sortir? Il est certain que la bulle financière, sans cesse enflée d'imprudente façon, était condamnée un jour ou l'autre à crever, surtout si la crise de l'Asie du Sud-Est ébranlait, comme ce fut le cas, la confiance du public et des investisseurs japonais. Or cette confiance, mise aussi à mal par des politiques incohérentes, n'est toujours pas vraiment rétablie. C'est que les Japonais, qui ont une capacité d'adaptation stupéfiante dans le moyen et le long terme, ne savent pas comment réagir dans l'immédiat et le court terme. C'est d'ailleurs ce qui a fait perdre à l'amiral japonais la bataille décisive de la mer de corail, au large de l'Australie: il s'attendait à ce que la flotte américaine vienne de l'est et, comme elle est venue de l'ouest, il a été incapable de changer au dernier moment son plan de bataille! Cependant, avec la détermination et l'intelligence qui les caractérisent, les Japonais, cela ne fait aucun doute à mes yeux, vont reprendre bientôt de plus belle leur marche en avant, et sans doute en mettant à profit les enseignements qu'ils tireront de la crise. Souvenons-nous qu'en 1945 le Japon était un pays dévasté, affamé, misérable. Voyez ce qu'en moins de deux générations il est devenu!

Et la France dans tout cela? Il est navrant de constater qu'à l'égard de la première puissance économique de l'Asie, nous n'ayons pas eu, jusqu'à présent, de véritable politique, si l'on excepte les visites institutionnelles des ministres des Affaires étrangères et épisodiques des chefs d'État et de Gouvernement, qui n'en constituent d'ailleurs pas une. Cette apathie surprenante est due en partie à l'attitude de nos présidents successifs, à l'égard du Japon.

D'abord le Général de Gaulle: sa phrase célèbre sur les «vendeurs de transistors» est probablement apocryphe, mais elle traduit bien à mon sens sa déception de voir un grand peuple de tradition militaire «tomber en mercantilisme». Il avait pourtant envisagé de prononcer à Tokyo le discours historique qu'il fit finalement à Phnom-Penh, mais l'ambassadeur Missoffe l'en aurait dissuadé en soutenant qu'un tel discours ne pouvait être prononcé qu'à Pékin, ce qui était alors impossible...

Georges Pompidou, pour sa part, n'attachait pas grande importance au Japon, dont il se méfiait et dont il redoutait le dynamisme commercial. Son successeur, Valéry Giscard d'Estaing n'éprouvait, de toute évidence, aucune sympathie excessive pour les Japonais. Ce fut aussi le cas de François Mitterrand, si j'en juge par la façon glaciale dont il accueillit à Paris, en 1988, le Premier ministre Takeshita. Quant à Jacques Chirac, il connaît bien le Japon qu'il a visité de nombreuses fois, notamment à l'occasion des remises du «premium imperial», et il s'intéresse sincèrement à l'art et à la culture du Japon dont un livre d'art était posé en évidence sur la table basse de son bureau de l'Hôtel de Ville. Cependant, la reprise des essais nucléaires dans le Pacifique avait un moment tendu l'atmosphère! À part le Président de la République, un autre homme politique connaît et apprécie le Japon: c'est Raymond Barre, qui y a fait de nombreux séjours et a beaucoup pratiqué les Japonais dans le cadre des rencontres de Davos et de la «trilatérale». Il existe donc un espoir de voir évoluer positivement nos relations avec le Japon et, pour ma part, je vois la nécessité de réorienter notre position à l'égard de ce pays pour définir enfin une véritable «politique japonaise».

Pour cela, que faut-il faire? D'abord changer l'image que les Japonais ont de nous. Nous nous prenons volontiers pour le nombril de l'univers et nos cartes du monde reflètent assez bien cet état d'esprit qui place le Japon à l'extrême Orient et les États-Unis à l'extrême Occident. Mais, pour les Japonais, le centre du monde, c'est le Pacifique et ce sont les Américains qui sont en extrême Orient et les Européens en extrême Occident. Quant à la France, vue du Japon, c'est seulement l'une des parties d'un ensemble que beaucoup de Japonais ont quelques difficultés à placer sur la carte et à distinguer des autres.

La première chose à faire est donc de nous «personnaliser». Or que constate-t-on? Si l'image de la France demeure excellente dans le domaine de la culture, surtout pour la littérature et la peinture (il y a des sociétés proustiennes, balzaciennes, et les impressionnistes y atteignent leurs plus hauts cours mondiaux), elle est médiocre dans les domaines de l'économie et des techniques. L'expérience m'a montré qu'il était très difficile de faire admettre aux Japonais que la France était le quatrième exportateur mondial et la troisième puissance spatiale ainsi qu'un pays à la technologie très avancée. (Le TGV n'est-il pas plus rapide que le *shinkansen*?) Quant à notre capacité nucléaire, je crains, pour de bonnes raisons, qu'elle soit bien plus une source de rejet que de prestige!

Il faut ensuite s'efforcer de mieux comprendre la Japon pour mieux le pénétrer et c'est malheureusement cette connaissance intime qui nous fait défaut. Le professeur Durt, un Wallon devenu Français, et qui est sans doute le meilleur connaisseur mondial du bouddhisme, me disait un jour que le Japon était une sorte de musée, de réceptacle, où étaient venus mourir et où s'étaient conservées en strates successives toutes les grandes vagues culturelles et religieuses qui avaient, à une époque ou une autre, déferlé sur l'Asie depuis le VIe siècle de notre ère. Ainsi garde-t-il inchangés les idéogrammes chinois, les *kanjis*, alors qu'il lui serait infiniment plus facile d'adopter l'alphabet latin comme l'ont jadis fait, par exemple, les Vietnamiens. Nous ne pouvons pas éviter de tenir le plus grand compte de cette réalité japonaise, multiforme, souvent insaisissable qui s'impose à nous. À cet égard, il est dommageable de remplacer constamment les ambassadeurs français dans ce pays. Si j'ai pu «tenir» trois ans et demi, mes deux prédécesseurs n'étaient respectivement demeurés à Tokyo que trente et vingt-quatre mois! Si l'on considère le temps nécessaire pour connaître personnellement les nombreux interlocuteurs japonais, hommes politiques, grands patrons de l'industrie et du commerce, intellectuels, artistes, scientifiques, écrivains, etc., et surtout pour gagner leur confiance, ce qui est essentiel, il faudrait laisser à Tokyo les ambassadeurs au moins six ou sept ans, le temps de «rentabiliser» pour la France l'énorme effort d'investissement personnel que représente cette recherche d'intimité. Alors pourra-t-on espérer exporter au Japon plus que les Italiens ou les Néerlandais.

Tout en respectant le Japon, il faut aussi réfléchir à l'énorme défi qu'il nous pose. Nous ne pouvons pas rester statiques devant cette puissance formidable, au sens où l'employait Bossuet pour désigner l'infanterie espagnole, c'est-à-dire «qui inspire la peur». La crise actuelle en a certes ralenti le cours, mais le Japon est destiné à reprendre tôt ou tard sa marche en avant comme le montre Christian Sautter dans son livre *Les Dents du géant.*

En vérité, le Japon nous place devant une terrible alternative: ou bien nous continuons sur la lancée du libéralisme commercial à l'échelle du monde et il faut alors s'arc-bouter pour supporter le choc de la concurrence japonaise. Après Nissan et Toyota, c'est Mazda qui a fait son apparition en Grande-Bretagne, et les Japonais ont doublé en 2001 par rapport à 1995 leur production automobile en Europe. Ou bien nous ne sommes pas capables de résister à cette concurrence et il faut alors recourir aux barrières douanières et contingentaires, ce qui va directement à l'encontre des accords régissant le commerce international et n'est plus possible dans le cadre d'un État européen isolé! C'est pourtant le cas de l'automobile en France où les importations japonaises se sont heurtées à la barre contingentaire des trois pour cent. Mais la poursuite sur une longue durée, souhaitée par les industriels, du contingentement n'est ni possible, ni même souhaitable car, à l'abri de toute concurrence, notre industrie finirait par fabriquer des Trabant[34]! En tout cas, elle disparaîtrait à la chute inéluctable des barrières, car il lui faudrait alors, non seulement supporter le choc des automobiles japonaises, mais aussi celui de toutes les autres qui se seraient «mithridatisées» à la concurrence nippone!

Comme on le voit, nous n'avons guère le choix et la seule façon de relever le défi des Japonais est de faire aussi

[34] Petite voiture très rudimentaire fabriquée en République démocratique allemande jusqu'à la réunification de l'Allemagne. Aujourd'hui, objet de collection.

bien qu'eux! Mais le peut-on? Là est toute la question... Nous adapter ou disparaître, tel est en tout cas le grand dilemme devant lequel nous place ce pays qui est le seul à avoir adopté avec ardeur les valeurs occidentales tout en gardant les siennes propres, ce qui lui permet de battre l'Occident sur son propre terrain. C'est maintenant cependant qu'il nous appartient de faire aux Japonais le «coup des Japonais»! Je m'explique: puisque désormais nous sommes, dans plusieurs domaines majeurs, devenus les copieurs des Japonais, il faut en profiter pour perfectionner à notre tour ce qu'ils se mettent à inventer. C'est déjà le cas pour la télévision haute définition, dont le procédé européen, plus tardif, est supérieur au japonais. Encore faudrait-il pouvoir le produire industriellement et ne pas laisser aux Japonais, comme cela risque d'être le cas, la faculté de fabriquer également l'un et l'autre!

On l'aura compris: j'aime le Japon et n'en ai point honte. Je suis sensible à la noblesse de ce pays, au *Bushido*, cette Voie du Chevalier[35] qui constitue un code de l'honneur, qui était autrefois le nôtre et que nous semblons avoir perdu. C'est l'histoire de la Fille du Samouraï, qui illustre sans doute le plus parfaitement ce sens exacerbé de l'honneur: peu avant le conflit russo-japonais de février 1904; le tsarévitch s'était rendu en visite officielle à Tokyo. Au cours d'une cérémonie, un individu était sorti de la foule et avait tenté, d'ailleurs en vain, de frapper d'un sabre de bois l'hôte de l'Empereur. Consterné, ce dernier ordonna un deuil national de plusieurs jours. C'est alors qu'une fille de samouraï, s'attachant les jambes pour demeurer décente dans les affres de l'agonie, pratiqua sur elle le suicide rituel du *Seppuku*. Aussitôt, l'Empereur

[35] Appelée aussi «Voie du Guerrier». Son code d'honneur se base sur cinq grandes qualités: fidélité, courtoisie, virilité, franchise et simplicité.

leva le deuil. Le sang de la fille d'un samouraï avait lavé l'honneur souillé du Japon!

Je suis aussi sensible à la beauté du Japon: lorsque l'on m'a dit que le parc de Tokyo comptait plusieurs dizaines de cerisiers, en grand amateur de cerises, je me suis réjoui... Las! Moins matérialistes que nous, les Japonais plantent les cerisiers pour leurs fleurs et non pour leurs fruits. Ce sont les fameux *sakuras* célébrés par la plus populaire des chansons japonaises. En vérité, les fleurs de cerisiers sont, dans la tradition bouddhiste, le symbole même de ce qui est merveilleux, le printemps, la jeunesse, la femme, mais terriblement éphémère. En effet, la pluie et le vent d'avril les font tomber à terre en quelques jours. Pourtant, l'année suivante, les cerisiers se couvrent d'autres fleurs blanches qui sont à la fois «pas tout à fait les mêmes et pas tout à fait d'autres» et qui représentent le cycle infini des existences.

Cette admiration et cette sympathie ne m'empêchent nullement de mesurer les risques que fait peser sur l'Europe, et sur la France en particulier, sa réussite étonnante. Il faut donc dialoguer, amener peu à peu le Japon à prendre conscience des avantages qu'il peut retirer d'une «autolimitation», non seulement pour l'équilibre du monde, mais aussi pour lui-même. Abandonnons en tout cas l'invective, l'insulte, le mépris qui ne sont, dans ce cas, que des manifestations d'incompréhension, de faiblesse, et surtout de sottise! Si vraiment les Japonais sont les fourmis de la fable, alors craignons, à l'heure du règlement des comptes, d'avoir été les cigales!

«Le lion Devenu vieux»

«**O**n l'a tordue, la queue du vieux lion!» C'est par cette exclamation qu'entrant dans mon bureau, hilare et jubilant, l'ambassadeur d'Argentine me fit part de l'occupation des îles Malouines par son pays. Au directeur d'Amérique que j'étais alors, il ajouta: «L'Angleterre, c'est le lion mité de la Metro Goldwyn Mayer: il se contentera de pousser deux ou trois rugissements.» Malheureusement pour l'Ambassadeur et pour les Argentins, le vieux lion britannique avait encore des crocs, comme il n'allait pas tarder à le montrer à leur dépens!

L'affaire des Malouines a d'ailleurs été un prélude désastreux à ma future ambassade en Grande-Bretagne. En effet, j'avais rédigé pour mon ministre d'alors, Claude Cheysson, une note confidentielle dans laquelle j'énumérais les erreurs d'appréciations qu'avaient commises les Britanniques pour s'être laissés surprendre par l'attaque argentine. Or, ces erreurs étaient patentes, puisqu'elles avaient provoqué la démission des deux principaux responsables, les ministres des Affaires étrangères et de la

Défense. Le but de ma note était d'analyser ce qu'il conviendrait de faire au cas où nous arriverait la même mésaventure dans l'un des «confettis» de notre ancien Empire... ma note n'était nullement anti-britannique, elle se fondait sur des faits d'actualité. Malheureusement mon ministre la trouva tellement à son goût qu'il ordonna aussitôt d'en distribuer la copie à toutes nos ambassades du monde, non sans l'avoir assortie de ses commentaires personnels dans lesquels il s'indignait par exemple que l'on pût considérer les Argentins comme des «rastaquouères»! Bien entendu, l'un de mes chers collègues (peut-être plusieurs) ne trouva rien de mieux que de communiquer la note et ses commentaires au *Figaro magazine* qui publia le texte intégralement. Aussitôt repris *in extenso* dans les pages intérieures du journal *Le Monde*, il provoqua un énorme scandale et pour moi, une publicité dont je me serais volontiers passé! Or le hasard voulut que Margaret Thatcher reçut à Londres quarante-huit heures plus tard le Président français et le Ministre des Affaires étrangères auxquels elle se plaignit de façon véhémente des «agissements anti-britanniques» du directeur d'Amérique. Devant l'ampleur prise par le scandale, je décidai de présenter par écrit ma démission à Claude Cheysson qui eut la délicatesse de ne pas l'accepter arguant du fait qu'il était seul responsable de la fuite. Quand les vagues se furent un peu apaisées, je me fis la réflexion suivante: «S'il y a un pays au monde où je n'ai aucune chance d'être nommé un jour ambassadeur, c'est bien en Grande-Bretagne!»

Pourtant, j'ai toujours pensé que, paradoxalement c'était justement cet incident qui avait déterminé, huit ans plus tard, mon envoi à Londres. En effet, le Président estimait que certains de mes prédécesseurs en Grande-Bretagne, à de notables exceptions près, avaient été «plus Anglais que les Anglais», justifiant la boutade suivante sur l'anglomanie de la diplomatie française: «Pourquoi les

Anglais entretiennent-ils à grands frais une ambassade à Paris alors qu'ils ont déjà le Quai d'Orsay!» Aussi convenait-il, aux yeux de François Mitterrand, d'envoyer à Londres quelqu'un capable, comme il me l'a dit plus tard, de «tenir tête aux Anglais» et, à cet égard, ma réputation tenace, mais tout à fait injustifiée, de contempteur de l'Angleterre, me valait un véritable «passeport pour Pimlico!» De fait, alors que je devais aller à Rome et mon ami Philippe Cuvilliers à Londres, le Président intervertit les dossiers en Conseil des ministres pour m'envoyer sur la Tamise au lieu du Tibre...

Mon arrivée à Londres fut flambante, pas au sens où je l'eus souhaité: quelques jours avant mon arrivée, la magnifique résidence de France avait été la proie des flammes, alors qu'elle était en cours de restauration, sans qu'ait pu être déterminée – négligence ou malveillance – la cause de l'incendie qui illumina une nuit le quartier élégant de «Kensington Garden». J'appris le désastre à Tokyo où la photo du brasier s'étalait en première page du *Japan Times* et passai trois années à la reconstruire et à la redécorer avec un soin jaloux pour la laisser à mon successeur quelques semaines avant sa réinauguration! Ainsi va la vie diplomatique, où l'on travaille souvent pour celui qui vous succède!

Notre arrivée en famille à l'aéroport d'Heathrow, en provenance directe du Japon, me mit déjà dans l'embarras. En effet, le représentant du protocole britannique me présenta à signer le texte d'une lettre en anglais à la Reine dans laquelle je me déclarais de sa Majesté *the most obedient servant*! Ne me considérant nullement comme «le serviteur des plus obéissants» de la souveraine, je renâclai à signer la lettre d'arrivée traditionnelle, au grand dam de mon nouveau Ministre Conseiller, venu m'accueillir avec les principaux agents de l'Ambassade et qui craignait, du fait de la réputation «anti-British» qui me précédait, quelque éclat initial de ma part. Il n'y eut point d'incident et je signai en souriant, n'en pensant pas moins...

En vérité, l'arrivée en Grande-Bretagne d'un ambassadeur français constitue paradoxalement un véritable «saut dans l'inconnu». Alors que cent mille de nos compatriotes, notamment des jeunes gens venus perfectionner leur anglais ou occuper un emploi, vivent à Londres, alors qu'entre quatre et cinq millions de Français se rendent chaque année en Grande-Bretagne, celle-ci demeure toujours un objet d'étonnement. En effet, au Japon, on s'attend, on se prépare donc à affronter une réalité pour nous étrange et difficile à appréhender. En revanche, dans l'univers a priori familier que constitue un grand pays de tradition chrétienne et occidentale, situé de surplus à quelques encablures de nos côtes, la singularité britannique a quelque chose de profondément déroutant. Elle exige un effort permanent de compréhension qui doit être poursuivi jusqu'à l'achèvement de la mission.

Ainsi pour comprendre vraiment la Grande-Bretagne, faudrait-il garder à l'esprit trois grandes considérations. Elle a été au XIXe siècle une très grande puissance; elle n'a pas, à l'inverse de la France, connu de révolution politique et sociale à la fin du XVIIIe siècle; enfin elle n'est pas homogène, mais constituée de plusieurs véritables «nations».

Que le Royaume-Uni de Grande-Bretagne ait été, à partir de sa victoire sur la France de Napoléon, la première puissance, non seulement en Europe mais, grâce à son expansion outre-mer, dans le monde entier, est une évidence. Elle a joué pendant la plus grande partie du XIXe siècle et au début du XXe le rôle que jouent présentement les États-Unis: celui d'un État à la puissance et au prestige inégalés. D'où le fantastique orgueil des Britanniques de cette époque d'être alors les «maître du monde» et les dominateurs des Océans: *Britannia, Rule the Waves!* peut-on lire sur les médailles frappées à l'effigie de la Reine

Victoria. Plus complètement encore que l'empire de Charles Quint et de Philippe II, l'*Imperium* britannique ne voyait jamais le soleil se coucher sur ses territoires dont le joyau est l'Empire des Indes autour duquel s'ordonnent les possessions asiatiques, et même africaines, alors que les colonies de peuplement que sont le Canada, l'Australie, la Nouvelle-Zélande et l'Afrique du Sud, viennent doubler à l'échelle du monde le destin national du Royaume-Uni. On comprend dès lors l'exaltation de Kipling écrivant: «Je te salue, Ô race britannique, la plus grande des races conquérantes que le monde ait jamais connue!» De fait, lorsque Disraëli a le coup de génie d'offrir en 1876 à la Reine Victoria, sa souveraine, la couronne d'«Impératrice des Indes», la Grande-Bretagne est au faîte d'une puissance et d'une gloire que nul ne songe à lui contester. Depuis lors, beaucoup d'eau a coulé sous les ponts de la Tamise et les deux guerres mondiales, surtout la seconde, ont porté des coups dévastateurs à la grandeur de l'édifice. Cependant, refusant de voir que le monde avait changé, de nombreux Britanniques en sont restés à la glorieuse image du passé, d'où la violence du choc ressenti lors des deux crises majeures qui ont ébranlé la Grande-Bretagne au cours des dernières années: celle de la livre et celle du charbon.

Pour comprendre la crise de la livre, qui est de nature essentiellement psychologique, il faut se rendre compte que cette monnaie n'était pas une monnaie comme les autres, mais un véritable symbole de prestige, une sorte de preuve concrète de la puissance et de la richesse du pays. Lorsque Jules Verne fait faire le «Tour du monde en quatre-vingts jours» à Phileas Fogg et à son domestique Passepartout (notons d'ailleurs que le maître est Anglais et le domestique Français, ce qui en dit long sur la mentalité de l'époque), il leur fait emporter des *bank notes* à l'effigie de Victoria, car ceux-ci ont cours partout, de l'Égypte aux États-Unis en passant par l'Inde et le Japon. De même qu'un citoyen romain pouvait voyager dans tout le bassin méditerranéen grâce au sésame *Civis romanus sum*, un citoyen britannique aurait pu s'écrier *Civis britannicus sum* en présentant son passeport et ses livres sterling qui lui ouvraient toutes les portes. Et gare à ceux qui, dans le monde, auraient osé attenter à sa personne ou à ses biens: les canonnières de Sa Majesté eussent été promptes à rétablir l'ordre naturel des choses. La livre était alors la seule «monnaie de réserve» avant de partager ce rôle avec le dollar pour finir par être entièrement supplantée par lui. Toutefois, cette lente érosion du prestige de la livre n'était pas vraiment perçue par la majorité des Britanniques, d'où l'immense choc éprouvé lors de la sortie piteuse de la livre du «serpent monétaire européen». L'indifférence avec laquelle les Italiens, par exemple, ont accueilli alors la sortie de leur propre monnaie, la lire, montre bien que ces deux monnaies n'étaient pas de même nature. Ni le mark, pourtant symbole de la richesse allemande après la réforme monétaire de 1949, ni le franc après la «dévaluation Poincarré» n'ont entraîné un attachement comparable à celui dont bénéficie encore la livre au Royaume-Uni. C'est justement cet attachement, et nullement la situation économique et monétaire de la Grande-Bretagne, actuellement enviable, qui explique les réticences du gouvernement travailliste, et surtout de la population, à l'égard de l'euro. Le pays souscrit à tous les critères, dits de Maastricht, mais voilà, il faudrait faire disparaître la livre au profit d'un «machin» qui, selon l'expression d'un Chancelier de l'Échiquier, n'a même pas *the color of hope*, celle du *green back* (dollar) américain! Il était déjà pénible pour la livre de baisser pavillon devant le dollar, devenu le seul grand étalon international, mais disparaître au profit d'une sorte de «monnaie de Monopoly», l'euro, quelle humiliation! Alors que la grande majorité des banquiers et des hommes d'affaires britanniques est favorable à l'entrée dans la zone euro, cette perspective semble s'éloigner du fait de l'hostilité populaire.

Quant au choc provoqué par la crise du charbon, il n'a guère été moins douloureux. Dans son cours aux Sciences politiques, André Siegfried affirmait jadis que la Grande-Bretagne était «édifiée sur un bloc de houille», d'où le proverbe selon lequel il est ridicule «d'apporter du charbon à Newcastle». De fait, la Grande-Bretagne avait toutes les raisons d'être reconnaissante à la houille. C'est elle qui avait déterminé sa fantastique expansion industrielle dès la fin du XVIIIe siècle; c'est elle qui avait permis, grâce à sa variété à soute du Pays de Galles, l'étonnante expansion maritime, donc coloniale, les deux phénomènes étant intimement liés. On peut affirmer que le charbon avait été le socle même sur lequel s'était édifiée la puissance industrielle d'où découlait la puissance militaire et navale. Michelet a même écrit, et ce n'est pas exagéré, que l'Angleterre était grande par ses hommes, ses traditions et son charbon! En 1945, quand s'achève la Seconde Guerre mondiale, l'Angleterre, l'Écosse et le Pays de Galles comptent encore plusieurs centaines de puits en activité. Ils ne sont plus aujourd'hui qu'une trentaine et, devant l'épuisement des gisements et surtout la concurrence internationale, la Grande-Bretagne s'achemine lentement mais inexorablement vers l'extraction zéro, chemin déjà emprunté par la France et la Belgique, sinon par l'Allemagne. Or, la disparition du charbon oblige toujours à de pénibles reconversions. Pour la Grande-Bretagne, elle prend les allures d'un drame national!

Second fait à prendre en compte: le Royaume-Uni a bien fait, et même avant tout le monde, sa révolution, mais il n'a pas connu cette révolution politique, juridique et sociale qui, à partir de 1789, a transformé en profondeur la France et, à la suite des conquêtes révolutionnaires et napoléoniennes, la majeure partie de l'Europe, à l'exception sans doute de la Russie et de l'Espagne. Ainsi, même s'il est arrivé aux Anglais de couper la tête de Charles 1er, la monarchie a magnifiquement survécu jusqu'à nos jours. De même, le droit n'a pas été systématiquement codifié, la coutume est demeuré essentielle et les constitutions écrites ignorées. Enfin, la société a certes évolué mais sans bouleversement des classes sociales traditionnelles. C'est là d'ailleurs l'une des choses qui frappe le plus dès l'arrivée sur le sol britannique: l'existence de classes sociales fortement différentiées, très visibles et parfaitement identifiables. Ainsi, dans la rue, il est aisé de reconnaître au premier coup d'œil un ouvrier, un petit-bourgeois à «col blanc», un «jeune cadre dynamique» de la City. Quant aux Lords, ils sont innombrables et j'en ai découvert à chaque dîner social de nouveaux! Ils s'efforcent d'ailleurs, étant des «seigneurs», de ne pas montrer qu'ils le sont, sans doute pour mieux encore le faire sentir! Ils ont d'ailleurs leur Chambre des Lords qui, dans tout autre pays, paraîtrait follement archaïque, que l'on parle toujours de supprimer sans jamais y parvenir. Ils ont souvent de l'esprit et du charme, ce charme un peu suranné que confère l'ancienneté de la noblesse et qui me fait penser à un bouquet de violettes ou à l'odeur de la lavande dans l'armoire à linge de nos grands-mères! Pourrait-on imaginer en France l'existence d'un duc possédant une armée privée (qu'il met d'ailleurs gracieusement au service de sa souveraine)? C'est pourtant le cas du duc d'Argyl, qui détient en toute propriété, non seulement plusieurs châteaux, mais une partie non négligeable du territoire de l'Écosse, de nombreux villages, qui se fait réveiller chaque matin au son des trompettes et convie ses hôtes à des parties de *crawling*, chasse au cerf où l'on approche la harde après avoir rampé des heures sur la bruyère détrempée! Nous avons bénéficié, ma femme et moi, de sa somptueuse hospitalité et, en gravissant les courtes marches menant au lit à baldaquins, j'avais l'impression de vivre dans un autre siècle! Le Duc possède aussi une femme ravissante et des enfants beaux comme des dieux: «Vous voyez, me dit-il, il n'y a pas en Grande-Bretagne que des homosexuels. Dites-le bien à votre Premier ministre dans votre prochain télégramme!»

Enfin, le Royaume-Uni», qui s'est appelé jusqu'au traité anglo-irlandais de 1921 «Royaume-Uni de Grande-Bretagne et d'Irlande» puis, après cette date, «Royaume-Uni de Grande-Bretagne et d'Irlande du Nord», est un État composite, formé de véritables «nations». Ce n'est pas pour rien que la grande compétition de rugby entre la France et les Îles britanniques s'appelait, avant l'entrée de l'Italie, le «tournoi des cinq nations». En dehors de la France, il y en a effectivement quatre: l'anglaise, l'écossaise, la galloise et l'irlandaise, c'est-à-dire une anglo-saxonne et trois celtes. Même si, de l'Irlande, ne demeure au sein du Royaume-Uni, et pour des raisons tenant essentiellement à la religion, qu'une partie de la province d'Ulster, ce reliquat possède à nouveau son propre Parlement, le *Stormont*, et se différencie nettement de la Grande-Bretagne. Que l'Écosse forme une nation, c'est une évidence. Indépendante jusqu'en 1707, l'Écosse a même forgé dans l'histoire son nationalisme au feu de la confrontation armée avec son grand voisin du Sud, ce qui l'avait d'ailleurs conduite à l'*Auld alliance*, l'alliance de revers avec la France. Certes moins évidente est la nation galloise du fait de la pénétration anglaise ancienne dans l'Est et le Sud bien que ce soit au pays de Galles que la langue celtique ait le mieux résisté à l'anglais. Les îles britanniques, où langue et nation ne se confondent pas, puisque la langue anglaise est très majoritaire dans les trois nations celtiques, constituent à cet égard une exception remarquable en Europe. En tout cas, l'habileté politique de Tony Blair, qui a consisté à concéder après référendum un parlement autonome, avec d'ailleurs moins de pouvoir au Pays de Galles qu'en Écosse, à ces deux nations du Royaume-Uni, a quelque chance d'être payante en retirant des arguments nationalistes qui, en Écosse, sont puissants en formant actuellement un bon tiers de l'électorat. Le Scottish National Party (SNP) ne soutient-il pas qu'en cas d'indépendance, l'Écosse aurait, avant la Norvège et pour la même raison tenant à la richesse pétrolière de la mer du Nord, le plus fort revenu par habitant de toute l'Europe?

Quant à l'Angleterre elle-même, elle est un étonnant mélange de peuples amenés par les invasions successives (Norvégiens, Jutes, Saxons, Angles) venues du continent, qui constitue le vieux fond germanique que viendra plus tard saupoudrer de Normands la conquête de Guillaume le Conquérant. Or, les traces de cette dernière conquête sont encore visibles dans la langue où le mot d'origine française (*beef, veal, mutton*) côtoie le mot populaire d'origine saxonne (*ox, calf, sheep*), ce dernier désignant l'animal sur pied, l'autre le même, mais servi à la table du Seigneur normand. Elles sont surtout visibles dans la société anglaise où les patronymes français, comme Montgomery, sont portés par les familles les plus nobles, dont les ascendants étaient les compagnons de Guillaume...

La première tâche à laquelle doit s'attacher un ambassadeur français arrivant en Grande-Bretagne est donc d'essayer passionnément de se mettre dans la peau des Britanniques pour parvenir à comprendre leurs sentiments et leurs réactions. Pour ce faire, il faut sans cesse observer et écouter.

Comment d'abord les Anglais voient-ils l'Europe? Leur conception est à tous égards différente de la nôtre car, pour eux, et bien que leur ancien Premier ministre, John Major, ait voulu placer son pays «au cœur de l'Europe», le continent demeure un espace, certes tout proche, mais différent. La preuve en est que beaucoup disent «Je vais aller en Europe» lorsqu'ils comptent se rendre sur le continent. C'est bien dire qu'ils ne se considèrent pas «à l'intérieur» de l'Europe mais à côté d'elle. La guerre de Bosnie m'a permis d'en prendre pleine conscience. En effet, alors que, pour nous, il s'agissait d'un morceau de notre Europe avec lequel nous étions liés presque charnellement, la Bosnie ne représentait aux yeux des Britanniques qu'une contrée lointaine et quelque peu sauvage qui n'avait en tout cas pas de rapport avec les Îles britanniques: «C'est l'Orient», me dit un jour un haut fonctionnaire du *Foreign Office*, «et d'ailleurs, c'est bourré de musulmans!». En somme, pour mon interlocuteur, la Bosnie c'était l'équivalent de la Syrie, du Liban ou de l'Irak... De même, lorsqu'à la conférence de Yalta, Churchill a partagé avec Staline sur un bout de table les pourcentages «d'influence» sur des pays de notre vieille Europe comme la Pologne, la Roumanie, la Bulgarie ou la Grèce, il a agi en non-Européen. Cela eut pu être explicable de la part d'un Président américain, peu au fait des réalités européennes, mais ne l'est pas du Premier ministre de la Grande-Bretagne, sauf précisément s'il ne se sentait pas vraiment «européen». Quant à sa proposition de «nationalité commune» avec la France en 1940, elle représentait moins, de toute évidence, un pont lancé vers le continent qu'une ultime tentative pour engager l'allié français à continuer le combat. En fait, comme pour les «continentaux», construire l'Europe, c'est élever une sorte de mur en y ajoutant les briques autrichienne, finlandaise, suédoise... Pour les Britanniques, rien de tel: il ne s'agit pas de bâtir un pan de la maison commune, mais de retrouver la vieille notion de «l'équilibre européen» qui conduit le Royaume-Uni à s'opposer par tous les moyens à l'hégémonie d'un État européen sur le continent. Rien ne peut mieux rendre compte de cet état d'esprit que la relation de ma première conversation avec John Major, qui me déclara en substance ceci: «La Grande-Bretagne et la France doivent unir leurs efforts pour empêcher que l'Allemagne réunifiée n'occupe une trop grande place dans la nouvelle Europe libérée du communisme. Au début du siècle dernier, c'est la France de Napoléon qui avait conquis l'Europe et menaçait de la dominer pour longtemps. Aussi n'avons nous pas cessé de dresser contre votre pays des coalitions successives qui ont fini par avoir raison de l'Empire français. Un siècle plus tard, lors de la Première Guerre mondiale, ce n'était plus la France qui était à abattre, mais bien l'Allemagne, qui avait commencé une expansion coloniale et construit une flotte de guerre comparable à la nôtre. Avec la montée du nazisme, c'était encore et plus que jamais la redoutable puissance allemande qu'il fallait détruire, ce que nous avons fait avec l'aide des Américains et des Soviétiques. Maintenant que les moyens militaires sont évidemment du domaine du passé, il n'en faut pas moins unir nos efforts pour empêcher que, politiquement et économiquement l'Allemagne ne domine à nouveau l'Europe... Et à cela, seules la Grande-Bretagne et la France peuvent parvenir.»

Quant au «couple» franco-allemand, c'est un «collage[36]» me dit au cours de la même conversation John Major, qui reflétait ainsi parfaitement le sentiment de la grande majorité de ses compatriotes qu'exaspère ce qui n'est pas loin d'équivaloir pour eux à une trahison. Et cela d'autant plus que la germanophobie est virulente et généralisée en Grande-Bretagne où mon collègue allemand, le baron Von Richthofen, homme d'une grande lucidité, était couramment traité, il est vrai, par la «presse-caniveau», de *Chief of the Huns*! Il faut reconnaître que l'hécatombe des jeunes pilotes de la Bataille d'Angleterre, les bombardements de Londres et l'anéantissement de Coventry en 1940 puis, en 1945, la meurtrière pluie de V-1 et de V-2 sur la capitale, ont

[36] En français dans la bouche du Premier ministre.

de quoi durablement nourrir le ressentiment des Anglais. L'un des diplomates du Foreign Office m'a raconté comment, enfant, il avait subi le *blitz* à Londres, où il se souvenait des immeubles en feu s'effondrant avec fracas et des gens se bouchant les oreilles pour atténuer la stridence du sifflement des projectiles. Dans ce contexte, il est bien évident que l'étroitesse des relations franco-allemandes met en pleine lumière ce que la majorité des Britanniques ressent comme une «immense ingratitude» de la part d'une France les ayant laissés supporter seuls, en 1940, le choc de la puissante machine de guerre allemande. Il faut comprendre que, de l'autre côté de la Manche, l'alliance franco-allemande est, au sens propre, «contre nature».

Mais nous-mêmes, les Français, comment sommes-nous vus et jugés, par nos voisins anglais? À lire leur presse assidûment, on peut nourrir quelques doutes sur l'affection qu'ils nous portent. D'après un sondage SOFRES, 20 pour cent des Britanniques déclarent ouvertement leur antipathie à l'égard de la France (alors que 50 pour cent des Français éprouvent plutôt de la sympathie à l'égard des Anglais). Des siècles de confrontation n'ont pu manquer de laisser dans l'esprit des masses des préjugés et une hostilité de caractère systématique que reflète parfaitement la presse dès que se passe chez nous quelque chose qui prête si peu que ce soit le flanc à la critique. C'est ainsi que les deux peuples entretiennent hélas une image déformée l'un de l'autre. Stendhal a écrit d'ailleurs, que les Anglais «ne comprennent rien à la réalité française». À l'hypocrisie que certains Français croient déceler chez eux, les Anglais opposent notre cynisme, notre arrogance, notre sans gêne, notre grossièreté et même notre éthylisme, mais ce qui révolte le plus nos amis, c'est encore notre cruauté supposée à l'égard des animaux. Ainsi, lorsque des éleveurs français en colère ont incendié un camion transportant des moutons vivants, ce fut en

Grande-Bretagne un concert de clameurs d'une violence incroyable où l'indignation se mariait à l'écœurement. Le fait que les moutons ainsi grillés aient été britanniques n'arrangeait évidemment pas les choses! Ce fut alors considéré comme le comble de la sauvagerie. Il serait cependant tout à fait faux et injuste de généraliser. Il existe en Grande-Bretagne, et principalement en Écosse, des milieux sincèrement francophones, et même parfois francolâtres, considérant tout ce qui vient de notre pays comme le *nec plus ultra*. Ce sont souvent des membres de professions libérales, des juges, des hauts fonctionnaires, des parlementaires, des professeurs, plus rarement des banquiers ou des hommes d'affaires. Ce sont eux qui achètent des résidences secondaires en Normandie, en Dordogne, dans le Gers, en Charente, en Provence, moins pour trouver un climat plus clément que par sympathie pour le pays d'accueil où ils se fixent parfois définitivement. À cet égard, l'immense succès d'un livre sur la Provence a suscité ces dernières années un effet de mode: c'était à qui n'avait pas encore sa villa près de la Sainte Victoire ou du Lubéron. On l'a compris, il s'agit malgré tout d'une élite intellectuelle motivée mais peu nombreuse, sans commune mesure avec la vague d'anglomanie qui a submergé une grande majorité de la bourgeoisie française de la Restauration à nos jours et dont Barbey d'Aurevilly éclaire les raisons dans son essai sur le «dandysme» de George Brummel.

Et la Grande-Bretagne elle-même, comment apparaît-elle aux yeux d'un ambassadeur français? Le premier sentiment que j'éprouvai en gravissant les marches de l'escalier de mon bureau donnant sur Hyde Park, fut celui de la modestie, et même de l'humilité. En effet est suspendue aux murs la série de portraits de tous les prédécesseurs depuis le premier, au XIVe siècle, qui a tout à fait l'allure d'un moine, jusqu'à celui qui vous a immédiatement précédé. En montant l'escalier, on descend de temps en temps. Il est d'ailleurs étonnant de constater à quel point les ambassadeurs s'efforçaient de ressembler à leur souverain; grande perruque tombant sur les épaules sous Louis XIV, perruque poudrée sous Louis XV, moustache effilée sous Napoléon III... mais sans doute était-ce tout simplement la mode du temps. Ce qui est impressionnant, c'est d'arriver aux «grands prédécesseurs»: Chateaubriand, Talleyrand, Sebastiani, Guizot, Paul Cambon et tant d'autres qui ont influencé l'Histoire de leur temps. Alors on se sent peu de chose et le fait de devoir un jour ajouter son propre portrait à cette «galerie d'ancêtres» apparaît comme dérisoire et même un peu sacrilège.

Après quelques mois, il est cependant possible de se faire une première idée sur le pays. À la distinction classique, qui tend à s'estomper, entre une Angleterre du Nord des vieilles industries en crise et une Angleterre du Sud des nouvelles activités en plein essor, je préfère la distinction entre une Angleterre en panne et une Angleterre qui marche, et même souvent très bien. Dans le premier lot, on peut ranger le système hospitalier qui laisse fortement à désirer, les chemins de fer, lents et vieillots en dehors de quelques grandes lignes et même le réseau routier, encore qu'il faille nuancer; les principales agglomérations sont bien desservies par des autoroutes et c'est d'Angleterre que nous est venue la mode, d'ailleurs exagérée, des ronds-points routiers.

L'Angleterre qui marche, c'est d'abord celle de la Bourse... Peut-on oublier qu'au regard de la Bourse de Londres, celles du continent, même celle de Francfort, ne sauraient rivaliser. Quant à l'ensemble aéroportuaire de Londres, il est le premier d'Europe et l'une des plus grandes «plaques tournantes» du monde. Or, si l'on passe sous silence le «conjoncturel», qui d'ailleurs se porte bien avec un taux de chômage très enviable, les deux «pôles» d'excellence de la Grande-Bretagne sont indiscutablement ceux qui allient la tradition à l'efficacité, à savoir l'armée et la diplomatie.

L'armée britannique, en dépit des coupes claires qui l'ont depuis plusieurs années affectée, demeure un splendide instrument assumant d'un même élan des fonctions accessoires de prestige et essentielles de défense. Voir défiler pour l'anniversaire de la Reine les régiments historiques dans la cour carrée du Palais de Buckingham est un vrai plaisir pour les yeux. L'extrême perfection des mouvements collectifs, tant à pied qu'à cheval, des vareuses rouges et des bonnets à poils eut enchanté le grand Frédéric. Mais cette armée britannique n'est pas faite que de «soldats de plomb»: elle sait parfaitement se battre, comme elle l'a prouvé aux Malouines ou dans la guerre du Golfe, et elle possède, grâce à sa collaboration avec les États-Unis, des «dents atomiques».

Quant à l'outil diplomatique, il n'est pas moins excellent: d'après mon expérience, c'est l'un des tout premiers au monde, sans doute même le premier. Il est fort dommage à cet égard qu'il ne soit en général utilisé que pour «traîner les pieds» et freiner les évolutions, au surplus inéluctables: avant-hier, le Traité de Rome, hier l'Europe sociale dont les Conservateurs avaient obtenu dispense dans le traité de Maastricht; aujourd'hui, sous les travaillistes, l'euro dont l'adoption est repoussée à une date indéterminée. On se surprend à rêver de ce que serait l'efficacité d'un outil aussi remarquable si on s'en servait pour aller de l'avant!

Quoi qu'il en soit, nos relations avec la Grande-Bretagne demeurent essentielles et le fameux *chunnel*, le tunnel sous la Manche, a encore rapproché les deux pays, non seulement géographiquement, mais surtout psychologiquement. Le temps n'est pas si lointain où des caricaturistes britanniques montraient la sortie anglaise du tunnel d'où surgissaient pêle-mêle des cavaliers huns brandissant leur lance, Hitler juché sur un char d'assaut et une foule de renards et de rats venant propager la rage et la peste! Or il ne s'agissait pas, comme on pouvait le croire, d'une manifestation du fameux humour anglais, mais d'une peur viscérale liée à la disparition de l'insularité protectrice. Aujourd'hui ces craintes sont en partie dissipées et mon collègue britannique Mallaby a pu se targuer d'être le premier ambassadeur britannique de l'Histoire a avoir gagné à pied son poste en France! Certes, on a dit que, dans le tunnel, il n'avait fait qu'une centaine de mètres sous les feux de la rampe télévisuelle, mais de toute façon, le symbole était au rendez-vous et le «coup médiatique» utile et réussi. Depuis 1904, c'est l'expression d'«entente cordiale» qui est sensée caractériser les relations entre nos deux pays. Notons d'abord la modestie du substantif: il ne s'agit pas d'une collaboration, encore moins d'une alliance, mais seulement d'une vague intention de se concerter. Même si ce rapprochement était seulement dû à la menace commune que faisait peser l'Allemagne de Guillaume II, il représentait quand même une fantastique novation dans les rapports entre ennemis véritablement héréditaires. Quant à l'adjectif «cordial», il fait penser à la réflexion de Thibaud et selon laquelle lorsqu'en France un parti politique éprouve le besoin de se dire «de gauche» c'est évidemment qu'il ne l'est pas! Après Fachoda et la guerre des Boers, la «cordialité» devait manquer... de cœur!

C'est plutôt l'incompréhension mutuelle qui a caractérisé depuis l'origine les rapports franco-britanniques. Bien que j'aie eu la chance de vivre une période particulièrement faste de cette relation avec la fraternité d'armes dans le Golfe et en Bosnie et la construction en commun d'une frégate dans le cadre du programme «Horizon», alors que l'Orient et la Marine étaient de traditionnelles pommes de discorde, il faut bien reconnaître que, pour un nouvel ambassadeur français, le comportement des Britanniques a quelque chose de déconcertant, oscillant sans cesse à ses yeux entre un excès de laxisme et un excès de sévérité.

Dans le premier cas, rangeons l'étonnante absence de tout contrôle d'identité une fois que vous avez été admis sur le territoire. Une pièce d'identité n'est d'ailleurs nullement obligatoire et vous pouvez ouvrir un compte en banque au nom de Mr. Smith sans avoir à justifier le moins du monde de ce patronyme. Malgré les actions terroristes sporadiques de l'IRA en Angleterre même, les *Bobbies* ne sont toujours armés qu'exceptionnellement. Fait beaucoup plus grave, la Grande-Bretagne donne généreusement asile aux opposants de nombreux régimes en place, ce qui est justifié tant qu'il s'agit d'opposition démocratique, mais ne l'est plus du tout lorsqu'en bénéficient des mouvements terroristes. C'est ainsi que les gouvernements algérien et égyptien accusent périodiquement, et avec véhémence, la Grande-Bretagne d'abriter sur son territoire les commanditaires et les organisateurs du terrorisme local. Je me souviens pour ma part de violentes manifestations d'intégristes algériens devant l'ambassade de France. Leurs cris, leurs slogans et leurs vociférations plusieurs jours de suite empêchèrent l'ambassade de travailler normalement. Dans n'importe quel autre pays, la police eut fini par faire dégager les manifestants. Il n'en fut rien à Londres, malgré mes demandes et mes protestations auprès du Foreign Office alors même qu'aux cris répétés de «Balladur-Ordure», les intégristes insultaient la personne de notre Premier ministre d'alors! Enfin, bien avant de gagner la France, le laxisme en matière de relations sexuelles, succédant d'ailleurs à un puritanisme datant de l'époque victorienne, constituait un fait de société acquis.

À l'inverse, l'excès de sévérité a, dans d'autres domaines, de quoi nous surprendre. Le fait qu'en plein XIXe siècle, alors que sévissaient les châtiments corporels et que la peine de mort par pendaison était très fréquemment prononcée, les catholiques n'aient pas été des citoyens à part entière, est assez révélateur. Le fait, toujours au XIXe siècle, que le Gouvernement de Londres n'ait rien tenté pour venir en aide aux Irlandais frappés par la famine, dont un million mourut et plusieurs millions d'autres durent immigrer aux États-Unis, a quelque chose d'atterrant. Plus près de nous, en Irlande du Nord, le massacre de Londonderry lors duquel la troupe tira sur la foule, faisant plusieurs dizaines de morts, est encore dans toutes les mémoires.

Un fait divers, certes infiniment plus anodin, illustre la sévérité des tribunaux britanniques. Un jeune coureur automobile français, Bertrand Gachot, s'était servi d'un «spray» pour se protéger d'un chauffeur de taxi irascible à la suite d'une collision sans gravité. Il fut condamné en première instance... à neuf mois de prison ferme et il fallut déployer beaucoup d'efforts pour démontrer que la peine était disproportionnée et le faire acquitter en appel. Il avait cependant dû faire de la prison préventive et sa carrière en Formule I s'en trouva ruinée. Mais que dire lorsque la sévérité va jusqu'à l'inhumanité? Dans cette terrible partie de «bras de fer» entre les grévistes de la faim irlandais de l'IRA, détenus dans la prison de Long Kech, et le Premier ministre d'alors, Margaret Thatcher, cette dernière tint jusqu'au bout et ne céda pas, justifiant une fois de plus son surnom de «Dame de fer» alors que les prisonniers, l'un après l'autre, mouraient de faim. À vrai dire, tout opposait Margaret Thatcher à son prédécesseur à la tête du parti conservateur, Edward Heath, grand bourgeois esthète et cultivé, francophile, très favorable à l'Europe et propriétaire d'une maison ancienne merveilleusement meublée en face de la cathédrale de Salisbury. Snobée par la *gentry* comme fille de boutiquiers, mais représentante parfaite de la *middle class*, impatiente d'accéder pleinement aux affaires, Margaret Thatcher, seul Premier ministre à avoir exercé trois mandats consécutifs, a profondément influencé la politique de la Grande-Bretagne sous tous ses aspects, au point que même ses adversaires travaillistes actuellement au pouvoir ont conservé une partie de son héritage. François Mitterrand me dit un jour dans la voiture qui nous menait de l'aéroport militaire de Northolt au centre de Londres: «Thatcher, c'est un homme!» puis se ravisant, il s'écria avec un drôle de sourire: «Non, c'est une vraie femme... mais c'est quand même un homme!» De fait, malgré leurs divergences politiques, qui étaient fondamentales, ces deux personnages éprouvaient l'un pour l'autre une attirance que n'expliquent pas seulement le respect et l'estime réciproques. Je crois qu'ils avaient le sentiment d'appartenir à la même «race» politique, celle des grands fauves. Paradoxalement, alors que tout aurait dû les rapprocher, il n'y avait pas le moindre atome crochu entre Margaret Thatcher et Valéry Giscard d'Estaing. Un jour, l'ancien Président m'appela dans mon bureau, au téléphone, pour me prier de lui organiser à la nouvelle résidence de France un déjeuner incognito avec la redoutable «Dame de fer». Je ne sais rien de ce qui s'y dit; les salutations faites, je les laissai en tête à tête pour prendre mon propre déjeuner sur un plateau devant l'écran de télévision de ma chambre. Je ne suis pas certain que la courtoisie et le charme déployé par l'ancien Président ait eu quelque effets sur sa commensale, car les adieux de la dame me parurent aussi froids que l'avait été le bonjour de l'arrivée! Pourtant, dans l'intimité d'un repas, la «Dame de fer» pouvait se montrer très simple et enjouée, et même tout à fait drôle. Ainsi, me trouvant à côté d'elle lors d'un dîner offert par mon collègue bulgare, j'eus à lui dessiner une carte de la Bulgarie. Elle la brandit en s'écriant: «On dirait un petit chien qui dresse sa couette!», ce qui fit rire tous les convives. La «couette», c'était le saillant de Vidin, près des «Portes de fer»... J'avoue qu'une telle image ne me serait jamais venue à l'esprit! Elle ne pouvait cependant pas cacher l'immense amertume que lui avait causée son éviction provoquée, d'après elle, par la «trahison» d'une «camarilla» de dirigeants conservateurs, sans voir que la véritable cause était son entêtement à faire passer en force un impôt sur le revenu particulièrement impopulaire: l'*Income tax*. C'est bien sa dégringolade accélérée dans les sondages d'opinion qui avait poussé ses collègues conservateurs à se débarrasser d'elle au moment où après avoir été moteur, elle devenait un boulet pour son parti. Je pense que Margaret Thatcher a été victime de sa croyance absolue selon laquelle la détermination sans état d'âme et poussée jusqu'à ses conséquences extrêmes était payante et que l'on gagnait toujours à se montrer intransigeant. Ce fut vérifié avec les Malouines, vérifié encore avec l'Irlande du Nord et l'IRA. Avec l'*Income tax*, elle n'a pas compris qu'il lui fallait reculer. Plier était contraire à son personnage: une «Dame de fer» ne plie pas! Effectivement, le fer ne plie pas... mais il casse! On dit qu'il faut tellement plus de talent et d'énergie à une femme qu'à un homme pour arriver au pouvoir que, quand elle y parvient, elle a tendance à en abuser et à se montrer intraitable. Ce fut le cas d'autres «femmes d'État» comme Golda Meir, mais Margaret Thatcher illustre parfaitement cette sorte de mégalomanie qui la fit presque entrer en rivalité avec la Reine!

La Reine! Voici le grand mot lâché. Comment parler de la Grande-Bretagne sans en arriver à parler des «Royals», dont les heurs et malheurs font la fortune des journaux à scandale et les délices des lecteurs, aussi bien français que britanniques? Je n'avais pourtant pas l'intention de disserter sur les «Royals» ou sur les chances de la monarchie en Grande-Bretagne et cela pour deux raisons: d'abord parce qu'il me semble que tout a été dit et redit sur ce sujet, ensuite et surtout parce qu'à l'exception du prince et de la ravissante Princesse de Kent, il ne m'a pas vraiment été donné de connaître la famille royale en dehors des occasions officielles. Aussi ne parlerai-je qu'incidemment de la Reine Mère, charmante très vieille dame qui refusait toujours mon bras pour gravir seule l'échelle de coupée des avions militaires qui la menaient en France; de la Reine elle-même, qui accomplit avec conscience et plaisir son «métier de Reine» et de son sarcastique mari, de sa sœur, la Princesse Margaret, choquée par un film de Godart après avoir joué jadis à «Tite et Bérénice» avec le major Townsend; de sa fille, la princesse Anne, émouvante entre ses maris et ses chevaux; de ses fils, Andrew le blagueur et Edward le fragile. En revanche, je voudrais donner, à l'aide de quelques souvenirs vécus, mon sentiment sur l'héritier du trône et sur la Princesse Diana.

Le Prince Charles me paraît être, d'abord et avant tout, un «mal-aimé». Mal aimé surtout par son propre peuple qui, si l'on croit du moins la presse britannique, le juge de façon négative en ne lui reconnaissant aucune de ses qualités. Et pourtant voilà un homme qui a du charme, de l'esprit, de la sensibilité, du courage et aussi, ce qui n'est pas forcément commun chez les Windsor, des idées personnelles, par exemple en architecture, qu'il ne craint pas d'exposer, même si leur classicisme va à l'encontre des modes actuelles. Aimant la solitude, il peut passer avec son chevalet et ses pinceaux des heures entières sur le bord de la Tamise ou de l'Avon à tenter de rendre les effets de la lumière sur les frondaisons sans négliger pour autant les *stag parties* entre bons compagnons. De même l'attire le sport violent et parfois dangereux qu'est le polo. Le voir foncer à bride abattue sur la balle et la frapper avec force et adresse est, pour le spectateur juché sur les gradins, un spectacle presque magique, inoubliable. En revanche, la danse, les cocktails, les mondanités et les «ronds de jambes» semblent le mettre bien mal à l'aise avec les journalistes et les photographes. Les goûts de la Princesse Diana étaient évidemment à l'opposé, ce qui explique en grande partie la désunion du couple. La première fois que je la vis, ce fut au Japon où elle était seule en visite dans un grand hôtel de Tokyo. Superbe dans une robe longue rose à strass, elle évoluait, souveraine, au milieu des flashs des photographes. Je fus présenté à elle comme le futur ambassadeur dans son pays, mais, ma vanité dut-elle en souffrir, je dois reconnaître que m'honorant à peine d'un regard, elle ne m'accorda pas la moindre attention, occupée qu'elle était à sourire à tout le monde. On ne peut même pas dire qu'elle se plaçait en sorte de montrer son meilleur profil aux photographes, car les deux étaient également beaux. Elle disparut bientôt dans un feu d'artifices d'éclairs bleus. Il est fort possible qu'elle ait fini par ressentir l'assiduité des photographes comme une persécution. Je puis attester cependant qu'à cette époque, en 1990, elle y prenait un visible plaisir.

Ma seconde rencontre avec la Princesse eut lieu au Palais de Buckingham, où la Reine donnait une grande réception pour les ambassadeurs étrangers, leurs épouses et leurs principaux collaborateurs. Nous formions de petits groupes nationaux, et s'arrêtant devant chacun, la Reine et les autres membres de la famille royale, qui défilaient dans l'ordre protocolaire, nous adressaient quelques mots. Comme d'habitude, la Princesse de Galles était très entourée par les photographes et le Prince Charles s'est trouvé un moment tout esseulé. Alors, avec l'humour qui lui est propre, s'avançant vers moi il a fait mine de se présenter en claquant les talons et, reprenant la célèbre boutade de Kennedy, il s'est écrié: *«Diana's husband»,* mais, cette fois, personne n'a eu le goût de rire...

J'ai rencontré ensuite la Princesse à plusieurs reprises, mais une seule fois en tête-à-tête lors d'une interminable partie de rugby qui se jouait à Cardiff entre le Pays de Galles et la France dans le cadre du «tournoi des cinq nations». Comme Princesse de Galles, elle était venue représenter sa «nation» alors que j'étais là, bien entendu, pour la France. Ce tête-à-tête avec la plus jolie femme du monde avait de quoi faire rêver... Le protocole nous avait placés l'un et l'autre dans une étroite tribune où nous dominions le stade et, comme j'étais son seul voisin, je me mis en devoir de lui «tenir la jambe» ou, comme on dit familièrement, de lui «faire la conversation», au moins pendant la mi-temps et les arrêts de jeu. Hélas, aucun des sujets que j'abordai successivement ne semblait l'intéresser vraiment. Elle se tournait vers moi avec un sourire charmant et disait d'une voix très douce, très jolie: *Indeed* ou *Really?* ou encore *Are you sure?* Je ne pus guère obtenir plus et, à bout de sujets, j'avais presque hâte que le match reprenne! Être à côté d'une si belle femme et ne pas réussir à l'intéresser: quelle mortification! Nous eûmes quand même la galanterie de perdre le match mais, maintenant qu'elle est morte, je ne puis m'empêcher de penser à elle et à ces quelques moments dus au hasard avec une certaine nostalgie...

Est-ce l'émotion provoquée par l'accident d'août 1997? Il me semble maintenant, lorsque j'y repense, qu'il y avait en elle quelque chose de fragile, presque de traqué, qui disparaissait cependant complètement dès qu'elle se trouvait avec ses deux fils. Ils étaient petits à l'époque et je garde l'image de la Princesse entourée de deux petits Princes et posant une main sur chaque tête blonde. Alors elle redevenait très belle et très calme, comme un marbre apaisé.

L'incroyable vague de désolation soulevée par sa mort, non seulement en Grande-Bretagne, mais jusque dans les contrées les plus reculées au monde, montre en tout cas, outre le prestige conservé par la Grande-Bretagne et sa monarchie, même si c'est en contrepoint, que le «village planétaire» est bien devenu réalité et qu'il est désormais sous influence: celle des médias qui ont en quelque sorte obligé la souveraine à s'exprimer sur son ex-belle-fille, ce qu'elle ne souhaitait évidemment pas. Cette démesure collective a atteint des sommets presque ridicules: j'ai reçu plusieurs véritables lettres de condoléances éplorées, comme si j'avais été le mari de la Princesse, sous prétexte que j'avais sûrement dû la rencontrer! Une amie habitant les Philippines m'a même écrit qu'on avait élevé là-bas des autels à Diana devant le portrait de laquelle les femmes priaient à genoux! Elle terminait ainsi sa lettre: «Maintenant, le monde est un peu moins beau!» Puissance des médias, mais aussi puissance du rêve. *Candle in the Wind*...

Alors, la Grande-Bretagne, qu'en retenir? Est-ce la fantastique expansion de sa langue, de ses modes de vie, de sa musique illustrée par le phénomène des Beatles et de leurs successeurs et imitateurs? Est-ce le nationalisme viscéral, et parfois xénophobe de ses habitants qui s'exprime par la formule: *Right or wrong, my country*? Est-ce le courage joint à la discipline des Britanniques qui les a fait tenir seuls en 1940 devant Hitler? Est-ce l'orgueil d'avoir été une très grande puissance mêlé à la déception de ne plus l'être? Tout cela sans doute à la fois et beaucoup d'autres choses mais, en tout cas, la conscience aiguë de la spécificité insulaire et son irréductibilité. La Manche n'est qu'un petit bras de mer, au surplus «sous-traversé» par le *chunnel*, mais elle nous sépare encore des Anglais plus qu'un océan ne l'aurait fait. Kipling écrivait: «L'Ouest est l'Ouest, l'Est est l'Est et ils ne se rencontreront jamais»! La France est la France, certes, et la Grande-Bretagne est la Grande-Bretagne. Se rencontreront-elles un jour? Rêvons seulement que nos deux peuples n'eussent pu en faire qu'un seul si ne les avait pas séparés pour toujours un «petit accident géologique» d'un demi-million d'années!

Faites-nous Rêver

«**N**ous autres, Français, savons désormais que nous sommes... dépassés.» Si nous l'avions oublié, les prévisions d'organismes très officiels seraient là pour nous le rappeler. Démographiquement, nous le savions depuis longtemps et cela ne nous affecte pas trop, même lorsqu'un rapport de l'ONU affirme que Paris, qui était la quatrième ville du monde en 1950 ne sera plus que la... 29e en 2015! Économiquement, nous sommes moins prêts à l'admettre et notre place au sein des sept plus riches puissances du monde a quelque chose de réconfortant. On n'oublie qu'une chose: c'est que ce classement flatteur est provisoire et qu'il a toutes les chances d'être entièrement chamboulé dès le premier quart de ce nouveau siècle. En effet, un rapport du Fonds monétaire international et de la Banque mondiale nous prédit que, si les États-Unis vont demeurer la première puissance économique du monde, leur part du produit intérieur brut passera de 26,5 pour cent à 17 pour cent seulement. Les six puissances économiques suivantes seront dans l'ordre: la Chine, le Japon,

Taiwan, la Russie et l'Allemagne. La France ne viendra alors qu'au 9e rang après... l'Indonésie! Exit également pour trois autres membres actuels du G-7: la Grande-Bretagne, l'Italie et le Canada!

D'immenses défis se poseront alors au monde dont le plus étonnant sera la «révolution urbaine»: pour la première fois dans l'histoire de l'humanité, la population urbaine dépassera la population rurale dans quatre ans seulement, vers 2005, et doublera en 2025 pour atteindre le chiffre de cinq milliards de citadins! D'autres défis nous sont déjà lancés et vont aller en s'aggravant: consommation trop rapide des énergies fossiles, pollution atmosphérique et «effet de serre», déforestation, érosion, diminution progressive de la couche d'ozone, risque nucléaire, raréfaction de l'eau, etc. À ces grands maux qui s'annoncent on pourrait espérer de grands remèdes ou, pour le moins, une prise de conscience et l'éveil d'une solidarité planétaire.

Au lieu de cela, qu'offre-t-on aux Français? Le spectacle d'hommes politiques de tous bords, concussionnaires et prévaricateurs, et de PDG mis en examen pour corruption. Quelques-uns de ceux qui devraient constituer l'élite de la nation sont pris la main dans le sac. Le népotisme et les passe-droits sont érigés en raison d'État! Comment s'étonner, après cela, de la morosité des Français? Et chez certains, de leur lassitude et de leur écœurement? Comme s'écriait Bossuet dans *Le Sermon du mauvais riche*: «Il vous aurait fallu d'autres amis, d'autres serviteurs...» On serait tenté d'ajouter «d'autres dirigeants».

«Il n'y a plus guère d'espérances grandioses», a dit en Sorbonne le président brésilien Cardoso. C'est pourtant de cela dont a ardemment besoin notre peuple, demeuré sain. Nous le disions dans ce livre: «Sans vision les peuples meurent», mais quelles sont les «visions» que l'on nous propose aujourd'hui? Aucune! Le fait de gouverner à la petite semaine, de parer au plus pressé, de ne pas s'élever au-dessus du quotidien semble tenir lieu de politique. La médiocrité et le manque d'imagination, qui n'excluent même pas l'arrogance, font le reste. Les Français sont, comme on disait autrefois à Saint-Cyr, «pékins de projets». Ils cherchent en vain ce qui pourrait être un ou plusieurs «grands desseins» nationaux. De Gaulle avait parfaitement compris ce besoin. À Philippe Dechartre, qui lui demandait s'il existait une «doctrine gaulliste», le Général, après avoir montré d'un grand geste les lambris dorés de son bureau présidentiel, répondit textuellement: «Tout ça, tout ça, le Pouvoir, ce ne serait que de l'épicerie s'il n'y avait pour nous guider et nous tenir, une idée, des idées réunies en faisceau, un dessein, une méthode.» Un dessein! Oui, mais lequel? Le libéralisme économique et l'ouverture des marchés mondiaux qui en découle devaient tout nous apporter: la prospérité, la santé la liberté, la sécurité, le bonheur... En fait, que constatons-nous? Que si, «statistiquement», les économies européennes, la nôtre en particulier, se sont développées depuis vingt ans, les maux des sociétés occidentales se sont accrus dans de bien plus grandes proportions: drogue, prostitution, chômage et surtout crime organisé et corruption. Notre tort est de ne prendre en compte que les statistiques de la croissance sans considérer les misères qui les accompagnent. Nos villes n'ont jamais connu autant de sans-logis et de mendiants qu'aujourd'hui. C'est là un fait que chacun peut constater, simplement en empruntant le métro parisien, et le fait, pour les maires de certaines villes, de prohiber la mendicité ne s'attaque pas à la cause du mal mais seulement à ses effets visuels. Peut-on être fier d'un système qui génère de telles conséquences, celles-là même que connaissent encore plus brutalement les pays du centre et de l'est de l'Europe qui, débarrassés des dictatures communistes, se sont jetés à corps perdu dans l'économie du marché? En générant davantage de richesses, un marché mondial de plus en plus ouvert était censé réduire les énormes disparités entre pays riches et pays pauvres et permettre à tous de partager les fruits du développement. Or, c'est précisément le contraire qui se produit. Sans plus de défense contre les plus puissantes, les économies les plus faibles ont tendance à régresser. Quant aux économies que l'on pourrait qualifier «d'intermédiaires», comme les européennes, dont la nôtre, elles sont prises dans un dilemme: soit s'efforcer d'égaler la productivité des pays d'Asie, mais alors au prix d'un démantèlement des régimes de protection sociale et d'une baisse générale des salaires; ou encore renoncer à rejoindre le peloton de tête, mais alors en recourant à nouveau aux barrières douanières et contingentaires pour empêcher leurs industries de disparaître! La première solution est intolérable, car elle serait la cause d'une explosion sociale immédiate. Quant à la seconde, elle va à l'encontre de la pensée mondiale dominante qui, sous la houlette des États-Unis, impose la libre circulation des biens et des capitaux à l'échelle du monde. Quoi qu'il en soit, ce n'est donc pas le triomphe de l'ultra-libéralisme qui peut constituer ce grand élan national dont les Français ont besoin pour sortir du marasme moral de ce début de millénaire, et se sentir à juste titre fiers de leur nation.

Il ne manque pourtant pas de grandes choses à accomplir dans le monde où nous vivons. Pour n'en décider que quelques-uns: le châtiment des génocides, la réalisation du grand projet de Francophonie mondiale avec le Québec comme partenaire privilégié, l'intégration à notre Europe des «Nations-sœurs» du Centre et de l'Est dont nous avons été séparés durant près d'un demi-siècle, l'éradication du paludisme qui fait chaque année des millions de victimes, la reforestation des zones arides, le contrôle des naissances, la réduction de l'effet de serre dû à la pollution atmosphérique, le sauvetage des espèces en voie de disparition, la reprise en main de l'éducation, la lutte contre les mafias et, de façon plus ambitieuse encore, ce que Napoléon III avait appelé «l'extinction du paupérisme». Tout cela peut paraître fou mais, comme l'écrivait La Rochefoucauld dans ses *Maximes*: «Qui vit sans folie n'est pas si sage que l'on croit.»

Il me semble en tout cas qu'il existe au moins un domaine où notre pays détient déjà une certaine avance: l'exploration des océans. La conquête de l'espace est en cours, mais sans nous, et il n'est pas possible de combler notre retard dans ce domaine. Or, si l'homme a vaincu les plus hauts sommets de la terre, il lui reste à conquérir les grands fonds marins qui demeurent inconnus car actuellement inaccessibles. En somme, parallèlement à la conquête de l'espace aérien, il convient de développer celle de l'espace sous-marin. À la navette spatiale répondrait la «navette abyssale»; à la station orbitale habitée correspondrait la future station abyssale habitée. Or, l'exploration des grands fonds de 4000 mètres et au-delà pourrait avoir pour la France, pays inventeur du bathyscaphe, des retombées considérables. L'avantage scientifique paraît incontestable: il n'existe pas de cartes marines des grandes profondeurs ni d'alliages métalliques capables de supporter les pressions du fond des océans. Avantage économique ensuite avec la possibilité de détecter et d'extraire les modules polymétalliques aujourd'hui inexploitables. Intérêt géostratégique enfin pour le renforcement de la présence française dans les zones francophones de l'arc des Antilles, de l'océan Indien et surtout de la Polynésie où cette exploration pacifique pourrait en partie compenser les pertes dues à la fermeture du centre d'expérimentation nucléaire.

Dans un système politique comme celui de la Ve République, seul le chef de l'État est en mesure de proposer au pays un grand projet et il a seul les moyens, pour autant qu'il en ait la volonté politique, de le faire aboutir dans la durée de son mandat. À partir de Georges Pompidou, nos présidents se sont attachés, à la manière de nos rois, à couvrir la capitale de prestigieux édifices auxquels ils ont parfois laissé leur nom. Ils ont ainsi contribué au rayonnement international de Paris. Toutefois, ces grands travaux se sont faits sans véritable élan du peuple et très largement en dehors de lui. Combien il serait plus exaltant et plus propre à souder la collectivité française de mener à bonne fin un grand dessein national, voire européen, non seulement avec l'adhésion, mais avec la participation active des Français qui savent se mobiliser à condition que l'enjeu en vaille la peine et qu'il leur soit intelligemment présenté. Ce grand dessein doit être généreux et présenter une part de rêve: «Sire, nous sommes femmes, faites-nous rêver!» disait au Tsar Alexandre 1er son égérie, Madame de Krüdener. Monsieur le Président, faites-nous donc rêver!

Ce peuple, le nôtre, a de grandes facultés de redressement et, chez lui, «d'immenses forces n'ont pas encore donné»! Mais il faut lui offrir de grandes choses. Il ne faut pas tuer en lui l'espoir! «L'espoir, disait Voltaire, c'est un emprunt fait au bonheur.»

Sommaire

Achevé d'imprimé par Quebecor World Lebonfon,
le 23 avril de l'an deux mille un.